动　悟

——青少年网络成瘾的体育干预

刘映海　著

北京体育大学出版社

策划编辑　冬　梅
责任编辑　光　远
审稿编辑　梁　林
责任校对　林学芹
版式设计　司　维
责任印制　陈　莎

图书在版编目（CIP）数据

动悟：青少年网络成瘾的体育干预/刘映海著．－北京：
北京体育大学出版社，2012.4
ISBN 978－7－5644－0923－4

Ⅰ．①动…　Ⅱ．①刘…　Ⅲ．①互联网络－影响－青少
年－研究②青少年－体育锻炼－研究　Ⅳ．①C913．5②
G806

中国版本图书馆 CIP 数据核字（2012）第 059681 号

动悟：**青少年网络成瘾的体育干预**　　刘映海　著

出　　版　北京体育大学出版社
地　　址　北京海淀区信息路 48 号
邮　　编　100084
邮 购 部　北京体育大学出版社读者服务部 010－62989432
发 行 部　010－62989320
网　　址　www．bsup．cn

开　　本　720×1000 毫米　1/16
印　　张　12.5

2012 年 4 月第 1 版第 1 次印刷
定　价　26.00 元
（本书因装订质量不合格本社发行部负责调换）

国家社会科学基金教育学"十一五"规划

国家青年基金课题（CLA070197）资助

《山西大学建校 110 周年学术文库》序言

2012 年 5 月 8 日，山西大学将迎来 110 年校庆。为了隆重纪念母校 110 年华诞，系统展现近年来山西大学创造的优秀学术成果，我们决定出版这套《山西大学建校 110 周年学术文库》。

山西大学诞生于"三千年未有之变局"的晚清时代，在"西学东渐，革故鼎新"中应运而生，开创了近代山西乃至中国高等教育的先河。百年沧桑，历史巨变，山西大学始终与时代同呼吸，与祖国共命运，进行了可歌可泣的学术实践，创造了令人瞩目的办学业绩。百年校庆以来，学校顺应高等教育发展潮流，以科学的发展理念引领改革创新，实现了新的跨越和腾飞，逐步成长为一所学科门类齐全、科研实力雄厚的具有地方示范作用的研究型大学，谱写了兴学育人的崭新篇章，赢得社会各界的广泛赞誉。

大学因学术而兴，因文化而繁荣。山西大学素有"中西会通"的文化传统，始终流淌着"求真至善"的学术血脉。不论是草创之初的中西两斋，还是新时期的多学科并行交融，无不展现着山大人特有的文化风格和学术气派。今天，我们出版这套丛书，正是传承山大百年文脉、弘扬不朽学术精神的身体力行之举。

《山西大学建校 110 周年学术文库》的编撰由科技处、社科处组织，将我校近 10 年来的优秀科研成果辑以成书，予以出版。我们相信，《山西大学建校 110 周年学术文库》对于继承与发扬山西大学学术精神，对于深化相关学科领域的研究，对于促进山西高校的学术繁荣，必将起到积极的推动作用。

谨以此丛书献给历经岁月沧桑、培育桃李芬芳的山大母校，祝愿母校在新的征程中继往开来、永续鸿猷。

山西大学校长 郭贵春

二〇一一年十一月十日

序　一

　　关于青少年心理问题，尤其是对网络成瘾问题的关注由来已久。国内外涌现了大量相关的定性研究成果，但干预研究及其他定量研究成果却凤毛麟角，罕有之。其主要原因还是研究难度很大所致。

　　本书作者刘映海副教授对网络成瘾青少年学生进行体育干预的探索研究已有五六载，期间陆续发表了一些研究成果，特别是其中一篇论文被《新华文摘》转载，引起了很大的社会反响。有关青少年网络成瘾体育干预这一课题的研究得到了国家社会科学基金的大力资助，并成为他后来攻读博士研究生进行研究的主要方向。

　　期盼间，终于等来研究成果公之于世的这一天，为他感到高兴。作为一名体育教师能取得这样的成果，可喜可贺！

　　本书是我国第一部关于青少年网络成瘾体育干预的学术著作。其整体构思缜密，研究设计合理，研究方法得当，结论具有建设性与实效价值。所提出的体育主导性干预方案是学科交叉的创新思维成果。

　　行动研究的成文方式是本书的一大特点。生动描述被研究者行为产生时的情景、情感反应和思想变化过程，并将反思及时揉入对研究过程和结果的报告中，符合一般学术研究将事物进行分类的思维模式。研究结果还可以在相似个体中进行推广，对青少年网络成瘾问题的解决有很大的帮助。

　　众所周知，青少年网络成瘾是一个十分复杂的科学问题和社会问题。本书在试图解决青少年网络成瘾问题上可以说是"迈出了坚实的一步"，这是一个很好的起点。

　　事无尽善，仍需努力！本书既是作者研究成果的结晶，也让他有了自己潜心的努力方向和研究视角。后续，希望他能将这一问题研究得更深入、细致，并在青少年网络成瘾及体育干预机理问题的探索上更进一步！

　　是为序。

石岩

山西大学博士研究生导师、二级教授

2011 年 12 月 31 日

序　二

　　古有诗吟："田家少闲月，五月人倍忙。夜来南风起，小麦覆陇黄。"接到挚友作序之邀请，立刻萌生饷读其丰收成果的热望，于是连夜嚼毕。醒来细细品味，确有些微情理之言。

　　遥知挚友近些年执著研究青少年网络成瘾问题，并已取得一些喜人成果，此书是挚友核心成果的集中体现。网络成瘾是当前的焦点社会问题之一，受到广泛的社会关注和评论，各界人士都在努力地寻找解决这一问题的有效方法和途径。只可惜，尚在征途而任重道远。然，挚友之努力，另辟蹊径为网络成瘾等青少年心理问题的传统研究增添了活力，打破了经验的单纯的心理教育和医学治疗模式，综合体育研究与其他学科研究的优势，已有较丰厚的研究成果见诸于《北京体育大学学报》《体育与科学》等核心期刊，并转载在《新华文摘》等权威期刊。

　　综观本书，构思严谨，逻辑缜密，行文流畅通透。题目"动悟"一词涵盖了研究的主旨和结论。在运动中获得正确认知，在运动中领略生命真谛，极尽体育热血运动的教育功能。本书主要由理论研究、体育干预理性思考与论证、实验研究及行动研究等四部分构成，向读者清晰地展示了研究课题的选题意义、研究价值和操作性。就研究方法来看，不仅设计合理贴切，同时也增强了研究结果的可信度和实效性。采用实验研究和临床研究相结合，断面研究和跟踪研究相结合，把体育干预的研究结果醒目跃然纸上。

　　掩卷，回味悠长。突然感到人生路竟是宽广敞亮，什么样的挫折和困难，都能在顿悟和执著中嬗变。青少年朋友一定能在读罢此书后顿失困顿而后生。

天津体育学院教授

2011 年 11 月 22 日

导　言

现代人类社会已经进入了"网络社会"（卡斯特，2007），学界普遍认为网络将在 21 世纪导致广泛的社会、文化、经济和政治变化，而且其对人类的行为方式、思考方式、社会认同以及社会形态等社会结构的革命性影响，将比 17 世纪的工业技术革命远为深刻、更为长久。不管愿意不愿意，网络都将融入人们的日常生活环境，成为人们生活与交往的无形背景。

在这样的一个时代，几乎每个人都在上网浏览、收发邮件、在线聊天、网上购物、网络游戏中享受着网络所带来的便捷。但正如老子所言"祸兮福之所倚，福兮祸之所伏"，网络成瘾、网络犯罪等负面影响伴随着互联网的渗透扩张而日益突出。很多人承认沉迷于网络已经改变了他们的现实交往，也有人表示已经很难离线。

进入 21 世纪以来，由于网络用户组成出现了年轻化的趋势，青少年网络成瘾问题更加突出，青少年身心发展的不成熟和不稳定性，极易导致他们对网络过分迷恋甚至产生"网络成瘾症"，由于诸多"待解"的原因，我国网络成瘾问题则更加突出，已经成为 12 ~ 20 岁的青少年健康成长的主要问题行为之一。人民日报甚至用"网瘾猛于虎"来形容青少年"网络成瘾"社会问题的严重性。由于"网络成瘾"而导致自杀、伤人、杀人等悲剧屡见报道。

这一新型的青少年问题行为，引起了来自医学、心理学、社会学、教育学、体育学等领域学者的关注，进行了多层次、多视角的研究。取得了一定的成果，如界定了网络成瘾的概念、类型，提出了网络成瘾的诊断标准，进行了网络成瘾的流行病学调查，论证了网络成瘾的形成机制，讨论了网络成瘾的成因，探讨了网络成瘾的干预治疗等；达成了一定的共识，如网络成瘾的研究具有重要的价值，青少年是网络成瘾的主要群体，青少年网络成瘾主要集中在"网络游戏成瘾"和"网络交际成瘾"，青少年网络成瘾的形成是个体认知因素决定的，并受家庭、学校和社会因素的影响，青少年网络成瘾问题行为的成因表现为归属、成就、社会认同等心理需求的缺失；也存在着诸多的不足，如研究多集中在概念、类型、归因、机制等理论探讨，干预研究因受网络成瘾的形成的复杂性、多变性而少有涉及，至今尚未有一种普适性的干预方案等。

综合多学科文献的整合与理解，结合本研究团队的学科背景和科研实践，认为：

（1）由于青少年"网络成瘾"产生的原因是多元化的，因此采用单一的药物治疗或单纯的心理辅导从理论上是不全面的，在实践上的效果也不尽如人意；那有没有一种能契合青少年身心特征、综合教育、心理干预理念的干预措施呢？

（2）研究显示，青少年"网络成瘾"是由于个体心理因素中的归属、成就、社会认同等心理需求的缺失决定的，那为什么国内青少年的"网络成瘾"问题较国外的突出很多倍呢？综合文献可知，这与我国学生处于相对封闭的家庭、教学、社会环境有关。既然如此，那为青少年提供一种相对开放环境是否有利于其"网络成瘾"问题行为的改善呢？

（3）体育作为一种健康的社会实践活动，不论对于健全人还是残障人都有着积极的作用。体育所具有的改善体质、提高素质、疏导情绪、释放压力、展显活力、促进社会化等功能在一定程度上满足青少年的归属、成就和社会认同等心理需求，同时又能为青少年提供一种相对开放的交往环境，而且还契合青少年身心发育特征，那体育能否解决青少年"网络成瘾"问题行为呢？

带着这样的疑问，本研究通过文献研究法、实验法、行动研究法等，对网络成瘾青少年进行了体育干预的实验研究。以期在理论方面充分挖掘体育的独特教育功能，探索体育角度解决学生"问题行为（网络成瘾）"的理论和方法；在实践方面，拟在体育主导干预领域探索和创造一套科学、有效、合理的的方法，以改善青少年"网络成瘾"症状，使他们逐步走出"网络成瘾"的行列，投入健康的生活和学习。

成果汇报

第一章　网络成瘾综述

自 1995 年美国精神病医生 Ivan Goldberg 提出"网络成瘾症"（Internet Addiction Disorder：IAD）开始，网络成瘾的研究逐渐为学者所重视，美国心理学会（APA）于 1997 年正式承认"网络成瘾"研究的学术价值。虽然此领域在研究前期产生了诸多争论，如是否用"成瘾"表述沉迷于网络的现象，诊断标准是什么等。但随着网络飞速地普及，网络成瘾问题日益突出，多学科的学者进入此研究领域，对网络成瘾的概念、机制、诊断标准、归因分析、干预研究等进行了深入探讨，成果斐然。

1　网络成瘾概述

1.1　网络成瘾的定义

"成瘾"这一概念最初来自临床医学中的药物成瘾（如毒品成瘾、酒精成瘾等），具有相应的生化机制和明显的生物学效果。之后又被引用到赌博成瘾和游戏成瘾等行为成瘾之中。一般认为，成瘾是指对某种物质或行为产生心理依赖。WHO 专家委员会于 20 世纪 50 年代就将"成瘾"定义为由于反复使用某种药物（天然药或合成药）而引起的一种周期性中毒状态①。药物成瘾一般包括两个方面，一是生物药瘾，一是心理药瘾。其中心理药瘾的破坏性影响更大，持续作用时间更长，更容易受到适宜环境影响，而唤起成瘾者的心理渴求②。Goldberg（1995）借用了《美国精神疾病分类与诊断手册》DSM－IV 中关于药物依赖的判断标准，首次提出互联网成瘾障碍（Internet Addiction Disorder；IAD）的概念，主要是作为一种应对机制的行为成

---

① 郭建安，李荣文. 吸毒违法行为的预防与矫治 ［M］. 北京：法律出版社，2000：10.
② 陈猛. 互联网使用与青少年自我认同的生态关系［J］. 心理科学进展，2005，13（2）：169－177.

瘾，认为它是一种缓解压力的方式[1]。Kimberly Young（1996）则从 DSM - IV 对病理性赌博的判断标准中发展出病态网络使用（Problematic Internet Use；PIU）的概念。暗示着网络成瘾和药物依赖之不同在于它更像是一种冲动控制障碍[2]。Davis（2001）将 PIU 分为一般性和特殊性两种。所谓特殊性的 PIU 是指成瘾者以前就有成瘾行为（如赌博、沉溺于色情材料），网络的使用加重了这种成瘾。所谓一般性的 PIU 是指和一般网络使用有关的成瘾行为，如聊天、浏览网页等。如此 PIU 就可分为由病理激发的和单独一般化的成瘾。Davis 还提出了认知—行为模型，试图解释病态网络使用的发展和维持。该模型的中心因素是适应不良认知（maladaptive - cognition），是 PIU 发生的充分条件。他认为 PIU 的认知症状先于情感或行为症状出现，并且导致了后者。Hall、Alex 和 Parsons、Jeffrey（2001）提出另一种网络相关障碍的概念——网络行为依赖（Internet Behavior Dependence；IBD）。网络行为依赖的并发症包括意志消沉、冲动控制障碍和低自尊。认为网络的过度使用是生活中的一个良性行为，可以弥补在其他方面缺少满意感而又必须克服解决问题的不足。因此，IBD 仅仅是一种适应不良的认知应付风格，可以通过基本的认知行为干预加以矫正[3]。

目前，一般认为网络成瘾是指在无成瘾物质作用下的上网行为冲动失控，表现为由于过度使用互联网而导致的个体明显的社会、心理功能的损害[4]。据此，行为科学研究者对应于药物成瘾提出了行为成瘾（Behavioral Addiction）的概念。这些成瘾行为，可能并不涉及任何具有直接生物效应的物质，而是以某些有强烈心理和行为效应的现象为基础。

有研究认为[5]行为成瘾应具备以下 7 个方面的条件，具备其中 3 条及以上即可以被认为"成瘾"，包括：（1）容易产生耐受性；（2）出现戒断综合症；（3）行为的不可预料性，即行为的时间、频率、强度都大大超过自己的预料；（4）多次试图戒除或控制而不成功；（5）花大量的时间为这一行为做准备从事这一行为或从其后果中恢复过来；（6）基本停止或大大减

① Goldberg I . Internet addiction disorder. http：// www. cog. brown. edu/ brochure / people / duchon / humor / internet. addiction . Html ，1995.

② Young K S. Internet addiction：the emergence of a new clinical disorder. Cyber psychology and Behavior，1996，1（3）：237 - 244.

③ Hall，Alex S. Parsons，Jeffrey. Internet Addiction：College Student Case Study Using Best Practices in Cognitive Behavior Therapy. Journal of Mental Health Counseling，2001，23（4）：312 - 328.

④ 林绚辉. 网络成瘾现象研究概述［J］. 中国临床心理学杂志，2002，10（1）：74 - 76.

⑤ 陈赟文. 新的心理疾病：网络成瘾症［J］. 社会，2000（6）：22.

少正常的社会交往、职业或娱乐活动；（7）明知这一行为已经产生生理或心理方面的不良后果，但仍然坚持这一行为。台湾学者梁朝云认为，互联网成瘾与其他成瘾症的最大差异在于它缺乏明显生理机制的介入，互联网成瘾大多数是以心理上的依赖为主要病理机制。这表明互联网的消极影响与传统意义上的物质成瘾存在着不同的病理机制①。在最初的研究中，Young② 结合对网络成瘾的实际研究，提出了 8 个问题以判断网络成瘾。如果个体对下列问题中的 5 个题目给予了肯定的答复，就可以判定为网络成瘾：（1）你是否沉溺于互联网？（2）你是否经常不能抵制上网的诱惑和很难下网？（3）你是否需要通过逐次增加上网时间以获得满足感？（4）停止使用互联网时你是否会产生消极的情绪体验和不良的生理反应？（5）每次上网实际所花的时间是否都比原定的时间要长？（6）上网是否已经对你的人际关系、工作、教育和职业造成负面影响？（7）你是否对家人朋友和心理咨询人员隐瞒了上网的真实时间和费用？（8）你是否将上网作为逃避问题和派遣消极情绪的一种方式？

1.2　网络成瘾的类型

Armstrong（2001）认为网络成瘾包括如下类型：（1）网络游戏成瘾，指网络用户强迫性地沉迷于电脑游戏；（2）网络交际成瘾，指的是沉溺于经由网上聊天或色情网站结识新的朋友；（3）色情成瘾，指着迷于成人话题的聊天室或网络色情的图片、视频、音频、文字等内容；（4）强迫信息收集成瘾，指有一种难以抗拒的冲动使网络用户去进行网络赌博或拍卖、购物等；（5）网络信息成瘾，指强迫性地浏览各种网页以查找和收集信息③。我国青少年主要的成瘾类型为网络交际成瘾和网络游戏成瘾。

1.3　网络成瘾的判定指标

网络成瘾的指标判定对网络成瘾的预测、诊断、干预和治疗起着关键性的作用。但从理论和实践上来讲，网络成瘾形成的原因是极其复杂的，我们必须多层面、多角度、系统整合地看待这一问题。具体到临床鉴定，需考虑以下 6 个因素。

---

① 梁朝云．网络成瘾对学校教育的潜在影响［J］．台湾教育，2001（6）：10 – 16.

② Young K. Internet addiction: the emergence of a new clinical disorder. Paper presented at the 104th Annual Convention of American Psychological Association, 1996.

③ 陈侠、黄希庭、白纲．网络成瘾的心理学研究［J］．心理科学进展，2003，11（3）.

1.3.1　自然标准

上网时间是判断网络成瘾的自然标准，但只可充当参考指标。原因在于不同职业、不同年龄阶段个体上网的时间对于其个体而言具有不同的意义。因此，我们在判定是否网络成瘾的时候不仅要考察网络使用的时间长短，还要关注由于过度使用网络是否给个体带来生活、学习和工作的困惑和不利影响，同时还要考虑周围同伴及家人对其网络使用行为的评价等。

1.3.2　间接指标

网上行为及活动内容对于判定网络成瘾具有间接意义。如果网络使用个体在网上所从事的活动内容与其生活内容、学习内容及工作内容毫无关系，而且无节制的从事这一网上活动。那么，此个体很有网络成瘾的可能，需进一步通过其他指标来综合鉴定。

1.3.3　心理和行为指标

个体心理指标主要体现在情绪和认知两个方面。由于网络上、下不同的情绪体验和认知改变了个体正常健康的网络行为方式。例如，个体只有在网上才能体验到放松、兴奋和自信等积极情感，上网导致个体产生适应不良和泛化的灾难性的认知模式，并且具有"我不好"或者"我是一个失败者"这样类似的核心观念[①]。个体网络行为指标主要指个体需要不断增加上网时间以维持一定的满足感的获得；个体对自己的过渡上网行为感到焦虑而又无法抵制上网的诱惑；个体在不上网时会产生消极的情绪体验和不良的生理反应；个体试图对家人和朋友隐瞒真实的上网时间和费用等。

1.3.4　生活事件指标

生活事件通常作为个体重要的应激源而影响着个体应对方式。考察并关注主诉近期家庭内部、社会人际环境中所发生的一些典型事件、偶然事件及重要事件十分必要。

1.3.5　直接指标

由于过度使用网络和不当使用网络给个体日常生活、学习和工作造成的不利影响及个体情绪、行为异常均可看做网络成瘾判定的直接指标，也是网络成瘾与否判定的终结性指标和实质性指标。如果个体网络使用状况和特点符合所有其他指标，但仍未对其生活、学习和工作造成任何不良影响，即不判定其为网络成瘾者。

1.3.6　典型指标

典型指标主要指个体由于过度网络使用和不当网络使用造成个体脱离实

---

① 叶新东. 网络成瘾研究概述［J］. 心理科学，2004，27（6）：1446 - 1448.

际而沉溺于网络虚拟空间，并认为虚拟空间才是其生活的实际意义所在，甚至模糊、混淆实际生活与虚拟空间的本质区别。

1.4　网络成瘾的诊断标准

在对网络成瘾指标研究的基础上，研究者纷纷编制相关量表测量网络成瘾。Young 根据 DSM - IV 中病理性赌博的 10 项标准提出 8 条标准，Morahan - Martin 等人[1]在研究中直接采用了病理性互联网使用（Pathological Internet Use，简称 PIU）的概念。并针对大学生这一特定网络使用群体，从互联网使用引起学业和工作问题、个人的感伤、戒断症状、心境的改变等角度评价了 PIU，编制了具有 13 个项目的量表。Suler[2] 认为一个人对待互联网的热情可能是健康的，也可能是病理性的，或者还可以基于两者之间。一些特定的因素可以决定个体处在这个连续体中的位置，并据此编制了网络成瘾量表。台湾学者 Chou[3] 翻译了 Brenner 编制的"互联网相关成瘾行为量表"（Internet - Related Addictive Behavior Inventory，IRABI），此量表共有 32 个项目，具有较好的内部一致性系数。Goldberg[4] 于 2001 年提出了"网络成瘾障碍（Internet Addiction Disorder，IAD）的概念，并给出了确定此病症的 7 项标准。在国内，相关研究成果累累。陆续出现了网络成瘾测量的问卷和相关的实证性研究成果。崔丽娟等[5]把标准设定中的安戈夫（Angoff）方法引用到网络成瘾的测量中，对自制量表的信度和效度进行了评定，该研究中的网络成瘾界定分数定在 7 项（含 7 项）以上。雷雳等[6]参照国内外研究并结合我国青少年的实际情况，编制出更适合我国情况的青少年病理性互联网使用量表（Adolescent Pathological Internet Use Scale APIUS）。该量表通过探索性因素分析和验证性因素分析的结果表明 APIUS 由 6 个维度构成，即凸显性、耐受性、强迫性、戒断症状、心境改变、社交抚慰、消极后果。APIUS 显示

---

① Morahan - Martin J，Schumacher P. Incidence and correlates of pathological internet use among college student. Computer in Human Behavior，2000，16：13 - 29.

② Suler R. To get what you need：healthy and pathological internet use. Cyber Psychology & Behavior，1999，5（2）：385 - 393.

③ Chou. Internet addict usage，gratification and pleasure experience：The Taiwan College Student's cases. Computer & Education. 2000，35：65 - 80.

④ 梁朝云．网络成瘾对学校教育的潜在影响[J]．台湾教育，2001（6）：10 - 16.

⑤ 崔丽娟，赵鑫．用安戈夫方法对网络成瘾的标准设定[J]．心理科学，2004，27（3）：721 - 723.

⑥ 雷雳，杨洋．青少年病理性互联网使用量表的编制和验证[J]．心理学报，2007，39（4）：688 - 696.

了良好的信、效度指标，可以作为我国青少年病理性网络使用的测量工具。白羽等[1]以北京 5 所高校大学生为样本，修订了中文网络成瘾量表（CLAS - R），并在此基础上界定出正常群体，网络依赖群体与网络成瘾群体的划分标准。3 类群体在网络休闲占课余百分比、强迫症状及人际关系敏感得分上均有显著差异。陈侠等[2]研究认为，网络成瘾是一种对互联网的心理依赖，包括网络关系成瘾、网络娱乐成瘾和网络信息成瘾 3 种类型。并以重庆 3 所高校的大学生为被试进行探索性因素分析，得出初步的因素结构：网络关系成瘾倾向包括了问题、依附、认知偏差和失控 4 种倾向；网络娱乐成瘾倾向和信息收集成瘾倾向包括问题、依附和失控倾向。得到较好的问卷内部一致性系数、分半信度、内容效度和结构效度。对另一些数据进行验证性因素分析，得到较好的模型拟合指数。相关关系检验发现，3 类网络成瘾倾向与使用频率都有显著相关，与使用时间都无显著相关。T 检验发现，女生在网络关系成瘾倾向的依附倾向得分显著高于男生，男生在网络娱乐成瘾倾向和信息收集成瘾倾向的问题倾向得分显著高于女生。

1.5　网络成瘾的流行病学调查

据《中国教育报》记者纪秀君[3]报道的 2009 年中国青少年网瘾报告，目前我国城市青少年中网瘾青少年约占青少年网民的 14.1%，人数约为 2404.2 万。这一比例与 2005 年基本持平，较高于 2007 年。本次调查结果显示，网瘾青少年在年龄分布上呈现上升趋势。年龄在 18 ~ 23 岁的青少年网瘾比例最高，其次是 24 ~ 29 岁。与 2005 年相比，13 ~ 17 岁年龄段的网瘾青少年比例有所下降。网瘾青少年以"网络游戏成瘾者"居多，其次是"网络关系成瘾"；经济发展水平低的城市网瘾青少年比例偏高；约七成 12 岁以上的青少年网民反对"浏览色情网站"；手机上网正在成为青少年网瘾新动向；网瘾青少年比非网瘾青少年受到的家庭管教更为严厉；网络成瘾是否是精神疾病仍存在争议。据中国传媒大学调查统计研究所所长柯惠新介绍，本次调查采用定性研究和定量研究相结合的方式，对 7 个城市的 8 家网瘾治疗机构的负责人、治疗师、网瘾青少年及其家长进行了深度访问。此

---

① 白羽，樊富珉. 大学生网络依赖测量工具的修订与应用[J]. 心理发展与教育，2005（4）：99 - 103.

② 陈侠，黄希庭. 中国大学生网络成瘾倾向问卷的初步研究[J]. 心理科学，2007，30（3）：672 - 675.

③ 纪秀君. 2009 中国青少年网瘾报告发布［N］. 中国教育报，2010，2（2）.

外，在全国 4 个直辖市和 26 个省会城市同步实施面访问卷调查，在 19 个城市展开网络调查，调查对象为 6～29 岁青少年网民。北京大学精神卫生所黄悦勤①教授在 2010 年中国首届网络成瘾学术研讨会上发布了相关数据。据民盟北京市委调查 2002 年北京市中学生网络成瘾率为 14.8%；据中国青少年网络协会调查 2005 年我国 30 个城市 13～17 岁青少年网络成瘾率为 13.12%；据黄悦勤等调查研究显示，2006 年北京市初中生网络成瘾率为 4.7%，高中生网络成瘾率为 8.4%；据中国青少年网络协会调查，2007 年我国 12 个城市 13～17 岁网络成瘾率为 9.72%。由此可见，我国青少年网络成瘾，尤其是高中生网络成瘾状况不容乐观。一些研究者对我国不同区域和城市进行了抽样调查，试图掌握青少年网络成瘾的流行病学资料。顾海根②使用大学生网络成瘾量表，调查了上海市 8 所高校近 4000 名大学生。结果显示，上海市大学生网络成瘾的发生率为 12.9%，其中轻度者为 9.12%，中度者为 3.60%，重度者为 0.18%。上海市大学生网络成瘾的发生率存在显著的性别、年龄差异，但不存在文理科的差异。据哈尔滨医科大学儿童少年心理学专家新近完成的一项调查③表明，目前哈尔滨市中学生网络成瘾的检出率为 4.4%，其中男生多于女生，高中生多于初中生。科研团队对哈市 6 所中学初一至初三年级和高一至高二年级的 1454 名学生进行了网络成瘾问卷调查。调查显示，在有网络成瘾的学生中，初中生占 3.6%，高中生占 5.54%。单亲家庭的中学生网络成瘾检出率为 5.88%，双亲家庭则占 3.9%。在父母经常吵架和非民主型教育方式的家庭中，中学生网络成瘾者分别高达 8.25% 和 5.97%。其中部分成瘾严重的学生，表现出焦虑、抑郁及无助。据中国新闻出版报④载我国城市网瘾青少年达 2404 万，约占青少年网民的 14.1%。

本研究在 2010 年采用随机整群分层抽样对山西省的网络成瘾现状进行了调研，分别从太原（省会）、大同（北部）、运城（南部）3 市各抽取城市初、高中各 3 所，乡村初、高中 3 所，共计 60 所学校进行调研（部分学校为完全中学）。问卷内容：Young 根据 DSM – IV 中病理性赌博的 10 项标准提出 8 条标准，后扩展为 20 个题目的问卷，是目前最广泛采用的问卷。

---

①　黄悦勤．网络成瘾的流行病学研究［A］．见：首届中国网络成瘾学术研讨会论文集［C］．北京：2010：22 – 28.

②　顾海根．上海市大学生网络成瘾调查报告［J］．心理科学，2007，30（6）：1482 – 1483.

③　衣晓峰，陈英云．哈尔滨中学生网瘾检出率 4.4%［N］．黑龙江日报，2010，2（2）．

④　方圆．我国城市网瘾青少年达 2404 万［N］．中国新闻出版，2010，2（3）.

问卷回收：分别从每所学校的每个年龄（13～18 岁）抽取 20 人左右进行问卷调研，共发放问卷 3600 份，回收 3600 份，回收率为 100%。将回收的问卷样本进行分类整理，依据城市、年龄（学段）、城乡共分为 18 个类别，每个类别样本数为 50 人。共获得初中男生、初中女生、高中男生、高中女生统计样本各 900 人。调研显示，山西省网络成瘾的总检出率为 6.5%，低于全国平均水平，但城市高中男生的检出率达到 12.2%，问题突出。（表 1 -1）。

表 1-1　山西省中学生网络成瘾和网络游戏成瘾筛查

	人数	检出数、率	网络成瘾			网络游戏成瘾		
			总检出	城检出	乡检出	总检出	城检出	乡检出
总人数	3600	检出数	234	144	90	196	112	84
		检出率	6.5%	8%	5%	5.5%	6.2%	4.7%
初中女生	900	检出数	8	7	1	0	0	0
		检出率	0.9%	1.6%	0.2%	0%	0%	0%
初中男生	900	检出数	63	40	23	59	37	22
		检出率	7.0%	8.9%	5.1%	6.6%	8.2%	4.9%
高中女生	900	检出数	56	42	14	33	22	11
		检出率	6.2%	9.3%	3.1%	3.7%	4.9%	2.4%
高中男生	900	检出数	107	55	52	104	53	51
		检出率	11.9%	12.2%	11.6%	11.6%	11.8%	11.3

1.6　青少年网络成瘾的心理特征分析

一直以来人们为了客观认识网络成瘾的心理机制展开了大量相关研究，研究领域涉及层面和范围深广。主要包括青少年网络成瘾与应对方式、学习倦怠、社交效能、自我认同、家庭环境和教养方式、孤独感、幸福感等。张敏、杨扬等[①]对 230 名大学生进行网络成瘾量表与应对方式的关系研究。结

---

① 张敏，杨扬，陈欣. 大学生应对方式与网络成瘾的关系研究 [J]. 中国临床心理学杂志，2006，14（1）：77-78.

果表明，网络成瘾问卷得分男生和女生存在显著差异，男生显著高于女生得分；根据网络成瘾量表得分可将被试分为 3 组，网络过度使用者有 23 人，网络成瘾倾向者有 7 人；3 组被试在自责、幻想、退避 3 种应对方式上存在显著差异；进行回归分析后发现幻想、退避因子进入了回归方程。可以得出幻想和退避两种应对方式对网络成瘾具有预测作用的结论。关于大学生网络成瘾与学习倦怠的关系问题，有研究者[1]采用网络成瘾量表和大学生学习倦怠量表对高校大学生进行问卷调查。结果发现，网络成瘾者与非成瘾者在性别、年纪、专业上均存在显著差异；两者在情绪低落、行为不当和成就感低 3 个因子差异极其显著；情绪低落与耐受性和人际有显著正相关，行为不当与人际和时间管理有极显著正相关。因此得出大学生网络成瘾与学习倦怠有密切关系的结论。

社交效能感（Social Self – Efficacy）是个体对自己发起和保持社交生活中的人际关系的信心或信念，它是人们对自己的社交能力的一种主观知觉（Fan，1998）。Bandura 的研究发现，判断自己为低社交效能差的人倾向于将不确定的社交场景解释为危险，从而产生过度的自我关注、焦虑、操作行为阻碍等负性反应，进而导致对真实社交场合、社交关系的回避和退缩[2][3][4]。研究者[5]使用大学生人际交往效能感量表、大学生网络成瘾类型问卷对 341 名大学生施测。结果发现成瘾倾向高分组和低分组在性别、上网年限和每天上网时间等维度上存在着显著性差异。利他效能感、情绪控制效能感、沟通效能感、自我价值效能感、自我印象效能感和社交效能感总分与网络关系成瘾倾向均存在显著负相关。自我价值效能感和自我印象效能感有较为显著的负向预测网络关系成瘾倾向。因此可以初步判断，社交效能感也是大学生网络关系成瘾倾向较为有效的预测因子。雷雳、陈猛[6]依据 Bronfen-

<hr>

① 魏萍，杨爽，于海滨. 大学生网络成瘾与学习倦怠的关系［J］. 中国临床心理学杂志，2007，15（6）：650 – 651.

② Meifen W，Daniel WR，Robyn AZ. Adult attachment，social self – efficacy，self – disclosure，Loneliness，and subsequent depression for freshman college students：A Longitudinal study. Journal of Counseling Psychololgy，2005，52（4）：602 – 614.

③ John RN. Social Self – Efficacy and Short – Term Variability in Social Relationships：The MacArthur Successful Aging Studies. Psychology and Aging，1997，12（4）：657 – 666.

④ 郭本愚. 当代心理学的新进展［J］. 济南：山东教育出版社，2003：1 – 44.

⑤ 李淑媛，翟成蹊，范士青. 大学生社交效能感与网络关系成瘾倾向的关系初探［J］. 中国临床心理学杂志，2008，16（1）：86 – 90.

⑥ 雷雳，陈猛. 互联网使用与青少年自我认同的生态关系［J］. 心理科学进展，2005，13（2）：169 – 177.

brenner 的生态学模型，从微系统、中系统、宏系统以及处于生态系统中心的青少年自身 4 个方面，分别论述了互联网使用与青少年自我认同的形成与发展的关系，从而提供了有关互联网使用对青少年身心发展的影响方面的一些初步知识。张国华[1]等以北京市两所中学的初一到高二共 5 个年级 404 名中学生为被试，用问卷调查法进行了进一步的研究。结果表明，自我认同完成与"网络成瘾"显著负相关；自我认同完成与互联网信息服务使用偏好显著正相关，与互联网社交、娱乐、交易服务使用偏好相关不显著；互联网服务使用偏好与"网络成瘾"均为显著正相关；回归分析发现，互联网社交、自我认同完成、性别和互联网娱乐服务使用偏好能显著预测"网络成瘾"，即自我认同完成和互联网服务使用偏好与网络成瘾的相关显著，并能显著地预测网络成瘾。与此同时，一些研究者[2]关注网络成瘾青少年与其幸福感之间的关系，并通过结构方程模型进行分析。结果发现，生活事件、消极应对方式和社会支持直接或间接地影响着大学生网络成瘾者的幸福感。生活事件、消极应对方式降低其幸福感。社会支持提高了大学生网络成瘾者的幸福感。网络的使用会造成使用者社会卷入的减少以及主观幸福感的降低，还会表现出孤独感的增加[3]。学者王滨[4]使用大学生孤独感量表和网络成瘾量表对 311 名大学生进行问卷调查，探讨了大学生孤独感与网络成瘾倾向之间的关系。结果表明，网络成瘾倾向者比非网络成瘾倾向者更容易形成孤独感，大学生的孤独感各因子与网络成瘾倾向各因子之间存在不同程度相关，并且前者对后者具有更有效的预测作用。

　　青少年网络成瘾与家庭环境、父母教养方式也存在一定的相关性。在家庭环境方面，网络成瘾组家庭矛盾性得分显著高于正常组；在父母教养方式方面，网络成瘾组与正常组在父情感温暖、父拒绝否认、父过度保护、父惩罚严厉、父过分干涉、母拒绝否认、母情感温暖上的得分差异显著。矛盾的

① 张国华，雷雳，邹泓. 青少年的自我认同与"网络成瘾"的关系[J]. 中国临床心理学杂志，2008，16（1）；37－40.

② 梁宁建，吴明证，杨轶冰. 大学生网络成瘾与幸福感的关系研究[J]. 心理科学，2006，29（2）：294－297.

③ Kraut R，Patterson M，Landmark V.，et al. Internet paradox：A social technology that reduces social involvement and psychological well－being? American Psychologist，1998，53（9）：1017－1031.

④ 王滨. 大学生孤独感与网络成瘾倾向关系的研究[J]. 心理科学，2006，29（6）：1425－1427.

家庭环境和拒绝、否认、缺少温暖的父母教养方式与青少年网络成瘾有关①。

　　青少年人格问题一直倍受学者青睐，网络成瘾青少年的人格特质与其互联网使用特征及网络成瘾行为的关系等领域已取得较多的研究成果。研究表明②，在对 PIU 的影响上，责任心人格与互联网社交使用偏好存在显著的交互作用，但与互联网娱乐、信息与交易服务不存在显著的交互作用。从平均影响来看，互联网社交、娱乐和交易使用偏好能够正向预测网络成瘾，责任心人格对网络成瘾有显著的反向预测效果，而互联网信息使用偏好对网络成瘾没有显著的预测效果。在责任心高分组中，互联网社交服务偏好与 PIU 卷入程度是一种正向的关系，而在责任心低分组中则相反。研究者③还深入探讨了大学生人格特质、社会适应能力和网络成瘾倾向的关系，认为精神质和社会适应能力对大学生网络成瘾倾向有直接影响，精神质还通过社会适应能力间接影响网络成瘾倾向。高频上网大学生与低频上网大学生在人格特质上有显著性差异，对互联网内容的偏好与人格特质有显著相关，稳定性对信息类和技术类内容偏好的预测作用最大，乐群性和忧虑性对休闲类内容偏好的预测作用最大，敢为性和幻想性对刺激类内容偏好的预测作用最大④。杨洋⑤等通过无约束结构方程模型分析方法探讨了外向性、宜人性人格特征与互联网服务偏好的交互作用对网络成瘾的影响，认为在对网络成瘾的影响上，青少年宜人性人格特征与互联网社交服务偏好存在显著的交互作用，但与互联网娱乐、信息和交易服务偏好的交互作用不显著。外向性人格特征与互联网服务偏好不存在显著的交互作用。还有研究者对初一网络成瘾学生情绪与人格特征进行了研究。采用的方法是对某校全体初一学生用自编网络兴趣调查表、儿童焦虑性情绪障碍筛查表、儿童抑郁障碍自评量表及艾森克个性问卷（儿童版）进行调查，并比较成瘾组与对照组的差异。结果显示，

　　① 彭阳，周世杰. 青少年网络成瘾与家庭、父母教养方式的关系［J］. 中国临床心理学杂志，2007，15（4）：418－422.

　　② 杨洋，雷雳，柳铭心. 青少年责任心人格、互联网服务偏好于"网络成瘾"的关系［J］. 心理科学，2006，29（4）：947－949.

　　③ 原献学，李建升. 大学生人格特质、社会适应能力与网络成瘾倾向的关系［J］. 应用心理学，2006，12（3）：253－257.

　　④ 李秀敏，阴国恩. 大学生上网行为与人格特质相关性研究［J］. 心理发展与教育，2004（1）：33－37.

　　⑤ 杨洋，雷雳. 青少年外向/宜人性人格、互联网服务偏好与"网络成瘾"的关系［J］. 心理发展与教育，2007（2）：42－45.

约 11.34% 的学生病理性地使用互联网，网络成瘾学生存在明显的焦虑情绪，与对照组相比表现得更加掩饰、孤僻和神经质，即网络成瘾初一学生存在情绪和人格问题①。

为了探讨网络成瘾青少年与非成瘾青少年社会性发展的差异，崔丽娟等研究者采用安戈夫方法对网络成瘾的标准设定研究所编制的网络成瘾界定量表进行了深入研究。结果发现，网络成瘾青少年与非网络成瘾青少年在社会交往方面并没有显著差异，但在生活事件、网络使用时间、主观幸福感、社会支持、攻击性、无序感、自我和谐等方面存在显著性的差异②。严标宾等也对青少年网络行为与社会性发展的关系进行了研究。其结果表明，青少年网络行为与主观幸福感和社交焦虑相关显著，主观幸福感和社交焦虑在网络成瘾与非成瘾之间差异显著。网络成瘾与非成瘾青少年主观幸福感和社交焦虑的影响因素不同，影响网络成瘾与非成瘾青少年总体主观幸福感的变量不同③。

Davis 的认知－行为模型揭示出非适应性认知是网络成瘾产生的充分条件。我国研究者④分析了网络成瘾者产生网络成瘾行为的非适应性认知基础，探讨了大学生网络成瘾形成的认知原因后认为大学生网络成瘾形成的心理基础是对上网形成了非适应性认知，非适应性认知又进一步强化了病理性上网行为，验证了 Davis 的病态网络使用（PIU）的认知－行为模型的理论假设。还有研究者采用 Tversky 的社会认知实验范式对网络成瘾者和非网络成瘾者进行了对比研究，探讨了网络成瘾者在编码和再认阶段是否具有负性的社会认知加工特点。与非网络成瘾者相比，网络成瘾者具有更多的负性编码，存在负性编码偏向。与非网络成瘾者相比，网络成瘾者具有更多的负性再认，存在负性再认偏向。网络成瘾者在编码和再认阶段具有负性的社会认知加工特点⑤。除了对网络成瘾者的编码和再认阶段认知加工特点研究外，

---

① 耿耀国，李飞，苏林雁，曹枫林．初一网络成瘾学生情绪与人格特征研究［J］．中国临床心理学杂志，2006，14（2）：153－156.

② 崔丽娟，赵鑫，吴明证，徐爱红．网络成瘾对青少年的社会性发展影响研究［J］．心理科学，2006，29（1）：34－36.

③ 严标宾，郑雪，黄曼娜，等．青少年网络行为与社会性发展的关系研究［J］．应用心理学，2006，12（2）：168－175.

④ 李宁，梁宁建．大学生网络成瘾者非适应性认知研究［J］．心理科学，2007，30（1）：65－68.

⑤ 王智，江琦，张大均．网络成瘾者的编码和再认实验研究［J］．心理发展与教育，2008（1）：106－112.

研究者还对大学生网络成瘾者在互联网使用条件下的时间记忆特点进行了深入研究。结果发现，大学生网络成瘾者在互联网使用条件下进行秒级时间单位和分级时间单位的时距估计时，误差值普遍要大于非网络成瘾者，且明显表现出低估现象。大学生网络成瘾者时间估计误差值越大，时序判断越准确。大学生网络成瘾者时间估计在秒和分级单位上的时间记忆特点不同。也就是说，大学生网络成瘾者与非成瘾者的时间记忆特点是不同的，大学生网络成瘾者的时间记忆特点在一定程度上支持了时间分段综合模型①。

2　网络成瘾的发生机制

2.1　网络成瘾神经心理链的提出

行为的产生、发展背后都有其深刻的内部动因和外部根源。网络成瘾行为的产生也不例外，同时这种行为的定型和维持还有内部的循环特性和机制。对这种特性和机制的把握可能是我们认识和干预问题行为的前提和基础。以陶然②为首的科研团队通过大量的临床研究和实践，发现网络成瘾的形成过程具有很大的连续性和循环性，并率先提出了网络成瘾的生成发展"神经心理链假说"（图1－1）。从图中我们可以看出，网络成瘾者心理链由9个环节构成，其中3个环节是上网、反复使用，并在动态的发展变化中周而复始，形成了一个相对闭合的循环链。其具体解析如下：（1）原始驱力。原始驱力是指个体趋利避害的本能，为了寻求及时行乐而不顾一切，代表了上网的各种动机和冲动；（2）欣快体验。欣快体验是指个体由于网络活动刺激中枢神经而产生的快乐与满足状态。这种状态驱使人不断上网，扩大欣快体验。而一旦成瘾行为形成，这一欣快体验会很快转化为麻木状态；（3）耐受性。耐受性是指个体由于反复使用网络，感觉阈限增高，为了达到同样的快乐体验必须增加时间和投入程度。高耐受性是网络成瘾的跳板，也是网络欣快体验的强化结果；（4）戒断反应。戒断反应是指个体一旦停止或减少上网行为而产生的生理、心理的症候群，突出表现为烦躁不安、失眠、情绪不稳定、易激惹等；（5）消极应对。消极应对是指个体受到挫折、失败或接受外界不良影响后产生的一种被动顺应环境的行为，包括不良的问

---

① 尹华站，黄希庭，李丹．大学生网络成瘾者在互联网使用条件下的时间记忆特点［J］．中国临床心理学杂志，2006，14（4）：362－365．
② 陶然．网络成瘾探析与干预［M］．上海：上海人民出版社，2007：22－24．

题归因、认知的曲解及形成的压抑、逃避、攻击等负性行为；（6）复合驱力（雪崩效应）。复合驱力是指个体在原始驱力基础上，由耐受性、戒断反应导致的消极体验及个体本身的消极应对方式所构成的复合动力。从行为心理学的角度来看，网络成瘾是后天形成的行为。它的形成过程可以简单理解为尝试—快感获得—正性强化；挫折—逃避困境—负性强化，由此构成的自动循环神经心理链。

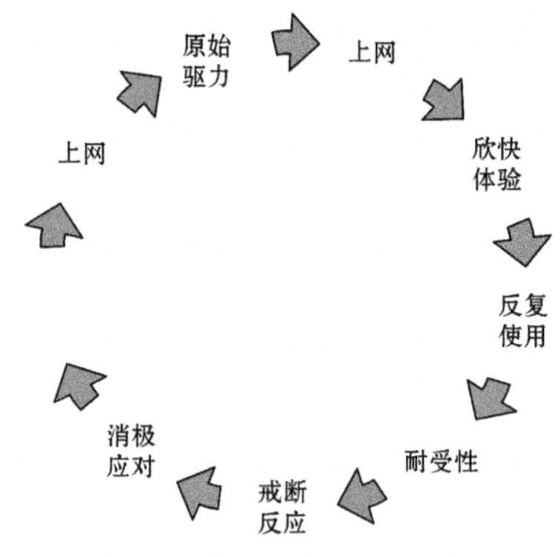

图 1-1　网络成瘾的神经心理链

神经心理链的循环始于原始驱力，通常指各种各样的上网动机，如有人上网是为了释放因为考试的失败、恋爱失败、朋友失和等产生的负性情绪，有的在网上获取信息，有的在网上寻求人际支持等。其次，个体由于在网上获得了种种快乐体验与情绪释放，会在以后烦恼压抑时，本能地寻求网上的快乐体验，并继续反复强化。再次，经过一段时间的反复使用网络，个体的神经心理开始出现变化。趋向性的心理依赖与躯体依赖交互作用，产生耐受性，对已有上网时间变得不敏感，需要增加上网时间投入更多精力，才能突破兴奋感觉阈限。最后，假如个体停止使用或减少网络行为，他便会产生戒断性综合反应。根据神经心理学原理，神经系统会对习惯性上网产生的愉快、满足、亢奋等欣快感觉刻板记录，并进入内隐式记忆系统，呈现无意识心理条件反射。从神经生理方面分析，被认为有可能是致瘾源使突触前神经细胞的多巴胺释放增加，使突触后神经细胞的兴奋提高。而停止该行为后，个体会由于这种情景记忆被暂时抑制，神经系统机能和心理功能部分失调，表现为失眠、食欲下降、情绪抑郁、躁狂、焦虑、注意力涣散、思维迟钝、冷漠、攻击、自残等负性躯体症状及心理与行为特征。这时现实中的种种矛盾更为突出，如果个体采取的是消极应对方式，他们会更加困惑、迷茫、频繁地返回这个给他许多"安慰"的"家"，上网成了他们暂时逃避问题和困难的唯一途径。由此，反复的恶性循环形成了网络成瘾现象。

2.2　网络成瘾的生物学因素

2.2.1　神经生物因素

台湾学者 Chih - Hung ko 用网络游戏魔兽世界影像资料作为刺激，无关视频作对照对 10 例网络成瘾者及 10 名正常对照进行同步 3.0Tesla 磁共振成像系统 fMRI 检查，发现相较于正常对照，网络成瘾组在播放游戏刺激时右前额叶皮质、双侧前扣带回和内侧额叶皮质、右侧 DLPFC（中额叶皮质和临近的优势额叶皮质）、右侧伏隔核、右尾状核等脑区显著激活，并认为这 6 个脑区即为网络成瘾的神经解剖学基础。前额皮质评估游戏中奖赏的价值；双侧前扣带回和内侧额叶皮质与游戏冲动，游戏经验的回忆有关；右侧 DLPFC 与工作记忆有关即游戏过程中，成瘾者全神贯注，对其他刺激反应性降低；伏隔核的激活可以恢复以往的游戏情感记忆和加强对游戏寻求行为的动机；尾状核加强成瘾者在非游戏状态下对游戏的渴望。通过与以往物质成瘾的研究结果相比较，作者得出结论，即网络游戏成瘾与物质成瘾拥有相同的神经生物学机制[1]。国内学者钱若兵根据 12 例网络游戏成瘾青少年患者及 12 名对照不同的网络成瘾内容编制相应的网络游戏视频录像作为刺激内容和生活视频录像作为对比刺激。实验时通过计算机播放并将图像传递给被试者进行刺激，同步进行 3.0Tesla 磁共振成像系统进行 fMRI 检查，发现网络游戏成瘾青少年对网络游戏内容表现得更加敏感。在双侧枕叶、颞叶、顶叶、扣带回、隔区、前额叶、海马、尾状核等部位出现的激活远远超过对照组。认为网络成瘾青少年对网络游戏内容刺激出现很强的脑区激活，其中枕叶、颞叶与网络游戏的画面刺激相关，顶叶（颞顶枕联合皮质）与信息的加工和整合相关，而扣带回、隔区、前额叶、海马和尾状核等可能参与了网络游戏成瘾的形成，上述脑区共同构成了网络游戏成瘾的"奖赏系统"[2]。

---

① Chih - Hung Ko，Gin - Chung Liu. Brain activities associated with gaming urge of online gaming addiction［J］. Journal of Psychiatric Research，2009：739 - 747.

② 钱若兵、傅先明、韩晓鹏，等. 青少年网络游戏成瘾的功能性磁共振成像研究［J］. 立体定向和功能性神经外科杂志，2008，21（4）：207 - 211.

对游戏性网络成瘾的事件相关电位研究发现，成瘾者的 P3 和 N1 波幅较低，而且剥夺其成瘾行为后会变得更低。提示网络游戏成瘾者对信息的深加工能力较差[①]。网络成瘾脑功能成像研究发现，在完成冲动控制任务时，对照组的额叶、边缘叶激活较集中；而网络成瘾组额叶、边缘叶激活区域大于对照组，还可见其他多处区域被广泛激活（如顶叶、颞叶、小脑前叶、豆状核、壳核、丘脑、中脑等）。说明正常情况下，完成冲动控制任务时不需要更多的脑区参与，就能高效率地完成冲动控制任务；而网络成瘾者可能存在脑功能障碍，作为脑组织的一种代偿机制，需要增加更多的脑区才可能保持脑功能的相对正常[②]。

2.2.2　神经生化因素

多巴胺和易感性一直以来是科学家研究生理因素致瘾的主要集中点。有研究显示，长时间上网会使大脑中的多巴胺水平升高，这种化学物质令个体呈现短时间高度兴奋，从而渴望得到更多。研究表明，多巴胺与网络游戏成瘾有着密切的关系。网络游戏过程中大脑多巴胺水平升高，进而使人产生快感，这种化学物质令个体呈现短时间的高度兴奋，从而渴望得到更多。若这种刺激是经常性的，大脑则会强化这种化学反应，从而产生成瘾行为。这被认为是导致网络成瘾的重要神经生化事件[③]。此外，某种神经递质（主要是多巴胺、去甲肾上腺素和血清素）也可能影响着网络成瘾的形成。

2.2.3　遗传因素

理论界在先天倾向和习得倾向对行为的作用上争论不休。遗传天性通常使一个人具有某种个性倾向性，而环境使这种倾向性成为现实；遗传基因使人具有行为能力，而经验又可以使内部的生物结构发生改变。这两者在相互作用相互影响中共同对成瘾的形成产生作用。遗传学的观点认为，成瘾的原因蕴含在遗传密码中，成瘾具有家族的延续性，即遗传基因观。研究者运用行为遗传学中的孪生子法开展了许多遗传与成瘾的相关研究，结果表明遗传对成瘾的影响很大，它影响了个体的易感性、耐受性及相关反应。有研究表明，无论孪生子是在亲生父母家还是在寄养父母家长大，单卵双生酗酒的同病率几乎是双卵双生的 2 倍。有研究者认为，遗传或先天因素、脑化学失衡及神经递质，包括染色体、激素及某些控制神经系统的化学物质或神经递质

① 贺金波. 游戏性网络成瘾的事件相关电位研究［D］. 武汉：华中师范大学，2000.

② 曹枫林. 青少年网络成瘾的心理机制—脑功能影像学及团体心理干预研究［D］. 长沙：中南大学，2007.

③ Mitchell P. Internet Addiction genuine diagnosis or not［J］. Lancet，2000，355：362－363.

的过剩或缺乏均会导致某些个体对成瘾的易感性。个体内也可能存在遗传基因的异常，使个体易于发生网络成瘾。Shapira 对 20 位 18 岁以上的网络成瘾者进行访谈，发现 95% 的研究对象有精神疾病家族史，有 12 位研究对象在他们的一级和二级亲属中，至少有一位物质滥用[1]。

2.2.4　奖赏系统

在应用于人类被试的脑成像技术的有力支持下，已有充分的证据证明药物的强化作用与具体的脑区及神经细胞的生化改变有关。大脑的奖赏中枢最主要的区域是边缘中脑腹侧被盖区（VTA）和伏隔核（Nace），Nace 壳部主要接受 VTA 的 DA 投射，核部主要接受杏仁核和海马的兴奋性谷氨酸能传入纤维。可见 Nace 与脑内和学习记忆相关的重要结构，如前额叶（PFC）、海马、杏仁核等发生密切的 DA、谷氨酸、GABA 能等纤维联系，并可能通过背侧纹状体间接诱导习惯性记忆的形成，调节强迫性行为。另外，还涉及弓状核、杏仁核、蓝斑核，其中 VTA 和 Nace 是奖赏机制的最后通道。传导神经兴奋的多巴胺从 "VTA" 分泌而出，像一群怀抱指令的信使，携带者神经脉冲高速涌向 "伏核"，而在伏核则有 "多巴胺受体" 等待着，随时接受多巴胺的指令，并继续向全身传导这种神经兴奋，从而产生快感，这就是奖赏性神经中枢的核心原理。网络成瘾作为一种精神性成瘾，没有外源性的致瘾物质，在成瘾的奖赏机制上与药物成瘾虽然不完全一致，但可以从目前的研究去推论，奖赏机制同样可以用来解释网络成瘾行为。网络中某些行为有增加正性情绪的作用，一旦上网时间、频率、情绪刺激量达到一定程度和强度，个体大脑中的多巴胺水平就会升高。短时间内会使人高度兴奋，产生一种轻松、愉快的体验。善于记忆的 "海马" 将这种体验产生的时间、地点等信息刻录下来。与此同时，勤于思辨的 "杏仁核" 对上网带来的快乐进行评价；而起着领导和组织作用的 "大脑皮层" 则对这些信息进行梳理，作出判断。当网络成瘾者表现出对上网的强烈冲动，由冲动引起的焦虑情绪可以通过再次上网得到缓解和释放，这与多巴胺神经递质的恢复有关。成瘾的奖赏回路及相关的神经递质只能部分解释成瘾行为。事实上，成瘾行为不仅仅是受到愉悦奖赏的驱使，许多成瘾者在长时间的药物使用或形成成瘾行为后失去了愉悦感，但其成瘾习惯仍在继续。所以，成瘾的神经适应性学说认为长期的成瘾行为可能导致多巴胺受体和阿片类受体等活性的改变和受体结构的变化。这说明在成瘾行为形成的长时间适应过程中相互调节，神经系

[1]　Shapira NA, Goldsmith TD, Keck PE Jr, et al. Psychiatric features of individuals with problematic internet use [J]. Affect Disorder, 2000, 57: 267 – 272.

统产生了具有成瘾特征性的改变，即成瘾的神经适应性变化。

2.3 网络成瘾的心理学机制

当人类从不同角度对自身的精神和行为进行透视和理解时，各种心理流派的解释应运而生，主要有精神分析学派、行为主义理论、人本主义理论、认知理论、存在主义理论等五大理论。从这五大理论的视角我们来分析网络成瘾的形成机制。精神分析理论认为，人的行为都是从继承来的本能和生物驱力中产生的，而且试图解决个人需要和社会要求之间的冲突；行为主义理论是寻求理解特定的环境刺激如何控制特定类型的行为；人本主义理论则主张人类的主要任务是使自身的潜能不断发展；认知理论强调人的思维以及所有的认知过程——注意、思考、记忆和理解是行为的基础；而存在主义理论则是基于存在主义哲学的途径来探讨人类及其生存，论述重要的生命主题。

2.3.1 精神分析理论

弗洛伊德认为一个人的人格由本我、自我、超我 3 个部分组成，且这 3 个组成部分经常处于矛盾冲突之中。此时，个体就会产生种种焦虑、烦恼。为达到心理平衡，个体会采取各种各样的方法来调整认知，这就是个体的心理防御机制，主要包括压抑、否认、投射、退化、隔离、抵消转化、合理化、补偿、升华、幽默、反向形成等形式。这些心理防卫活动多是无意识的，对人体的心理健康起到积极或消极的作用。所谓压抑作用，通常是指把不能被意识所接受的念头、情感和行为在不知不觉中抑制到潜意识里去，是精神防御机制最基本的方式。否定作用是指把引起精神痛苦的事实予以否定，以减少心灵上的痛苦。退化作用就是当人们面对问题时，选择困难较少、阻力较小的儿童应对方式，无意中恢复儿童期对他人或他物的依赖，以逃避责任。幻想作用指在一个人面对困难时，会采取幻想的方法来加以化解达到内心的平衡。合理化作用指当一个人遭受挫折，或无法实现目标时，用貌似合理但实际上不正确的理由为自己的行为辩护以避免精神上的苦恼。投射作用指个体把自己不受欢迎的某些特点或想法归于别人以达到保护自己时的表现。反向作用指一个人为压制自己的一些不能被人接受的欲望及冲动时，会采取与之相反的做法。补偿作用是指当一个人因具有某种生理、心理、人格缺陷而感到不适时，会竭力用种种方法来弥补这些缺陷，以减轻不适感。认同作用是指一个人把自己所钦佩或崇拜的人的特点当做是自己的特点，用以来掩护自己的短处。升华作用是指将受挫折的情绪以一种积极的、可被社会接受的方式呈现出来。幽默作用是指以幽默的语言或行为来应付紧张的情境或表达潜意识的欲望。理智化是指个体竭力通过思想与情感之间的分离达到避免无法忍受痛苦的过程。

表 1-2　网络成瘾者常用精神防御机制

防御机制	表现特点	后　果
否定作用	否认自己是对网络迷恋，而只是为了调节	否认网络成瘾
退化作用	享受做孩子的感觉，可以完全没有责任心	不愿承担责任
幻想作用	幻想自己会成为网络游戏高手	不能面对现实
转移作用	享受在网络上释放来自学校及家庭的重要压力	不能正确面对困难
补偿作用	以自己网络上的成就弥补其他方面的不足	不能正确看待自己
认同作用	以网络高手为榜样，希望自己也可以同样出色	没有正确的生活目标
投射作用	幻想其他同学也会像自己一样的纵情上网	认为网瘾是合理的
合理化作用	认为自己在网络上的成就可以胜过别人	不能检讨成瘾动机

网络使用者为了协调由于本我和超我引起的矛盾和冲突，便会以各种各样的精神防御机制来化解生活中的问题及上网引起的焦虑与负疚感，由此强化了不良的防御机制，形成了网络成瘾。网络成瘾者常用精神防御机制如表1-2[1] 所示。

精神分析理论告诉我们，个体总是在追逐着本我实现。网络成瘾者不顾一切地满足个体的本能欲望，完全不顾自我约束，或浏览色情网络，或沉溺于攻击性游戏。有关调查数据显示，在参与调查的 3000 名大学生和中学生中，曾光顾色情网站的约为 46%，高达 76% 的学生沉迷于性聊天室。成瘾者进行攻击性的游戏，也是通过网络变相地主动参与暴力行为，从而满足攻击本能的欲求[2]。网络成瘾的"本我实现"可以归纳成如下要点：（1）网络成瘾行为是本能的呼唤，是人"及时行乐"的表现；（2）网络成瘾行为是不成熟的精神防御机制的积累；（3）网络成瘾行为是童年期不幸经历形成能量的淤积。

---

① 陶然. 网络成瘾探析与干预［M］. 上海：上海人民出版社，2007：36-37.
② 陶然. 网络成瘾探析与干预［M］. 上海：上海人民出版社，2007：36-37.

2.3.2 人本主义理论—巅峰体验说

马斯洛认为人有两种植根于生物学的需要，即缺失（或基本）需要和成长（或高级）需要。他提出的观点是我们的需要构成我们的动机，并将它们由下而上分为 5 个层级。如果满足了生理需要，就开始关心起安全需要，如果获得了安全的需要就会寻求爱和被爱，当我们爱的需要得到了满足，我们就开始寻求自尊，获得了自尊之后，我们最终会寻求自我实现。

人本主义心理学理论的核心概念是"自我概念"，也就是针对"我是谁""我会怎样"这一问题的回答。罗杰斯将自我划分为理想自我和现实自我，两者之间存在一定的距离。当现实自我与理想自我接近时，人格便处于和谐状态，人就有可能获得自我实现的巅峰体验；而当现实自我与理想自我的差距拉大时，人格便处于冲突状态，人就有可能产生怨恨、苦闷等问题。而网络帮助个体完成了象征的自我达成功能，平衡了个体现实自我和理想自我的差距。网络满足了网络使用者什么样的心理需求呢？首先，网络满足了性的身心需求；其次，网络满足了人的归属和爱的需求；第三，网络满足了人的尊重需要；第四，网络满足了人的自我实现需要。我们以网络游戏为例来进行分析，网络游戏就是在以一种虚拟而快速的方式满足自己的最高需要——目标心理的"超自我实现"。当网络成瘾者在网络中尽情地获得各种心理体验时，与周围的人（朋友、爱人、家长）越来越疏远，真诚的交流和沟通越来越少。我们试图对网络成瘾者的"巅峰体验"进行这样的归纳：（1）网络成瘾是象征的自我实现；（2）网络成瘾是自我需要的替代；（3）网络成瘾是同感缺失的不良后果。

2.3.3 行为主义理论—习惯养成说

行为主义理论起源于俄罗斯生理学家巴甫洛夫的经典条件反射实验。继而，美国心理学家华生发表的《行为主义心目中的心理学》一文，宣告了行为主义这一理论的登场。斯金纳作为行为主义的集大成者发展了这一理论，提出了操作性反射原理。斯金纳理论的核心在于人类行为的强化、行为的塑造。班杜拉提出了社会学习理论并认为人类的许多行为都是依靠观察习得的，都是依靠替代强化形成的，即是依靠模仿习得的，受到注意、保持、动作再现、动机等心理过程的支配影响。行为、个体、环境是一个相互影响的系统，三者共同作用决定了个体的行为表现。用行为主义理论来解释网络成瘾这一现象，首先要谈到强化机制。正强化在网络成瘾行为的初期阶段起主要作用，而负强化在网络成瘾行为的发展和维持中起了重要作用。正负强化的双重作用促使网络成瘾者出现躯体依赖、心理依赖以及人格的改变。

具体地说，正强化是指行为的后果导致积极刺激增加，从而使该行为的发生频率增加。网络游戏成瘾者操作游戏中的角色可获得好的级别和得分，得到某种形式的奖励。直接的物质利益（金钱、贩卖账号等）的刺激使其产生正性情绪体验，增强自信和自我肯定的认知体验、精神上的胜利感和战胜对手的满足感等。这些物质的、精神的强化作用会使玩游戏行为进一步加强，不断去追求这些物质奖励和积极的个人体验，从而使玩游戏的频率、时间、花费不断增加。另一方面，负强化指行为的后果导致消极刺激减少，从而使该行为的发生频率增加。现实生活中，由于生活的未知变量太多，如学习工作的失落、社交的挫折等，会使那些社会赞许需求较高、社交焦虑较重的人更易于在现实生活的交往中遇到较多的困难。而当他们感到沮丧、困惑、孤独、失望、失去社会交往兴趣，就更容易转向网络，寻求安慰和减压，使某些被压抑的或潜意识的个性得以释放。按照行为理论的观点，网络成瘾是条件反射的积累，是个体学习的产物。

2.3.4　认知调整理论

认知理论主张，人是思维的动物，把信念系统和思维看作是行为的基础。认知理论是由美国著名心理学家 A. 贝克创立的，他认为个体没有觉察的自动思维是个体的信念和认知图式的一个方面，影响着人们如何做决定和生活，在人格发展中起着很大的作用（图 1 - 2）。自动思维是贝克认知理论中的关键概念，它构成了认知的核心信念和图式。个体是如何看他们的世界的，他们对人、事件和环境有什么重要的信念和假设，这些组成了他们基本的认知图式——积极的（适应的）和消极的（不适应的）。认知图式从童年期开始，认知歪曲显现在认知过程的错误和无效上。心理学家弗里曼讨论了在不同的心理障碍中存在的一系列共同的认知歪曲。（表 1 - 3）

按照弗里曼的这 8 种认知歪曲，网络成瘾者产生了相对应的思维特点[①]（表 1 - 4）。网络成瘾者把网络世界视为"家"，认为只有在网络世界中才是安全的、舒适的，也才能找到真正的自我。这个世界中的强烈信息刺激、交往中成功的经验、游戏中的巅峰体验使初次上网的青少年体会到了真实生活中所不能体验到的感觉。更使他们形成一种错误的观念和不合理的信念。他们以选择性抽取的思维认定网络是其生活中最重要的部分，甚至高过于自身的生命，从而导致网络成瘾者在不能上网时出现像吸毒者疯狂寻找毒品一样的狂乱行为。长时间网络行为的强化会导致个体产生不正确的自动思维，

---

① 陶然．网络成瘾探析与干预［M］．上海：上海人民出版社，2007：46.

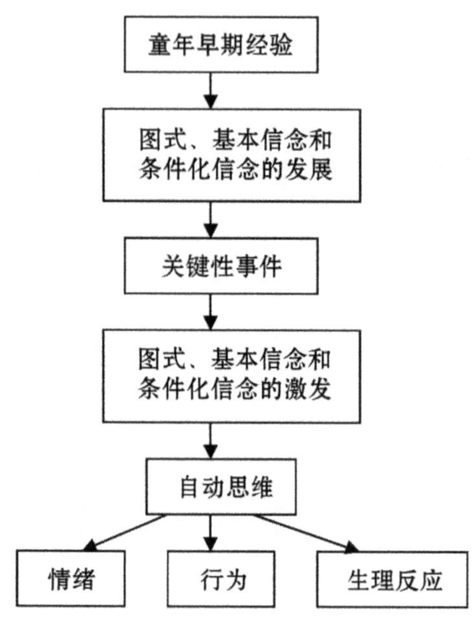

图 1-2　认知发展模式图

资料来源：（美）Richard Sharf. 心理治疗与咨询的理论及案例 ［M］. 胡佩诚，译.
北京：中国轻工业出版社，2000.

产生各种声、光、味等感觉与网络世界混乱对应的联想。从而进一步强化了网络行为，直至成瘾行为的产生。尤其是当个体在生活中遇到挫折、情绪低落等应激事件时，产生歪曲的认知将更可能促进网络转移和网络成瘾。可以这样认为，网络成瘾是认知图式的变异，是非理性自动观念的呈现，是理性与情绪的对立矛盾体。他们的元认知存在着缺乏目标与计划性、缺乏情绪正确认知、缺乏对舆论的认知、缺乏自我监控、缺乏自我评价与缺乏自我调整等特点。

表 1-3　弗里曼的 8 种认知委屈

认知歪曲	突出特点	事例说明
两极化思想	一件事要么完全合意，要么是彻底失败，这就是或全或无的两级思维	如一个学生对自己说："我考试必须得 A，否则就是失败。"
选择性抽取	刻意抽取一个事实或者观念，以支持他的抑郁和消极的思维	如一个学生考试诚意一般都很好，但有一次没考好，他就把注意力都放在那次考试上
武断推论	对证据不足的事做结论，武断推论有两种：读心术和消极预期，这些推论都与事实相悖	如一个学生认定自己一次考试没考好，就意味着学习能力的大倒退
灾难化	歪曲认知，把一个事件夸大使之变得十分可怕	如一个学生对自己成绩不如意，就推论将来一定没出息
以偏概全	以少数的消极事件得出一个规律	如一个学生一次代数没考好，就认为自己学不好数学
贴标签	在错误的认知基础上，对自己粘贴标签	如一个学生数学没学好，就认为自己是一个失败者
夸大或缩小	个人夸大自卑方面，缩小自信方面，得出支持自卑和抑郁感的结论	如一个学生总是看自己不顺心的方面，把自己看的一钱不值
人格化	把那些和个体无关的事件看作是有意义的	如一个学生认为坏天气会导致他考试失常

资料来源：陶然. 网络成瘾探析与干预［M］. 上海：上海人民出版社，2007：46.

表 1-4　网络成瘾者的认知歪曲思维

认知歪曲	网络成瘾者的思维特点
两极化思维	认为网络世界是安全和快乐的，而现实世界是混乱和痛苦的
选择性抽取	认为一次失败就会使自己变得一无是处
专断的推论	认为不上网时自己就会不快乐
灾难化	认为离开网络就没有办法活下去
以偏概全	认为暂时、单一的快乐也给自己带来永久的幸福
贴标签	认为自己不是学习的料，但可以做一个职业玩家
夸大和缩小	认为自己游戏中的升级不如别人，要不断去玩
人格化	认为自己就是网络游戏中所扮演的角色

2.3.5　存在主义理论

存在主义被学者们普遍接受的观点是它把人类当做研究存在的出发点，对个人存在提出了最基本的追问。自由意志是认识人类机能和发展的中心概念，每个人都希望自身得到提高，人们确定目标，做出决定实现自由意志。存在分析理论特别强调当下此刻的经验即为存在的方式，包括客观世界或环境、人际世界或共境和自己的世界即自我内在世界或我境。存在主义对于网络成瘾的诠释我们应把握几点。首先，存在主义认为，由于价值观无法整合造成的混乱使我们感到内心空虚和孤独。这种感觉来自我们所面对的巨大且复杂的问题。空虚感来自人们不能对外部事件加以控制而产生的无助感。而这种无助感又给人们带来强烈的失望，进而放弃自己的要求和情感，变得麻木不仁，回避责任便成为一种选择。网络成瘾者通常都有强烈的孤独感、空虚感和无助感，导致存在意识的弱化，不愿承担责任，以至于网络成了他们另外一种生存空间；其次，存在主义认为，现代社会产生了另一种不健康的个人主义，人与人的关系日渐疏远，各种心理问题大量出现，人们普遍采纳了开放式的竞争方式。这使每一个人都成为其邻居的潜在敌人，从而造成了许多人际间的敌意和仇恨，并增加了人们的焦虑和相互的疏远。网络成瘾者往往内心充满了不信任感和焦虑情绪，网络游戏中的某些角色恰恰能满足其心理宣泄的需要；第三，存在主义认为，不健康的个人主义使人们过分强调自立，忽视合作，这使个体获得帮助的可能性大大减少，所以网络使用者尤其是青少年会在网络上成立组织、在游戏中成立公会组织以寻求支持。由此看来，网络成瘾是应付无意义的手段，是对责任的逃避和信任的危机。

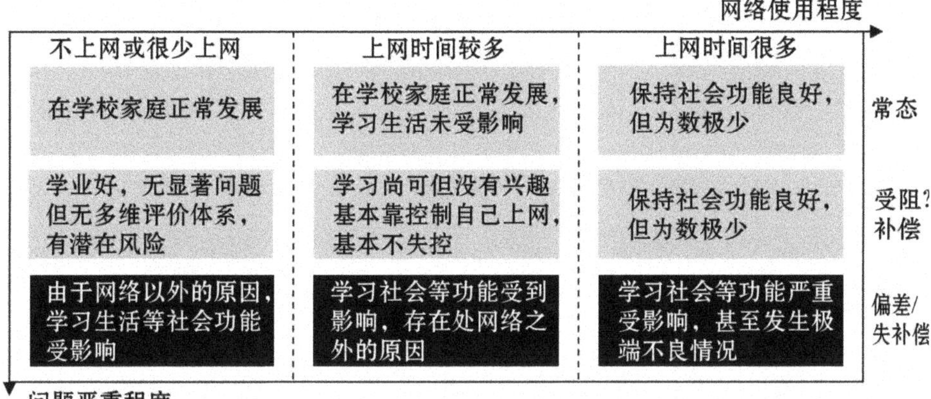

图 1-3　中国青少年网络问题图谱

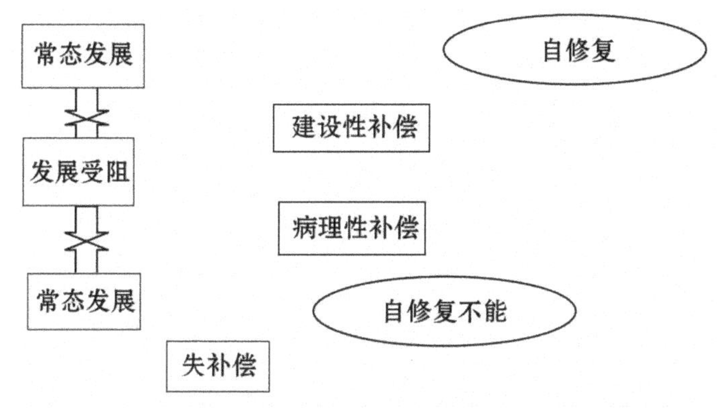

图 1-4　"失补偿"假说图

2.3.6　"失补偿"假说

中国科学院心理科学研究所承担了国家自然基金委批准的第一个网络成瘾研究课题。目前在心理机制、脑功能、心理治疗、综合预防等方面取得了阶段性研究进展。该课题组提出了网络成瘾病理心理机制的"失补偿"假说，假说的理论解释始于对中国青少年网络问题图谱的分析①。假说认为，青少年个体一般处于常态发展的状况，但由于家庭因素、学校因素及社会因

---

① 罗静．网络成瘾的病理心理机制［A］．首届全国网络成瘾学术研讨会论文集［C］．2010，7（31）：31-35.

素等外因和个体内因的交互作用可能会造成个体发展受阻，进一步还有可能导致发展中断。当青少年个体发展受阻时，有的个体会采取建设性的补偿方法返回到常态发展状况。而另一些个体则可能采取病理性补偿方法反而使自己落入发展中断的境地。此时，假说称之为"失补偿"。同时，在假说的研究基础上课题组针对网络成瘾青少年心律变异性（HRV）和脑事件相关电位（ERP）进行研究还发现网络成瘾青少年的自主神经功能出现一定程度的改变（LF/HF），因此网络成瘾者在下网时会感到情绪不安。而在上网时，自主神经活动被激活和协调，情绪也得到改善，直至产生依赖。

3　网络成瘾的因素分析

3.1　网络成瘾个体成长因素

个体出生后，其生理发展、认知发展、情绪发展和社会性发展的相互作用造就了成长中现实独特的个体。尤其是处在青春期的个体，我们更应关注其心理变化和特点：（1）情绪戏剧化；（2）敏感而脆弱；（3）自我意识高涨；（4）叛逆与极端化；（5）自我控制力偏低；（6）充满幻想；（7）依赖与独立；（8）思维抽象且具片面性；（9）自我评价单一；（10）自我保护意识薄弱等。据北京军区总医院中国青少年心理成长基地的一项调查表明，在641例青少年网络成瘾者中，有82.4%的人能够清晰回忆在学校、家庭或社会中所遭受的挫折；87%的患者与父母沟通的时间每周不足1个小时；55.7%的人在此期间仍遭受暴力型或控制型的教养；沉溺于网络游戏的患者42.3%是因为厌学；7%是因为烦恼；32.3%是因为想玩；7.3%是因为寻求自信；54.5%的人每天上网时间长达10小时以上。通过对国内、外相关研究的整理和分析，我们发现与网络成瘾有关的人格因素主要包括：（1）高感觉寻求；（2）抑郁、内向、敏感多疑；（3）高焦虑、稳定性差、强迫性等。

3.2　网络成瘾个体家庭因素

家庭系统理论认为，作为一个系统，每个家庭都存在其特定的、相对稳定的交往与情感模式，具有相应的内在规则。这些内在规则规定了每个家庭成员的角色、地位、行为准则、与外界交往的基本原则等。各个家庭成员的行为特点和交往方式都是对家庭的整体交往与情感模式的适应与保持，家庭系统按照其内在的规则不断运行。家庭亲密度、家庭教育方式作为家庭系统的要素对青少年网络成瘾行为的形成不无影响。据房山海等进行的实验研究①结果显示，网络成瘾组的家庭亲密度明显低于非网络成瘾组、不满意度明显高于非网络成瘾组。这一结论与张国富等研究结果②基本一致。网络成瘾组对家庭亲密关系不满意主要表现在：（1）家庭成员之间缺乏彼此信任、尊重；（2）业余时间（节假日）一家人很少在一起活动；（3）家庭成员很少分享彼此的兴趣和爱好；（4）家庭氛围不是很轻松，甚至感到压抑；（5）家庭成员间缺乏有效的情感沟通，很少主动向家里其他成员谈自己的心里话。临床上其家庭成员之间常互相责备和批评，这样的家庭青少年虽然物质上能够得到满足，但缺乏情感上的关怀。彭阳等研究③也论证了这一点，网络成瘾的青少年感受不到来自父母亲的关心与支持。房山海等的研究还发现，网络成瘾组对家庭亲密度的期望值、对家庭教育方式的期望值均低于非网络成瘾组，并存在显著差异。提示长期得不到家庭的温情或长时间家庭关系紧张（冲突）的青少年对家庭有悲观失望心态，导致他们对家庭间情感联系的期望值以及对家庭良好教育方式的期望值，明显低于健康青少年。提示在网络成瘾青少年家庭干预与预防时要特别重视家庭成员之间的情感交流，家庭成员之间亲密关系的培养。另外，与非网络成瘾组相比，网络成瘾组的家庭教育方式存在明显缺陷，与李涛等④研究结论有相同之处。网络成瘾组对家庭教养方式不满意主要表现为以下五方面：（1）家长接纳孩子、尊重孩子的独特性差；（2）家长不善于发现孩子的长处；（3）家长没能给孩子归属感，让孩子不觉得自己是家庭的重要成员；（4）父母不能鼓励孩子尝试，在他们做的好时不能给予肯定；（5）家庭中责任感的教育与实践。临床上也发现网络成瘾的青少年自尊低，自信心差，责任感弱，在生活中更多采用消极的应对方式⑤，与上述家庭教育方式有关。这就提示我们，在网

---

① 房山海. 网络成瘾青少年家庭亲密度及家庭教育方式对比研究［A］. 全国首届网络成瘾学术研讨会论文集［C］. 2010，7（31）：101－104.

② 张国富，周振和，张云彪，等. 青少年网络成瘾者及其父母社会心理因素的研究［J］. 中国行为医学科学，2008（6）：498－500.

③ 彭阳，周世杰. 青少年网络成瘾与家庭环境、父母教养方式的关系［J］. 中国临床心理学杂志，2007（15）：418－419.

④ 李涛，张兰君. 大学生网络成瘾倾向与父母教养方式研究［J］. 心理科学，2004（27）：662－663.

⑤ 房山海，陶然，张英，等. 网络成瘾青少年应对方式的病例对照研究［J］. 中国行为医学科学，2008（6）：489－491.

络成瘾家庭预防中，要特别重视孩子自尊、自信、责任感等积极健全的人格品质培养。网络成瘾组青少年抗挫折能力差，当遇到困难和挫折时，家长很少教孩子如何面对，缺乏应对困难与挫折的教育及相应的社会实践。据北京军区总医院中国青少年心理成长基地的调查表明，在 641 例青少年网络成瘾者中，有 76.3% 的人父母感情不和谐；61.6% 的人父母的家教方式不一致（父亲以专制型和忽视型教养较多，母亲以溺爱教养较多）；66.1% 的人有退缩和攻击行为；1.4% 的人在 6 岁以前开始上网玩游戏；46.2% 的人在 12 岁以前开始玩网络游戏①。

3.3　网络成瘾的学校因素

存在主义哲学家萨特认为，认识情境中的生物，情境决定着未来生活中的诸多可能性。随着孩子的成长，活动的范围逐步拓宽，活动的重心从家庭渐渐地转移到了学校，与其他非正式的活动机构不同，学校是正规传授知识和技能的场所，而这些知识和技能正是个体成为社会有用之才所必需的。学校在进行知识传授时不仅仅通过具体的教学内容来实现，还应该采用师生互动、伙伴互动的具体情境进行完善。经过临床实践和研究发现，学校教育的误区与网络成瘾的发生有很大的关系。例如，单一的评价机制、课程设置仍有不合理的地方（缺乏人性化的性教育、缺乏珍爱生命的教育、缺乏心理健康及网络教育等），教学手段还比较刻板，教师自身存在一定问题，学校活动比较单一等问题②。

3.4　网络成瘾的社会因素

网络成瘾的原因是多元复杂的，除了个体的生物学、心理学因素外，还包括家庭因素、学校因素和社会因素等。在这里我们强调社会因素主要涉及到社区文化建设、法律法规、大众传媒等方面。由于经济发展水平的限制，我国目前社区建设较发达国家还相当落后，往往忽视了社区文化硬件的建设和软件的传播。在社区中缺少诸如体育运动的场地或设施、图书馆等。也很少有专门为青少年组织的志愿者服务、尊老敬老、环保宣传教育、励志电影观赏等有意义的活动。很难培养青少年的社会责任感和关爱他人的品质。加上现代社区里居民具有异质性强的特点，邻里交往和沟通的机会很少。孩子们很难与同伴进行和谐的游戏活动和感情交流。迫于学习的压力，青少年与

---

① 陶然. 网络成瘾探析与干预［M］. 上海：上海人民出版社，2007：88 - 89，94 - 98.
② 陶然. 网络成瘾探析与干预［M］. 上海：上海人民出版社，2007：88 - 89，94 - 98.

大自然接触的户外活动和体验式的心理教育相对较少，很难满足心理需求。网络由于其便宜性、匿名性和互动性等特点深受青少年的青睐，使他们趋之若鹜。但相关的网络管理法律法规仍不健全，网络资源污染严重，网吧监管力度不够、不善，一些非法网吧违反国家有关条例纵容未成年人通宵达旦地上网，学校与违规网吧通常是"难舍难分"，哪里有学校，哪里就有网吧。网络游戏管理滞后于产业发展的需要。大众传播媒介作为一种信息和文化的传播工具，发展极为迅速。而网络的功能远远超出了一般的大众传媒，极具互动性，把有各种心理需要的青少年紧紧吸引在虚拟的舞台上。

▶ 4　网络成瘾的干预

网络成瘾的干预模式是近来研究者和实践者关注并努力探索的课题，虽然在实践中取得了较好的干预效果，但仍未有达成共识的干预模式。就目前各领域干预的实际情况来看，主要包括以下几种比较有效的模式：（1）网络成瘾的"五位一体"的身心综合矫治干预模式；（2）网络成瘾的医学治疗模式（药物治疗＋医学辅助治疗＋身心护理）；（3）网络成瘾的心理治疗（心理动力治疗＋认知与行为治疗＋现象学技术治疗＋系统家庭疗法＋艺术疗法、八阶段三分之三疗法等）；（4）军训、教育及社会性体验干预模式；（5）个人—家庭—社会的综合干预模式（个人预防＋家庭预防＋学校预防＋社会预防等）。

4.1　网络成瘾的"五位一体"干预模式

网络成瘾不是单纯的个体现象，而是一个复杂的多层次的社会现象，其成因涉及个体生理、心理、家庭及社会环境等因素。因此，对于网络成瘾的干预需要进行全方位、系统的科学的设计和实效的措施。北京军区总医院青少年成长基地首次采用"五位一体"的干预方法对千余名网络成瘾者进行了干预治疗并取得良好的效果。"五位一体"干预是从网络成瘾的发生机制、人格特质、干预模式及影响因素等系统研究中提出的。基本特点是个性化、阶段化、全方位化，包括医学治疗、心理治疗、健康教育、军事化训练及社会体验活动等 5 个部分内容。并分为住院治疗、门诊治疗、特许治疗 3 个单元。该模式的疗效评估可从两个方面入手。一是出院时患者自我评价量表，包括 22 项，组成精神症状、躯体症状、自我认识、情绪管理能力、人际交往和自我效能等 7 个因子，各因子得分前后对照改善≥50％或治疗后达峰值为有效，＜50%为无效；另一个是出院后随访疗效评定标准、网络使用情况、行为改变、亲子关系、人际交往、学习或工作情况6个方面进行评估，家长和患者都满意表明疗效显著，否则为疗效不显著。以治疗前后患者自评量表各因子分值改变≥50%为有效标准，总有效率达71%～94%，出院后1个月随访结果，家长和患者评估均满意者达60%～71%。

4.2　网络成瘾的医学治疗模式

在临床实践中发现，相当一部分网络成瘾者伴随体内微量元素含量的异常及精神症状，如抑郁症状、焦虑症状、强迫症状、精神运动迟滞、睡眠障碍等生理、心理问题。其中抑郁与焦虑在网络成瘾综合症患者中占有相当的比例，因此在住院期间可通过有效的药物来纠正患者神经内分泌紊乱和排除体内重金属物质的聚积现象，从而改善精神症状。采用药物治疗的意义主要体现在几个方面：（1）可帮助网络成瘾者减轻或缓解植物神经功能紊乱、视力下降及胃肠系统紊乱等症状；（2）为网络成瘾者进行心理治疗或行为干预奠定基础；（3）药物治疗中平衡神经内分泌紊乱的药物，可以帮助网络成瘾者大脑内的"奖赏系统"恢复平衡，从而改变其神经生化基础，优化干预效果；（4）药物治疗可以改变网络成瘾者的睡眠节律，晚上用药既可以增加睡眠时间，又可以减轻躯体不适应症状和情绪症状，这也是进行药物治疗的主要目的；（5）针对有些网络成瘾者体内含铅量超标的情况，使用排铅药物（如金属硫蛋白）和补充微量元素的药物（如钙片）等，改善患者体内微量元素含量。在具体操作环节中除了使用一些相关的药物外，还采取饮食治疗、多功能生理平衡治疗、生物反馈仪治疗、经络氧治疗、身心护理治疗等辅助疗法综合干预。

4.3　网络成瘾的心理治疗

网络成瘾者心理系统特征既具有高度的相似性，又具有极大的个体差异性，对心理治疗干预提出了很高的要求。通过大量的研究可以看出，网络成瘾者大多缺乏求助的积极动机，缺乏对治疗过程和目标的认识，缺乏对言语性治疗的兴趣，缺乏对环境改变可选择性的认识，缺乏治疗转变的稳定性等。基于这种情况，心理治疗首当其冲要对网络成瘾者进行心理动力治疗，包括弗洛伊德经典精神分析法、荣格的心理分析疗法阿德勒的个体疗法及催眠疗法等。这些疗法的具体技术大多可运用到网络成瘾者个体、家庭、团体治疗中。认知和行为疗法在网络成瘾干预中主要是为了改变网络成瘾者的态度、观点、信念和行为方式。常用的方法主要有贝克的认知治疗、艾里斯的合理情绪疗法和行为治疗，其技术也可运用到网络成瘾者个体、家庭、团体治疗中。Young 提出了许多治疗网络成瘾的方法[1]，并在实践中取得了良好的干预效果。例如，监视和限制网络的使用，在相反的时间上网，借助外力的作用，建立限制网络使用的目标，戒绝，提醒卡片，个人清单，个人治疗及支持团体。对于在校生，则建议让学生自己对问题有所认识，消除自己最具危险的因特网使用习惯，进入校园提供的社交环境，探索校园图书馆和教育同学有关因特网成瘾的知识[2]。

4.4　网络成瘾的现象学技术治疗

现象学是西方现代心理学的一种研究取向。在心理学上，包括 19 世纪末 20 世纪上半叶欧洲的意动心理学、理解心理学、格式塔心理学等以及 20 世纪中叶在美国心理学界兴起的人本主义、存在主义、现实疗法等。在美国主要指以现象学为理论资源和思想背景确立对心理学的基本态度，运用和发展现象学心理学方法探索心理学具体问题，以获得对心理现象更充分、更真实的理解。其主要方法有存在主义疗法（旨在使患者发掘并体会到对人格具有整合作用的个体存在意识，即找到生活的目的和意义，并充分地体验个人的存在）、格式塔疗法（亦称完形疗法，采用空椅子技术、反向行为及重复技术、对话演习技术等帮助患者认识自我，促进成长，发展潜能，承担应负的责任，重整心理的完整与平衡）、人本主义疗法（采用心理沟通、正视不协调、平等和真诚、无条件积极关注、共情式理解、对关注接受和理解的知觉等方法着眼于个体的成长、自我的理解、再教育和自我实现，帮助患者澄清自己的信念和价值观）、现实疗法（通过卷入、关注现在的行为、价值判断、计划负责任的行为、对实施计划作出承诺、不接受任何借口、不使用惩罚、永不放弃等步骤帮助患者选择更有效的行为方式，以更好地满足自己的需要，恢复心理健康）、森田疗法（一种顺其自然、为所当为的心理治疗方法，与人本主义的理论同源）。

4.5　网络成瘾的艺术疗法

艺术治疗包括绘画、舞蹈、音乐、影像治疗和阅读及故事治疗，都是用

---

[1]　Okeilly M. CMAJ，1996，154：1882 - 1883.

[2]　金伯利. 网虫综合症—网瘾的症状与康复策略 ［M］. 上海：上海译文出版社，2000：190 - 192.

创造性的表达带来心境的改变和行为的改善。其理论认为，艺术提供了表达那些不能用语言表达的意象的机会。表达空间关系（如患者和父母的关系）的机会，表达自己而不用担心别人说什么的机会，从而可以调动潜意识中的能量，使自我获得一种顿悟和觉知，整合自己的思维，促进行为的改变。其目标是帮助患者处理情绪矛盾，让他们对自己的感受更有觉知，能够处理内部和外部的矛盾。

4.6　网络成瘾的系统家庭疗法

家庭治疗是处理家庭问题、获得更好的家庭功能的心理治疗方法。系统家庭治疗则是特定的家庭治疗方法，它重视家庭成员之间的互动关系，把整个家庭看做一个系统，处理方法是理解和改变整个家庭的结构，增进家庭的功能。

4.7　网络成瘾的"八阶段三分之三疗法"

"八阶段三分之三疗法"有机地将治疗的时间和治疗的空间结构融合。八阶段分为：面对戒断应激、激发动机；客观描述症状、探索发现；寻找分析归因、评估界定；叩问生命意义、制定方案；唤醒潜在力量、告别过去；调整思维模式、重建认知；强化正性习惯、控制沉迷；维护心理循环、共同成长。三分之三即指个体、家庭和团体治疗在治疗过程中的相对比例及有机结合。

4.8　网络成瘾的军训、教育及社会体验干预

军事化训练在网络成瘾治疗的过程中主要包括两个目的，一是配合药物与心理治疗，增强治疗内容的丰富性与趣味性，尽可能争取最好的效果，二是以生动活泼、喜闻乐见的形式，使网络成瘾者的体质得到增强，培养其吃苦耐劳精神和责任意识，增强组织纪律性和自我约束能力，树立团队主义精神，陶冶高尚的情操。针对网络成瘾者的教育内容主要有网络健康教育、心理成长教育、青春期健康教育、家庭效能教育以及各种娱乐活动等。社会体验主要是带领网络成瘾者参观孤儿院、敬老院、癌症康复中心和参与劳动课程，直接地体会生活。从而学会关心帮助社会的弱势群体，加强社会责任感。除此之外，还参观有名高等学府、科技馆、博物馆、电脑科技园等场所来丰富网络成瘾者的知识，增强社会阅历，培养学习兴趣，唤起对有限时间和生命的珍惜。

4.9　网络成瘾的体育干预

体育运动在人的社会化过程中起着重要的作用，毫不夸张的说，体育运动的这种价值几无替代。虽然体育干预的理论及实践还有相当长的探索之路，但人们越来越意识到其育人育心的价值。在国内、外网络成瘾的戒除机构里，研究者和实践者不约而同地都在采用体育运动的干预方法。有研究者还进行了深入的实验研究，例如，盖华聪[1]采用单盲试验法对网络成瘾大学生进行体育教育干预。结果表明，加强体育和健康教育对预防和戒除大学生网络成瘾具有有效性和持续性。

---

[1]　盖华聪. 体育教育对大学生网络成瘾干预的实验研究［J］. 鲁东大学学报，2007，23（4）：371 - 374.

第二章　青少年网络成瘾体育干预的理性思考

▶ 1　耗散结构理论视角下青少年网络成瘾体育干预的可行性思考

随着互联网的使用和普及，网络正逐渐成为人们的学习和生活方式。然而，网络是一把双刃剑。如果过度或不当使用，不仅使个体身心健康受到影响，而且会导致其与生活现实疏离，甚至于放弃学习与其他正常的社会活动[1]。Goldberg（1994）将由于不当使用网络而导致的这类负面现象称为"网络成瘾症"（Internet Addiction Disorder 简称 IAD）[2]，也有研究者将其称为"病理性网络使用"（Pathological Internet Use，简称 PIU）[3]。Armstrong（2001）对网络成瘾的概念做了较全面的描述，认为网络成瘾是一个很广泛的概念，成瘾者有大量行为和冲动控制上的问题[4]。对于网络成瘾机制的探讨，研究者关注的一个主要的方向是网络成瘾者心理系统、行为特点及探索性干预研究。本研究中，心理失调特指网络成瘾者的心理系统失调或心理活动过激、异常的表现，包括心理偏差和心理障碍，两者在性质上和程度上均有较大差异。网络成瘾者心理偏差主要涉及网络成瘾倾向个体、轻度网络成瘾个体。网络成瘾心理障碍主要涉及中－重度网络成瘾个体及伴有精神疾病症状的个体。本研究针对网络成瘾倾向个体和轻度网络成瘾个体进行心理系

---

① LaRose R，Eastin M S，Gregg J Reformulating the Internet paradox Social cognitive explanations of Internet use and depression Journal of Online Behavior 2001，1（2）：http// www. behavior net/JOB/vln1/ paradox. html.

② Goldberg Internet addiction disorder http//www. cog brown edu/ brochure/ brown /brochure/ People / Duchon / humor / internet addiction html1995.

③ Davis R A. A cognitive behavioral model of pathological Internet use（PIU）. Computers in Human Behavior，2001，17（2）：187－195.

④ Armstrong L. How to beat addiction to cyberspace. http：//www. netaddiction. com/，2001.

统及心理活动的理论分析，并在此基础上提出运动调适。运动调适主要指采用结构性与非结构性的个体体育活动、团体户外拓展训练等形式，对网络成瘾者进行辅助性的干预调适。

人类心理的高度复杂性增加了人们认识自身的难度。然而，科学和技术的迅速发展改变了人们以往用经验阐释和主观思辨剖析自身心理的历史，取而代之的是更加科学、更加尊重时间序列的探讨与分析。耗散结构理论科学地阐释了系统进化、发展的条件与规律，为解释和理解复杂的心理现象提供了一把钥匙[①]。耗散结构理论中的熵、关联、放大与涨落等概念不仅可以较好地描述与解释一般性心理失调与调适的错综复杂因素之间的关系，而且可以有效理解与预测网络成瘾者这一目标人群的心理系统变化和发展，找到具体问题症结并探寻合理调适方法。

1.1　运用耗散结构论分析网络成瘾者心理系统的理论基点

1.1.1　耗散结构理论的基本观点

普利高津提出了耗散结构理论并因此获得 1977 年诺贝尔化学奖。他认为耗散结构是一个远离平衡态的开放系统，由于系统内部非线性的相互作用，通过涨落使系统各元素间合作行动并形成某种稳定的有序结构。从热力学第二定律的公式出发，普利高津将其推广到与外界有物质和能量交换的自然和社会系统，将熵的变化分解为 des（系统和外界交换的熵）和 dis（系统内产生的熵）两部分，即 ds = des + dis（dis > 0）。

对于不与外界发生物质和能量交换的孤立系统而言并不存在熵流（des = 0），故系统总熵变化 ds = dis > 0，处于增加状态，无序度增大，这时系统绝对不会产生新的有序的自组织结构。打比方来讲，"狼孩"由于在人生早期离开人类社会，成为孤立系统，形成近似狼的生活习性和心理特点。即使在开放的系统中，根据其所处的热力学状态也存在 3 种情况：（1）热力平衡态。des ≠ 0 且 des > 0，物质和能量的进入大大增加系统的总熵，加速系统趋于平衡态的运动。打比方来讲，假如一个心理失调的个体不能得到外界的帮助和支持，反而获得更多消极信息。那么，与外界的能量、信息交换只能加剧其心理失调的程度；（2）近平衡态。des ≈ 0，系统开始存在一些有序结构，但最终被系统内部自发产生的熵 dis > 0 破坏而趋向平衡态，亦不能产生新的有序的结构和组织。这好比一个心理系统失调的个体总是处于失调

---

① 管晓刚. 耗散结构论的科学与哲学意义[J]. 系统辩证学学报，2000（4）：30 – 34.

与调适的心理波动和行为不稳定状态，外界积极负熵并不能抵消其自身内部产生的正熵；（3）远离平衡态。des<0，系统不断从环境中获取物质和能量从而带来负熵流，使整个系统有序性的增加远远大于无序性的增加，新的结构和组织自发形成。这种自组织结构就是耗散结构[1]。普利高津发现，耗散结构的形成必须具备 3 个条件：（1）系统必须是远离平衡态的开放系统；（2）系统内部存在非线性相互作用和反馈机制；（3）系统内有涨落和突变现象[2]。

1.1.2　理论基点

1.1.2.1　系统科学对心理学研究的促进

科学心理学从成立至今产生了众多学派，学派之间存在分歧。这是由于心理学的研究对象的内隐、复杂与不确定以及各学派的指导思想，特别是对整体与部分、结构与功能的认识存在差异造成的。这种局面随着系统科学的发展而不断得到改善。系统科学的出现和发展，深深地影响着现代心理学家研究的指导思想和方法论，并在心理学的具体研究方法上不断取得突破。随着系统科学的不断发展，现代心理学对人的心理现象的研究也在不断向纵深发展，越来越接近人心理的本来面目[3]。耗散结构论就是关于系统自组织的理论，是顺应 20 世纪下半叶从研究简单系统向研究复杂系统，从研究静态、可逆、线性的关系向研究动态、不可逆、非线性关系的现实需要中产生的。

1.1.2.2　耗散结构论是系统自组织理论

人的心理也是一个自组织的有序系统，心理发展和心理活动要通过不断与外界环境进行物质、能量、信息交换的途径来实现。耗散结构理论正是遵循系统论的理论原则帮助人们洞见人的心理系统发生和发展规律。费斯廷格的认知不协调理论、皮亚杰的发生认识论、列昂杰夫的活动理论、管理心理学中斯滕伯格的智力三元理论、对感觉剥夺的研究等，这些研究的基本精神均与耗散结构论一致。

1.1.2.3　网络成瘾者心理系统

网络成瘾者心理系统和正常成人心理系统一样，具备耗散结构的基本分析条件。第一，网络成瘾者心理系统是一个开放的系统，它的发展是与外界不断进行物质和能量交换的过程，即是遗传与环境、内因与外因相互作用的

---

①　沈小峰．耗散结构论［M］．上海：上海人民出版社，1987：91－98.

②　宋会君，李翠林．从耗散结构理论看体育学习的有序性［J］．松辽学刊，1996（3）：1－5.

③　陈曦．论系统科学对现代心理学研究的影响［J］．青海师范大学学报：哲学社会科学版，2003（6）：73－77.

结果；第二，网络成瘾者心理发展要有质的飞跃，必须是在远离平衡态时才能实现。如仍旧沉迷于网络不能自拔，将很难实现新的有序结构；第三，网络成瘾者心理系统内部的各要素之间存在非线性的相互作用，表现为要素之间相互制约、相互耦合而成的一种整体上完全不同于部分之和的崭新的整体效应；第四，网络成瘾者心理发展也存在涨落现象。网络成瘾是个体在心理发展过程中一个暂时的片段和节点，正是由于外部微扰与心理状态发生相干效应造成涨落而导致网络成瘾。

1.2　网络成瘾者心理系统特征分析

1.2.1　心理系统结构

个体心理系统是由基本根源系统、基核系统、中介系统和个性系统等 4 个子系统协同作用、相互渗透、相互制约构成的复杂整体。首先，个体的自然素质、个体所处的特定生活空间（可称为心理场）、个体与其生活空间的关系效应系统（即个体的实践活动包括个体对其生活空间的反应：初始反应及反馈反应，即客观的主观化或称客观的内化；个体对生活空间的行为，即主观世界的客观化，或称主体意识的外化）3 个因素共同构成心理系统的根源系统[①]。这些构成了心理系统形成和发展的环境、物质依托和载体；其次，知、情、意 3 个要素作为心理系统的基本要素相互联系、相互制约、相互渗透；第三，心理状态是介于心理过程与个性特征之间的中介构成物，兼备心理过程与个性心理特征的特性；第四，个性特征是多水平、多层次的结构系统，包括动力结构、特征结构和调控结构等 3 个亚结构，对心理过程起发动、导向、维持、调节、渲染和润饰作用[②]。

1.2.2　网络成瘾者基本根源系统特征

耗散结构是一个远离平衡态的开放系统，它不断与外界交换物质和能量，在外界条件达到一定阈限时，可能从原有的混沌状态转变为一种时间上、空间上和功能上的有序状态。由此来看，正常健康的心理系统是一种自组织系统，而网络成瘾者心理系统则是以熵增累积、无序参量增加、混乱程度加重为特征的。从上文提到的基本根源系统可知，它包括 3 个部分，即个体自然素质、心理场和个体与其生活空间关系效应的系统。根据 Davis 提出的关于解释病态网络使用的发展和维持的认知 - 行为模型，我们知道网络成

---

① 赵守盈，刘旭华 . 从耗散结构理论看心理失调与调适［J］. 系统辩证学学报，2003（7）：83 - 86.

② 刘建平 . 心理系统结构论纲［J］. 广州社会科学，1993（4）：41 - 45.

瘾者心理场因素也即互联网（压力源）、环境线索和网络成瘾者精神病理学因素（抑郁、社会焦虑、物质依赖）是网络成瘾的必要条件。这里提到的环境线索是网络成瘾产生和发展的强化因素。网络成瘾者在无力应付过度使用网络带来的不良影响时，从与网络的人机关系中获得大量正熵。再加上个体并未认识到所处状况的潜在危险性或根本无力克制自己继续过度使用网络时，也就是说网络成瘾者个体并无远离平衡态的主观需要和努力时，其基本根源系统对于心理整体系统而言，已经变成了一个不和谐因素，不能够促使自组织心理系统的形成。

1.2.3　网络成瘾者的基核系统特征

知、情、意（3 个基核）相互联系、相互渗透、相互制约，构成心理系统的基核系统，相互关系如图 2 - 1 所示①。知、情、意心理过程是复杂心理现象和心理活动发生和发展的心理基础，也是个性心理特征形成的原生力量。网络成瘾者由于过度使用网络使其对于网络使用和现实生活认知发生歪曲，上、下网情绪体验产生巨大心理落差，因此无法产生意志能力克服过度使用网络的行为。从图 2 - 1 可知，知、情、意 3 个基核是紧密关联的，牵一发而动全身，造成网络成瘾者心理过程的恶性循环。据李宁等的研究结果，大学生网络成瘾形成的心理基础是对上网形成的非适应性认知，非适应性认知又进一步强化了其上网行为，验证了戴维斯的病态网络使用的认知 - 行为模型理论的假设②。网络成瘾除使个体产生攻击性、无序感、目标缺失等负性情绪和行为外，更容易使其形成孤独感③。根据耗散结构理论，一个微小的涨落（过度网络使用）可能影响到正处于孤独、非适应性认知（临界状态）充塞头脑的青少年，将其心理带向一个全新的、无法预期的网络成瘾状态，大大增加了心理过程变化的不确定性和偶然性。

---

① 赵守盈，刘旭华 . 从耗散结构理论看心理失调与调适［J］. 系统辩证学学报，2003（7）：83 - 86.

② 李宁，梁宁建 . 大学生网络成瘾者非适应性认知研究［J］. 心理科学，2007，30（1）：65 - 68.

③ 刘映海，丹豫晋 . 锻炼心理学视角下网络成瘾心理归因及干预研究［J］. 北京体育大学学报，2009（8）：45 - 49.

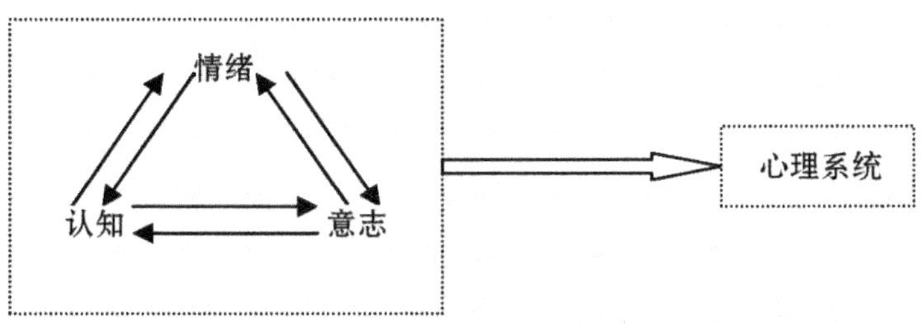

图2-1　心理基核各元素关系

1.2.4　网络成瘾者的中介系统特征

中介系统即心理状态，是人在某一时刻的心理活动水平。例如，一个人在一定时间里是积极向上还是悲观失望，是紧张、激动还是轻松冷静等。心理状态犹如心理活动的背景，因其不同可能导致心理活动的差异性。心理状态是联系心理过程和个性心理特征的过度阶段。既有暂时性又有稳定性，是心理过程与个性心理特征统一的表现。心理过程都是在一定的心理状态的背景中进行，都表现为一定的心理状态，如注意的分心与集中；思维的明确性、迅速性和"灵感"状态；情绪的激动与沉着；意志方面的果断与犹豫等。一个人在特定时刻的心理状态，是当前事物引起的心理过程、过去形成的个性特征和以前的心理状态相结合的产物。网络成瘾者心理状态，亦是当前网络过度使用行为引起的心理过程、已形成的稳定的个性心理特征和心理状态相结合的负性产物。关于网络成瘾者心理状态特征，为不造成赘述将在个性心理特征中详细归纳。

1.2.5　网络成瘾者个性系统特征

个性心理是一个多水平、多层次，包括动力结构、特征结构和调控结构等的多结构系统。经心理状态中介对心理过程起到发动、导向、维持、调节、渲染和润饰作用[1]。Kraut 等人发现过度使用网络会导致孤独和抑郁的增加[2]。李秀敏等研究发现，高频上网大学生和低频上网大学生的人格存在显著差异，主要表现在乐群性、稳定性、恃强性、敢为性、独立性和自律性等[3]。也有研究表明，网络成瘾者与非成瘾者在感觉寻求人格特征尤其在 ES

---

①　刘建平．心理系统结构论纲[J]．广州社会科学，1993（4）：41-45.

②　Kraut R. Internet paradox：Asocial technology that reduces social and involvement and psychological well being？American Psychologist，Sep：Vol 53（9）：1017-1031.

③　李秀敏，阴国恩．大学生上网行为与人格特质相关性研究[J]．心理发展与教育，2004（1）：34-37.

（寻求体验）和 DIS（放纵欲望）上存在显著差异[1]。生活事件、消极应对方式、不良社会支持减低大学生幸福感[2]。过度使用网络的娱乐猎奇、逃避归属行为多与外部期望、物质激励动机相联系。由此来看，网络成瘾者个性心理特征在动力结构上倾向外化期望，缺乏强烈主观目标设定和实现。形成负性人格特征，涉及因子多，缺乏主动调适、控制机制和能力，自律性差等。就个性心理系统整体而言，网络成瘾者难以在网络行为中对其心理过程产生良好促进和监督作用。

1.3 网络成瘾者心理失调的分析

1.3.1 心理系统"偏执性开放"

根据耗散结构理论，心理系统只能是个开放的系统，只有不断地与外界进行物质、能量和信息的交换，不断从外界输入足够的负熵，才有可能抵消心理系统自身及从外界吸入的正熵，维持系统的稳定和发展。同时，个体在外界与环境进行交换的过程中，也释放出影响他人和环境的物质、能量和信息。网络成瘾者心理系统并非与外界隔绝不开放，然而他们心理系统的开放性表现出一些偏执性特点：（1）从开放对象看，网络成瘾者一般只在网络虚拟空间中敞开心扉，具有匿名性、随意性。通常不与熟悉和亲近的人沟通个人心理变化以及内心世界里的问题；（2）从方式方法来看，网络成瘾者把大部分时间用来上网，网络行为成为他们与外界进行能量、信息等交换的最主要途径和方法。几乎失去了在真实世界里人与人、人与社会之间的交往方式；（3）从开放过程和结果来看，网络成瘾者由于痴迷网络，不仅不能形成良好的网络认知结构，而且从网络活动中获得大量的正熵，加剧心理系统内的混乱状态，严重影响正常的生活和学习。

1.3.2 心理临界状态下涨落放大

涨落为网络成瘾者心理变化和发展提供可能。个体心理系统发展过程中会遇到各种各样的外部冲击或扰动，一般情况下，心理系统自身可通过调节活动忽略或消耗掉这些冲击或扰动。然而当个体心理系统处于某种临界状态时，这些冲击或扰动就有可能被系统内的相互作用扩大成涨落或巨涨落。对于网络成瘾者而言，他们大多因为生活事件、暂时失利、情绪波动、自卑心

---

[1] 杨文娇，周治金. 网络成瘾大学生的感觉寻求人格特征研究[J]. 高等教育研究，2005（6）：69-73.

[2] 梁宁建，吴明证. 大学生网络成瘾与幸福感关系研究[J]. 应用心理学，2006（20）：294-296.

理等外部冲击或扰动处于心理失衡的临界状态，此时若从接触或沉迷网络中获得心理上的补偿或安慰，就很容易在心理系统各子系统的相互作用下形成涨落甚至巨涨落，从而给他们心理发展的轨迹和方向带来负面影响，大量因网络成瘾而发生的惨痛故事和教训说明了这个问题。

1.3.3　心理系统非线性作用加剧心理状态与涨落的关联

网络成瘾者心理系统发展是各种矛盾相互作用的结果，这些相互作用根据其性质可以分为线性相互作用和非线性相互作用。线性相互作用是叠加的，总的相互作用是每个小的相互作用的叠加，它们在性质上、行为上相同，不会产生新的性质、新的结构。而非线性相互作用恰恰相反，其最大特点就是相干性，即对象之间的相互作用不是简单的数量上的叠加，而是相互制约、相互耦合，形成在整体上崭新的整合效应。据此分析，网络成瘾者在成瘾之前如果心理系统保持稳定状态，非线性相互作用对其心理系统内的涨落产生抑制作用，减少涨落对心理系统的影响，是系统稳定在已有的耗散结构分支上。而当网络成瘾者在成瘾之前的心理系统或心理子系统处于临界状态（孤独感、成瘾性心理特质等）时，非线性作用可能将某个微小的涨落（生活事件、应激源等引起的子系统特征变化）放大为巨涨落，越过这个临界状态使网络成瘾行为形成甚至加重。也就是说，网络成瘾者心理系统非线性相互作用加剧了其临界心理状态和涨落的关联，当网络成瘾者形成稳定的网络成瘾生活方式后，其心理系统的非线性作用反而会抑制其他涨落作用，使这种新形成的心理系统维持稳定。

1.3.4　突变尚未产生不能形成新的耗散结构

临界状态对系统性质的变化有着根本的意义[①]。当系统处于某种临界状态时，一个微小的涨落可以从根本上改变系统性质，这种现象叫做突变现象，是耗散结构的显著特征之一。网络成瘾者心理系统可被看作是一种认知失调、行为错乱的象征无序参量增加的熵增增加的混乱状态。根据耗散结构理论，必须与外界环境进行适度的物质、能量和信息的交换，从环境中获得有利于心理发展变化的负熵，抵消系统内产生的熵增以及从环境中吸入的正熵。逐渐使 ds 处于小于零的状态。网络成瘾者才能在临界状态下关联和放大涨落与心理状态的相关而形成"巨涨落"发生突变，最终形成新的心理系统耗散结构。然而网络成瘾者在特定心理状态下，必须寻找到合理的、能引起突变的、与外界环境进行能量和信息交换的方式和内容才能逐渐走出网

---

① 成军，郭兰，程永进．基于耗散结构理论的青年心理发展研究［J］．思想政治工作研究，2007（3）：170－173.

络成瘾与心理系统失调的恶性循环。

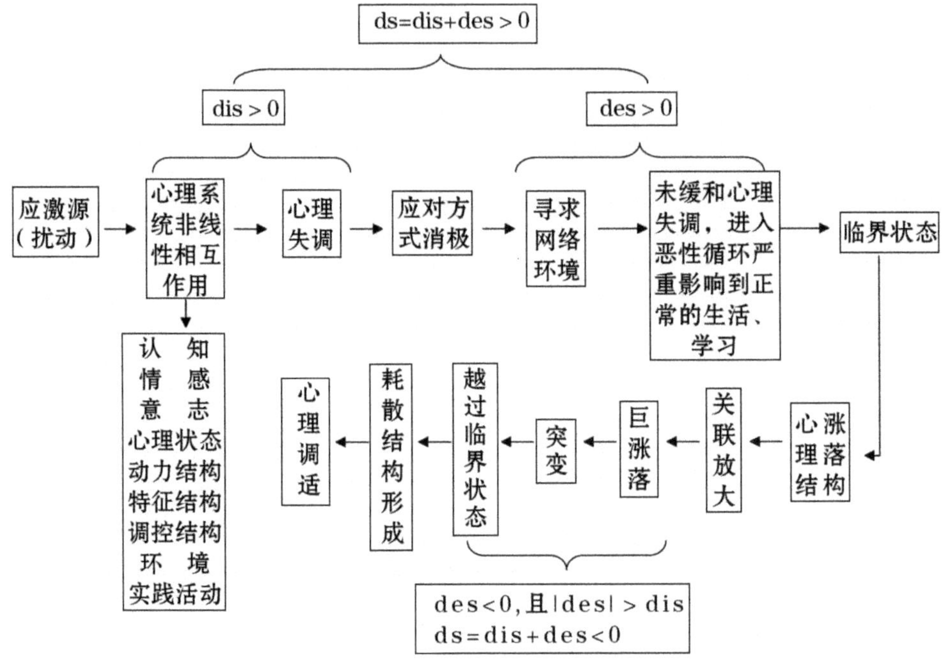

图 2-2　网络成瘾者心理失调的耗散结构

　　我们可以在耗散结构理论的框架下分析网络成瘾者心理系统失调，如图 2-2 所示。网络成瘾者在成瘾之前往往由于应激源（扰动）与心理状态关联而形成涨落，心理系统非线性相互作用促使其产生心理失调，熵增急剧增加，无序参量大量出现。消极应对方式使他们选择互联网来寻求暂时的心理保护和能量释放，在与网络环境进行物质和能量交换的过程中又吸收了带有正熵性质的能量，最终他们走进了网络成瘾与心理失调的恶性循环。因此，在网络成瘾者心理临界状态具有极其重要的意义。在这个阶段如果能从外界环境中获得足量的负熵来抵消自身系统内产生的正熵和在外界环境中吸入的正熵，就有可能使涨落与心理结构发生关联并被心理系统非线性相互作用放大形成巨涨落导致突变，这样新的心理系统耗散结构就有可能形成，从而促进网络成瘾者越过心理临界状态达到心理调适和发展的目的。那么，根据耗散结构理论如何在网络成瘾者心理状态临界的情况下进行调试呢？

1.4　网络成瘾的运动调适

1.4.1　网络成瘾运动调适的可能性和适宜性

从耗散结构论的观点来看，个体心理系统的发生、发展、演化表现为一个穿插着突然跃迁和爆发的进程流。任何时候的发展水平和心理状态都是这一进程流上的片段或节点。网络成瘾者心理系统在现时的失调也是其心理系统发生、发展、演化过程中的一个片段或节点。只不过网络成瘾者心理系统在这一进程流中穿插的是过度使用网络所造成的心理损害，而不是使心理系统导向自组织系统产生和发展的涨落。根据 Grohol 提出的网络成瘾阶段模型，所谓网络成瘾只是一种阶段性的行为。网络用户大致要经历 3 个阶段，第一阶段，网络新手被互联网迷住，或者有经验的网络用户被新的应用软件迷住；第二阶段，用户开始避开导致自己上瘾的网络活动；第三阶段，用户的网络活动和其他活动达成了平衡。所有的人最后都会到达第三阶段，但不同的个体需要花不同的时间。那些被认为是网络成瘾的用户，只是在第一阶段困住，需要帮助才能跨越[1]。这就为网络成瘾者进行心理调适在理论上提供了坚实的依据。在课题组前期研究基础上[2]，从耗散结构理论的实现条件分析，体育运动是通过为网络成瘾者提供良好的心理系统开放情境、激发网络成瘾者"远离平衡态"、关注网络成瘾者心理子系统的协同作用、综合网络成瘾者内部反馈与外部反馈、放大涨落以及促进网络成瘾者心理系统内突变等方式来调适网络成瘾者个体的。

1.4.2　网络成瘾的运动调适

普利高津认为，耗散结构的形成必须具备：（1）系统必须是远离平衡态的开放系统；（2）系统内部存在非线性的相互作用和反馈机制；（3）系统内有涨落和突变现象 3 个条件。网络成瘾者心理系统不能满足这些条件，他们大多在成瘾之前就伴随一些心理不适，如性格孤僻缺少朋友、家庭教养方式不科学、应对方式消极、学习目标缺失、感觉寻求幻想和刺激等。网络成瘾者心理系统从表象来看，开放于互联网从网络活动中获得信息、能量的交换。但事实上，他们在互联网的交友、游戏活动中并不能得到现实世界社会支持的愉悦和力量。在这里他们只能将心理埋藏已久的结节暂时隐藏，"理想我"与"现实我"的心理落差并不能转化成促进自我适应的心理势能。

---

① Grohol J. Internet addiction guide. http：//psychcentral. com/ netaddiction/，1999.

② 刘映海，丹豫晋. 网络成瘾青少年体育干预之行动研究［J］. 体育与科学，2010（4）：9－13.

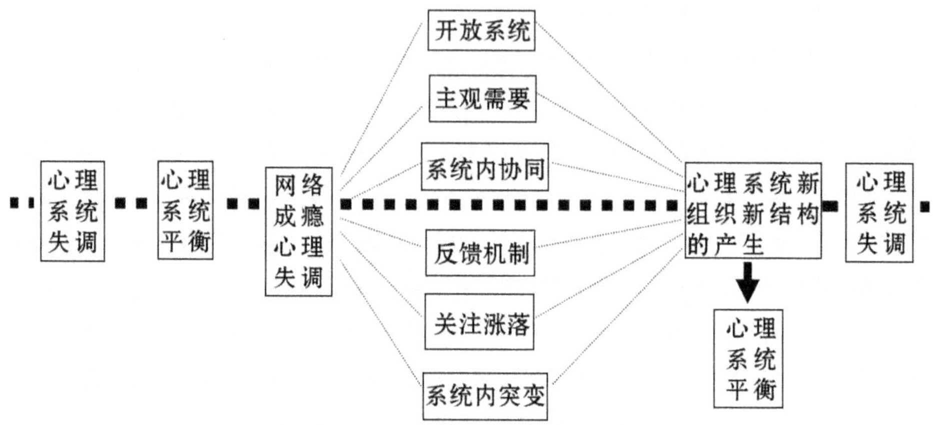

图2-3　网络成瘾者心理调适的耗散结构理论解析

虽然只是一个很微弱的正熵流，却激起了网络成瘾者心理子系统的协同效应，促成巨大涨落，导致相变，使其心理系统陷入混乱。那么，应该如何应对网络成瘾者的心理失调？图2-3反映出个体的心理产生、发展、演进是一个"-不平衡-平衡-不平衡-"螺旋上升的发展过程，在这个过程中充满了平衡与不平衡的无限转换。每一个时刻的心理状态和特征都是这个进程中的片段和节点。网络成瘾者的心理系统正是在特定阶段处于不平衡状态。研究认为，根据耗散结构理论，应从开放系统、主观需要、系统内协同作用、反馈机制、关注涨落和突变等6个方面展开。

1.4.2.1　运动是网络成瘾者心理系统积极开放的良好途径

网络成瘾是一种较为严重的行为成瘾问题，给成瘾者的生活和学习带来了很多不利影响，但是我们不能因为成瘾者暂时所处的特殊心理状态而忽视或者否认其心理也是一个动态开放的耗散结构系统。网络成瘾者有其特殊的心理需要，通过寻求网络这种介质可以在一定程度上得到暂时满足和缓解。然而，人是具有自然和社会双重属性的高级动物，尤其离不开社会属性。网络中的活动和行为只能是虚拟世界中的现实模拟，对于现实生活和心理需求的改变不具有实际的意义。因此，必须让网络成瘾者在与外界环境进行物质和能量交换的过程中，选择开放、现实、积极的人际关系和社会关系。从而能够增强个体识别外界信息刺激的能力和认知能力，选择吸收外界有益的具有负熵性质的能量和信息，抵消心理系统内部产生的正熵，促进个体心理的有序发展和成熟。体育运动无疑是一种积极健康向上的文化活动和实践活动，它在伙伴间传递着一种朝气蓬勃的积极情感。网络成瘾者在运动的角色扮演中有意识地体会角色责任和角色义务感；在运动中亲历挫折和磨砺，转变和提高对生活事件的认知能力和水平；在运动过程中通过同伴协作，相互帮助和学习，共同克服困难，认识到自我的价值。网络成瘾者在运动的情境中开放自己的心理系统，与沉浸在运动中的人和环境进行能量的交换，吸收大量的负熵以抵消心理系统内积聚的正熵和与网络人机交换中吸入的正熵。目前，能真正使得网络成瘾者心理系统自然、现实开放的途径和方法除体育运动外，还未有更好的。国内、外网络成瘾治疗机构无一例外的采用运动的方式进行干预，那些所谓的特色干预项目和主打干预项目诸如药物治疗和电击疗法均受到社会舆论的质疑和网络成瘾者及家长的担忧！积极的运动在改善网络成瘾者心理场、释放心理压力和优化外界环境等方面提供了开放而健康的平台。

1.4.2.2　网络成瘾者在运动中"远离平衡态"

根据耗散结构理论，网络成瘾者心理系统可能存在两种情况。第一种情况是热力平衡态。除自闭症网络成瘾者外，现实生活中并不存在真正的热力平衡态的心理系统。第二种情况是近平衡态。所谓近平衡态是指网络成瘾者心理系统的 $des \approx 0$（与外界进行物质、能量时熵流约等于零），系统开始存在一些有序的结构。原因可能是网络成瘾者在家长、老师等的关心和说教之下，亦或是偶然事件的发生使其产生改变过度使用网络行为的决心和行动。但是最终还是被心理系统内部自发产生的熵（无法克制上网行为、痛苦的戒断反应和不合理的心理需要等）$dis > 0$ 破坏而趋向平衡态，亦不能产生新的有序结构和组织。

在运动中改变网络成瘾者对个人心理需要和满足途径的认知，诱发和培养积极健康向上的心理目标意识和行为是值得探索和研究的。从理论上讲，网络成瘾者和正常个体一样，有着多层次、多方面的心理需要。不同的是，积极向上的个体往往为自我目标的实现付出艰辛的努力和超越自我的意志力；网络成瘾者消极面对目标实现道路上的任何阻碍和挫折，企图采用逃避、侥幸的心理压抑心理需要，最终导致的结果是逃避和侥幸非但没能减少涌动的心理需要，反而被自我否定和报复难酬的痛苦淹没窒息。面对这样的个体，我们必须首先把他拉进现实生活，这个途径就是体育运动。体育运动是人类现实生活的模拟场，个体的需要、对事物的认知、情感体验、个性心理特征等都展现出来。同时，体育运动还是调节个体心理状态、释放情绪和排解压力的减压阀。在体育运动中可以采用成功体验、替代经历、口头说服和身心状态 4 个紧密联系的阶段方法来促进网络成瘾者的自我效能感的建立和增强，逐渐使其正确认识自我，学会自我尊重和自我认同。当然，所有运动调试目标的设立和施行必须建立在网络成瘾者自愿的前提下才能奏效，运动调适的首要目的应是引导网络成瘾者在体验式活动中逐渐"远离平衡态"而形成积极向上、不断进取的心理需要。

1.4.2.3　运动中重视网络成瘾者心理子系统的协同作用

通过对个体心理子系统相互渗透、相互作用、相互联系的关系分析可知，基本根源系统是个体与环境进行物质、能量和信息交换的物理场，个体与环境产生相互作用的动力源于个性心理系统。个体心理系统中的情感、意志、认知结构和个性调控结构，对于心理活动起到评价、体验强化、润饰和调控的作用。心理系统各子系统之间的协同作用使得心理活动引起涨落的关联和放大，在临界区引起相变，最终实现心理系统由低级向高级发展。在运动调适的过程中，我们应从心理系统整体观点出发，着眼于引起网络成瘾者心理联动反应的关键要素。网络成瘾者多有焦虑、抑郁、神经质等个体心理失调，对于这些症状的优先调适必须先行。研究表明[1]，锻炼与降低状态焦虑、减轻抑郁水平、降低特质焦虑和神经质的表现、降低各种压力指标、改善各年龄段各种人群情绪等有不同程度的相关。根据运动行为诸理论，网络成瘾者在运动调适过程中改善心理状态，增强健康行为的情感体验和倾向。进而提高个体社会认知能力和自我效能感，把运动纳入自我合理行为和计划行为，出现阶段化螺旋上升的心理子系统协同作用。再进一步，网络成瘾者自我决意越过临界状态，使运动调适带来的巨涨落在心理系统的协同作用下突变，产生心理发展的新的耗散结构。自我健康行为模型逐渐建立，逐步形成新的运动健康生活方式和行为习惯。因此，在实践中，应重视网络成瘾者心理子系统的协同作用，关注其特定情境中的细微心理变化及时采用有效方法进行引导。

1.4.2.4　在运动情境中综合网络成瘾者内部反馈与外部反馈

体育运动天生具有情境性，每一个时间变换和空间变化都会导致参与个体的心境变化。这种心境变化带有强烈的即时性、突发性、灵敏性和不确定性，真实反映了个体心理过程和心理活动的品质。在体育运动中，一个高质量的模仿动作可能引起网络成瘾者的自我认同和积极的心理突然变化。因此，在体育运动过程中应密切关注网络成瘾者心理变化和行为变化，及时捕

---

① 司琦. 锻炼心理学 [M]. 浙江：浙江大学出版社，2008：8-10.

捉反馈信息适时调整调试方法和策略。信息的反馈包括网络成瘾者个体内部反馈和外部反馈两种。其中网络成瘾者个体内部反馈可采用：（1）指导网络成瘾者记录个人心理日志；（2）引导网络成瘾者适时沟通个人情感体验；（3）设立特定场景展示网络成瘾者当时心理变化和反应；（4）展开小组运动知识和技能研讨活动，了解网络成瘾者认知变化和特点；（5）组织小型竞技性体育游戏和比赛，检测网络成瘾者心理变化并进行任务跟踪等方法。外部反馈可通过：（1）阶段性量表对比测试；（2）间接影响人对网络成瘾者心理和行为表述和评价；（3）指导者与网络成瘾者沟通和行为互动等方式进行观察；（4）网络成瘾者网络行为和使用特点观察；（5）网络成瘾者戒断反应等方法。网络成瘾者积极的内部反馈是体育运动调适持续效用的动力源，网络成瘾者与外界开放的外部反馈是内部反馈的反映和体现。合理综合网络成瘾者内部反馈和外部反馈对于运动调适过程和结果具有非常重要的作用和价值。

1.4.2.5　在运动情境中放大涨落

在运动情境中尤其是团体协作运动情境和比赛性运动情境中放大涨落，利用情感体验和表达促成涨落变成巨涨落引起网络成瘾者心理相变，帮助网络成瘾者越过心理临界状态，形成新的心理系统有序结构和组织。只有这样才能为网络成瘾者心理系统的积极变化和发展提供实现的基础。在徒步旅行、户外小组运动等团体性运动情境中，因情境要求和心理调适目标适时创设任务指标，激发网络成瘾者任务指向、集中和持续。采用阶段性和延续性目标相结合的方法使网络成瘾者逐步形成对事物的积极认识和鉴别能力、情感体验和意志品质。典型事件和扰动一旦发生，即可联动网络成瘾者心理子系统的协同作用引起涨落，指导者须及时关注涨落并利用正强化等方法促其发展为巨涨落，以帮助网络成瘾者越过心理临界状态而使心理系统内发生突变。

1.4.2.6　促成网络成瘾者心理系统内突变

突变使网络成瘾者心理从低级向高级变化和发展成为现实，也是网络成瘾者心理系统耗散结构形成的显著特征之一。网络成瘾者内心矛盾的临界状态对其心理系统性质的变化有着根本的意义。当网络成瘾者心理处于临界状态时，从运动中获得大量带有负熵性质的能量、信息交换。系统的自组织将微小涨落放大成巨涨落，网络成瘾者心理动摇原有意识而形成新的意识，并占据主要地位使其自觉、自主向前发展。所形成的新的心理耗散结构将维持新的行为模式抑制扰动，使其不对网络成瘾者戒断后产生负面影响。在运动过程中形成的健康生活习惯和方式应继续保持下去，因为网络成瘾和其他物质使用成瘾具有一定相似特征，可能存在故态复萌现象。从理论上讲，网络成瘾者在心理临界状态下系统内发生突变主要依赖于自身自组织系统的意义改变和重建。然而，网络成瘾者心理系统只有在运动调适的整个过程中发生了量的积累之后，才能发生质变导致心理系统的突变和新的耗散结构产生。从这个意义来看，合理有效的运动调适贯穿整个心理系统变化、发展过程。它引起并保持了网络成瘾者与外界进行能量、信息交换的负熵积累和心理量变。当网络成瘾者心理系统发生突变后，运动调适继续发挥着巩固新的耗散结构和组织的功能。

网络成瘾是复杂的社会现象和个体心理失调现象相结合的产物，这一问题受到广泛的社会关注和争议。网络成瘾多发在青少年期，以中学生为重中之重，大学生次之。在这个年龄段的青少年心理发展尚不稳定成熟，通常会受到生活事件、情绪波动和环境变化等的扰动，引起心理失衡。如果此时选择了不良的与外界沟通的环境和手段，就极容易造成严重的心理问题和行为问题。网络成瘾就是不良心理状态和能量释放渠道失当形成的行为问题。对于社会个体而言，其心理系统演变、发展的过程是一个螺旋上升，由量变产生质变的动态过程，并不是静态无波动的。因此，适量、间断的心理失衡是极为正常的，也是可以通过调适改善的。网络成瘾问题并非洪水猛兽，但亦非是耸人听闻。研究从耗散结构理论入手探析网络成瘾者心理系统失调，并提出运动调适这一干预方法。其机理体现在体育运动通过改变网络成瘾者个体心境和心理场（基本根源系统），改善其心理系统存在的环境。有效的运动情境创设和利用帮助网络成瘾者顺利实现自我认知、情绪控制和意志品质（基核系统）的提高，进而改善其心理状态（中介系统）和个性系统，实现心理子系统的协同作用和整个心理系统的良性发展。

2 锻炼心理学视角下青少年网络成瘾归因及体育干预理性思考

随着互联网的使用和普及，网络正逐渐成为人们的学习和生活方式。然而，网络是一把双刃剑，如果过度或不当使用，不仅使个体身心健康受到影响，而且会导致其与生活现实疏离，甚至于放弃学习与其他正常的社会活动①。Goldberg 将由于不当使用网络而导致的这类负面现象称为"网络成瘾症"（Internet Addiction Disorder 简称 IAD）②，也有研究者将其称为"病理性网络使用"（Pathological Internet Use，简称 PIU）③。对于网络成瘾机制的探讨，研究者关注的一个主要的方向是网络使用者的心理行为特点，即为什么在相同的条件下，有的用户会沉溺于网络而不能自拔，而有的用户却从网络中受益匪浅？对此，研究者分别从人格特征、自尊水平、网络使用动机、社会性发展、应对方式、非适应性认知等角度进行了深入的探讨④⑤⑥⑦。Young 通过实证研究证实了网络成瘾的存在，并发现网络成瘾与 16PF 中的多个因子有着密切关系⑧。Kraut 等人发现过度使用网络对性格外向者或有较多社会支持者产生积极影响⑨。近年来，网络成瘾现象也引起国内研究者的关注，主要沿着探索导致网络成瘾的心理归因、因网络成瘾造成的心理问题行为及干预模式两条思路进行。本研究试图将导致网络成瘾的心理归因与体育干预在锻炼心理学的理论探讨基础上提出观点：（1）体育锻炼在一定程度上可以缓解和排除心理压力以至于减少或消除成为网络成瘾者的可能；（2）即便已经成为网络成瘾者，科学合理的体育运动也是有效的干预方法之一。综观尽全部的相关网络成瘾心理归因及损伤文献，笔者从认知因素与非认知因素进行归类、整理、分析，并对网络成瘾的 3 种解释模型进行锻炼

---

① LaRose R，Eastin M S，Gregg J Reformulating the Internet paradox Social cognitive explanations of Internet use and depression Journal of Online Behavior 2001，1（2）：http// www. behavior net/JOB/vln1/paradox. html.

② Goldberg I Internet addiction disorder http//www. cog brown edu/brochure/ brown /brochure/people/Duchon/humor/internet addiction html1995.

③ Davis R A. A cognitive behavioral model of pathological Internet use （PIU）．，2001，17（2）：187－195.

④ Young K S, Hogers C. The relationship between depression and internet addiction Cyber Psychology& Behavior 1998，1：25－28.

⑤ Morahan－Martin J，Schum acher P. Incidence and correlates of pathological internet use among college students Computer in human behavior，2000，16：13－29.

⑥ Caplan S E. Problem atic Internet use and Psychosocial well－being development of atheory－haled cognitive－behavioral measurement instrument Computers in Human Behavior，2002，18：552－575.

⑦ Yang C K，Choe B M，Baity M，Lee JH，Cho J S. SCL－90－R and 16Pfprefiles of senior high school students with excessive Internet use Canadian Journal of Psychiatry，2005，50（7）：407－414.

⑧ Young K S, Rodgers R C. Internet addiction Personality traits associated with its development The 69 th annual meeting of the Eastern Psychological Association，Boston，1998.

⑨ Kraut R，Patterson M，Lundmark Fetal Internet paradox A social technology that reduces social involvement and psychological well－being American Psychologist 1998，53（9）：1017－1031.

心理学梳理。

2.1　网络成瘾的心理归因及损害

2.1.1　网络成瘾的认知归因及认知损害

李宁等研究者通过《戴维斯在线认知量表》的测验分析了网络成瘾者产生网络成瘾行为的非适应性认知基础，探讨了大学生网络成瘾形成的认知原因。结果表明，网络成瘾大学生与非网络成瘾大学生之间在社会性满足、孤独/消沉、减少冲动的控制、逃避与退缩四方面及总体水平上都存在极其显著的差异，非适应性认知在网络成瘾者身上表现极为突出。因此，大学生网络成瘾形成的心理基础是对上网形成的非适应性认知，非适应性认知又进一步强化了其上网行为，验证了戴维斯的病态网络使用的认知 – 行为模型理论的假设①。

有研究发现，网络成瘾者认知功能较非网络成瘾者在认知方面有明显损害②。按 Crystal 的观点③，知识、算术、数字符号和木块图形是反映研究对象全智商的指标，在罗庆华等的研究中网络成瘾者的智力有广泛损害④。网络成瘾者存在逻辑记忆和视觉记忆损害，较非网络成瘾者言语流畅性测验成绩差，网络成瘾者的注意集中、持续注意、抗干扰、视觉注意等注意各方面均有损害⑤。

2.1.2　网络成瘾的非认知归因及非认知损害

2.1.2.1　网络成瘾者人格特质及感觉寻求特征

迄今为止，很多研究者承认，上网行为与人格有关系。Kraut 等人发现过多使用互联网会导致孤独和抑郁的增加⑥。匹兹堡大学的研究结果显示，网络成瘾患者具有下列人格特点：喜欢独处、敏感、倾向于抽象思维、警

---

① 李宁，梁宁建. 大学生网络成瘾者非适应性认知研究［J］. 心理科学，2007，30（1）：65 – 68.

② 罗庆华，蒙华庆，傅一笑，等. 网络成瘾者认知功能的病例对照研究［J］. 中国心理卫生杂志，2007（4）：237 – 239.

③ Crystal R B，James M G，Iannone V N，etal·Short form of the WAIS – Ⅲ for use with patients with Schizophrenia. Schizophr Res，2000，46（2 – 3）：209 – 215.

④ 林绚晖，阎巩固. 大学生上网行为及网络患病探讨［J］. 中国心理卫生杂志，2001，15（4）：281.

⑤ 罗庆华，蒙华庆，傅一笑，等. 网络成瘾者认知功能的病例对照研究［J］. 中国心理卫生杂志，2007（4）：237 – 239.

⑥ Kraut R. Internet paradox：Asocial technology that reduces social and involvement and psychological well being？ American Psychologist，Sep；Vol 53（9）：1017 – 1031.

觉、不服从社会规范①。李秀敏、阴国恩等进行了更加深入的研究，他们发现高频上网大学生与低频上网大学生的人格存在显著差异。高频上网大学生和低频上网大学生的乐群性、稳定性、恃强性、敢为性、独立性和自律性的差异非常显著。具有不同人格特点的大学生对互联网的内容有不同的偏好，偏好信息类和技术类内容的大学生与稳定性、兴奋性、敏感性和独立性人格特质相关。偏好刺激类内容的大学生与乐群性、稳定性、恃强性、敢为性、幻想性、忧虑性人格特质相关。偏好休闲类内容的大学生与乐群性、稳定性、忧虑性、独立性和紧张性人格特质相关。稳定性对信息类和技术类内容偏好的影响最大，乐群性和忧虑性对休闲类内容的影响最大，敢为性和幻想性对刺激类内容偏好的预测作用最大②。由此，我们可以看出人格特征的差异对网络成瘾具有很强的预测性。同时，Kimberly Young 的研究也证实，大多数对互联网有依赖倾向的人，常常已经患有其他的一些心理障碍，特别是忧郁症和焦虑症③。

　　感觉寻求（Sensation Seeking）是 M. Zukerman 在感觉剥夺实验的基础上提出来的一种人格特质概念，是指个体对多变的、新异的、复杂的、强烈的感觉和体验的寻求以及通过采取生理的、社会的、法律的和经济的冒险行为来获得这些体验的愿望④。研究发现，感觉寻求是对个体行为具有良好预测能力的一种指标。尤其对于青少年来讲，当其感觉寻求需求无法通过积极冒险行为（高冒险的体育运动或娱乐活动）得到合理满足时，就有可能转向从事各种消极冒险行为（吸烟、酗酒、网络成瘾、偷窃等）⑤。许多高感觉寻求水平的大学生对网络游戏趋之若鹜的一个非常重要的原因就在于网络游戏正好可以为他们提供所需要的刺激水平，他们在虚拟的网络环境中比低感觉寻求者保持着更高的唤醒水平，更容易沉迷于网络游戏世界⑥。

---

① 　颜世富. 信息时代与心理调节［M］. 上海：上海人民出版社，2001：238－239.

② 　李秀敏，阴国恩. 大学生上网行为与人格特质相关性研究［J］. 心理发展与教育，2004（1）：34－37.

③ 　Patricia Wallace. 互联网心理学［M］. 谢影，苟建新，译. 北京：中国轻工业出版社，2000：198－199.

④ 　Zarevski P，Marusicl，Zolotic Setal. Contribution of Arnett's inventory of sensation seeking and Zuckerman's sensation seeking scale to the differentiation of athletes engaged in high and low risk sports. Personality and Individual Differences，1998，25：763－768.

⑤ 　张明，陈丽娜. 感觉寻求与青少年冒险行为研究的现状与趋势［J］. 东北师范大学学报：哲学社会科学版，2003，203（3）：125－129.

⑥ 　杨文娇，周治金. 网络成瘾大学生的感觉寻求人格特征研究［J］. 高等教育研究，2005（6）：69－73.

2.1.2.2 网络成瘾者社会性特征及相关因素交互作用与网络成瘾的关系

严标宾等采用网络行为量表、主观幸福感量表和社交焦虑量表对近千名青少年的网络行为与社会性发展进行了深入的研究[1]，青少年网络行为与主观幸福感和社交焦虑相关显著，主观幸福感和社交焦虑在网络成瘾与非成瘾之间差异显著，影响网络成瘾与非成瘾青少年总体主观幸福感的变量也存在差异。在此基础上，得出网络行为对青少年社会性发展有一定程度影响的结论。梁宁建进一步通过结构方程模型探讨了网络成瘾与大学生幸福感之间的关系，结果也表明生活事件、消极应对方式和社会支持直接或间接影响着大学生网络成瘾者的幸福感。生活事件、消极应对方式降低其幸福感，社会支持提高了大学生网络成瘾者的幸福感[2]。

雷雳等人的研究发现，神经质人格与互联网社交、娱乐和信息服务偏好对 PIU 的影响存在显著的交互作用。尽管此研究取得了突破性的成果，但与相关研究在横向比较上仍存在不一致的地方，且总体上还缺乏神经质人格与精神质人格对网络成瘾倾向的作用机制的深入探讨。因此，原献学基于病理性互联网使用的认知行为模型采用路经分析技术提出并验证了两个理论假设：（1）精神质、神经质和掩饰性 3 个人格特质及社会适应能力对网络成瘾倾向的形成均具有显著影响；（2）社会适应能力可能是这些人格特质调节病理性网络使用行为的中介因素[3]。还有学者在此基础上突破现象性的定性分析，从主观幸福感、社会回避与苦恼、无序感、攻击性等方面出发，在定量分析的基础上提供了全面合理的网络成瘾心理机制和干预依据：网络成瘾青少年与非成瘾青少年在社会交往，如社会退缩等方面没有显著差异，在生活事件（对身心健康产生影响的一种心理社会应激源）、网络使用时间、主观幸福感、社会支持、攻击性、无序感、自我和谐等方面都存在显著性差异[4]。

2.1.2.3 网络游戏参与动机与学习动机的匹配关系

综观相关文献，笔者认为探讨网络游戏的参与动机多从挑战与竞争乐趣

---

① 严标宾，郑雪. 青少年网络行为与社会性发展的关系研究［J］. 应用心理学，2006（2）：168 - 175.

② 梁宁建，吴明证. 大学生网络成瘾与幸福感关系研究［J］. 应用心理学，2006（2）：294 - 296.

③ 原献学，李建升. 大学生人格特质、社会适应能力与网络成瘾倾向的关系［J］. 应用心理学，2006（3）：253 - 257.

④ 崔丽娟，赵鑫. 网络成瘾对青少年的社会性发展影响研究［J］. 心理科学，2006（1）：34 - 136.

（Malone，1980）、自我肯定（Malone，1980；蔡佩，1995；苏芬媛，1996；陈庆峰，2001）、幻想与角色扮演（Malone，1980）、人际关系、逃避归属、获取信息（陶振超，1996）等角度进行和深入。探讨学习动机多从求知乐趣、自我成就感、物质激励、个人前途、外部期望和逃避失败等角度展开。在孟丽丽的研究中将网络游戏的参与动机与学习动机在主成分分析与典型相关分析的基础上进行了匹配。结果显示，社会学习、自我肯定的游戏参与动机与求知成就、个人前途的学习动机存在正相关关系，娱乐猎奇、逃避归属则与外部期望、物质激励存在相关关系。至此，笔者认为，网络游戏参与动机直接或间接反映了青少年的学习动机，参与网络游戏的类型折射出动机的内容倾向。合理评估和引导青少年学生参与网络活动动机有利于建立正确学习动机，使网络游戏真正成为学生获取知识的高效途径和休闲娱乐的健康方式。

2.1.2.4　网络成瘾与消极应对方式的关系

应对方式是指个体面临压力时为减轻其负面影响而做出的认知与行为的努力过程[①]。值得注意的是，在李宏利等的研究中发现 PIU 分数较高的个体更多使用自己所熟悉的互联网功能或服务来缓解压力，相应较少采用现实生活中其他的应对资源而成为"电子化的物质使用"（Substance Use）。也就是说，严重的 PIU 可能是类似于物质使用的一种新的心理行为问题。严重的 PIU 个体或网络依赖者更多地使用指向情绪的非适应性应对方式，如发泄、退避、幻想、否认[②]，所以应对方式是预测 PIU 的重要变量。PIU 高分组被试与 PIU 低分组被试在应对方式使用上差异显著，PIU 高分组被试较少采用问题解决这一应对方式，而更多采用幻想与发泄这两种应对方式[③]。根据 Wills 和 Shiffiman[④] 提出的"压力－应对模型"（Stress－Coping Model），生活压力与有限的应对资源可能是个体出于调节情绪的目的而进行物质使用（服用烟草、大麻、酒精等）。一些中学生尤其是严重的 PIU 个体，像药物滥用那样使用互联网来应对现实生活中的问题甚至造成严重的心理行为问

---

① Huang X，Yu H，Zheng Y. etal. The pilot study on the coping styles in middle school student. Psychology science（in Chinese），2000，23（1）：1－5.

② Hall S，Parsons J. Internet Addiction：College Students Case Study Using Best Practices in Cognitive Behavior The rapy. Journal of Mental Health Counseling，2000，23（4）：312－327.

③ 李宏利，雷雳. 中学生的互联网使用与其应对方式的关系[J]. 心理学报，2005（1）：87－91.

④ Wills A，Sandy M，Yeager A. Time Perspective and Early－Onset Substance Use：A Model Based on Stress Coping Theory. Psychology of Addictive Behaviors，2001，15（2）：118－125.

题。

幻想（个体采取想象或虚构的形式来摆脱现实的烦恼与苦难）、发泄（把不愉快的经验宣泄出来，以减轻挫折和压抑）是两种指向情绪的应对方式，严重 PIU 个体更多使用这两种应对方式。这两种方式是中学生在使用网络时更多卷入网络成瘾所采用的应对方式。中学生使用互联网宣泄不满有利于缓解现实生活中的压力，但另一方面因为某些个体可能缺乏互联网使用中必要的自我调节能力，难于控制互联网使用产生的消极影响，进而卷入网络成瘾。问题解决应对方式（积极的认知与行为努力，使问题得到解决或消除压力源）是中学生自我调节能力的重要体现，让中学生更少感知到互联网的消极影响，较少卷入网络成瘾，反而受益于互联网使用。

心理学研究已表明网络成瘾对青少年的身心危害是严重的。据中国青少年网络协会 2005 年发布的《青少年网瘾数据报告（2005）》显示，目前中国青少年网络成瘾比例已经高达 13.2%，另有 13% 的青少年存在网瘾倾向[①]。过去采用医学、心理学、社会学和一般教育所采用的手段和方法并未能阻止网瘾蔓延的趋势[②]。其中的主要原因在于："各学科之间缺乏横向交流，不能产生整合效应；家庭、学校、社会、青少年自身没有形成合力，导致了青少年网瘾反复发作；片面套用外国的研究成果，忽视本国的国情，使研究失去有效性。"[③] 体育运动，面对现实社会的迫切需要将成为防治网络成瘾的新途径。

2.2 锻炼心理学视角下网络成瘾的防治

2.2.1 锻炼心理学的内涵

Rejeski 等人（1988）指出，身体锻炼心理学是运用教育心理学、科学心理学和职业心理学的理论和方法来促进、维持和提高身体健康指标的一门学科，它更强调肌肉力量、耐力、活动范围、心肺忍受性和身体结构的变化的认知、情绪和行为问题。根据 Rejeski 等人（1993）的观点，身体锻炼心理学应包括三方面的涵义：（1）身体锻炼心理学离不开教育心理学、科学心理学和职业心理学等的理论支持；（2）身体锻炼的前因、后果和锻炼期

---

① 中国青少年网络协会．中国青少年网瘾数据报告（2005）［N］．中国青年报，2005，11（23）．

② 盖华聪．体育教育对青少年网络成瘾干预的可行性分析［J］．鲁东大学学报，2007（1）：116－119．

③ 昝玉林．青少年网络成瘾研究综述［J］．中国青年研究，2005（7）：36－37．

间的心理过程都包含了认知、情绪和行为的成分；（3）身体锻炼行为包括各种与耐力、力量、心肺功能、柔韧性和身体结构有关的活动形式[①]。锻炼心理学研究的主要目的是促进身心健康并形成良好的身心状态。锻炼心理学的研究重点内容是如何通过各种体育锻炼来保持与改善身心健康和形成良好的身心状态或预防人们生病及非良性身心状态[②]。国外运动心理学关于锻炼心理学的研究内容归纳起来主要包括三方面的内容：第一，锻炼前的准备阶段，包括运动动机、态度、体育习惯、体育价值观、体育兴趣以及锻炼的个性、性别差异等，其中动机是最主要的影响因素；第二，锻炼过程中的心理影响，如短期的情绪效应、锻炼的努力程度、锻炼的坚持性、锻炼的影响因素（锻炼方式、项目、强度、频度等）；第三，锻炼后的心理效应，包括锻炼的长期情绪影响、睡眠模式、身体表象和自尊、锻炼的依赖性与成瘾性、锻炼与生活质量和幸福感等。

2.2.2　锻炼心理学视角下网络成瘾心理归因模型的分析

从上文对网络成瘾的心理归因及损害分析可知，网络成瘾的心理机制比较复杂，有需要、动机等动力因素；有抑郁、孤独、自制力差、高感觉寻求、应对方式消极等人格特质因素。综合这些因素对于网络成瘾的解释，最具代表性的是 Young 的 ACE 模型、Davis 的认知－行为模型和 Grohol 的阶段模型。在此，本文依据这 3 种模型探讨体育锻炼对防治网络成瘾的理论价值。

2.2.2.1　锻炼心理学视角下 Young 的网络成瘾 ACE 模型分析

Young 1999 年提出以可用性（Accessibility）、控制性（Control）和兴奋性（Excitement）等 3 个因素来说明强迫性互联网使用的形成过程，并将它们看作促进网络成瘾过程的 3 种潜在变量，即所谓的 ACE 模型。其中，可用性指网络信息的可利用性、网上交互范围的大小和色情图片的吸引力；控制性指个人对电子交互方式中可感知的隐私性信息的可控制程度；兴奋性为网络信息对个体内部情感的激活程度。该模型的建立对于理解网络成瘾行为的形成、制定相应的治疗计划有一定的积极作用。从图 2－4 假定某一个体在特定需要、动机等动力因素的作用下，借助网络信息的便利性、较大的交互范围和色情图片等的吸引力来获得。如果是抑郁、孤独或高感觉寻求等人格特质，就更容易获得个体内部情感的强激活程度。在强烈兴奋状态下自制力差、应对方式消极就可能对网络形成依赖，甚至不当使用造成身心危害。

---

① 季浏．体育锻炼与心理健康［M］．上海：华东师范大学出版社，2006.

② 姒刚彦．当代锻炼心理学研究［J］．体育科学，2000，20（1）：62－64.

照此，需要将不断升级，利用网络逃避现实、减轻心理压力的耐受性急剧加强，所期望获得的兴奋感迅速增强，如果此时失去自我控制能力，将出现明显的戒断反应。最终，在无干预条件下形成恶性循环。

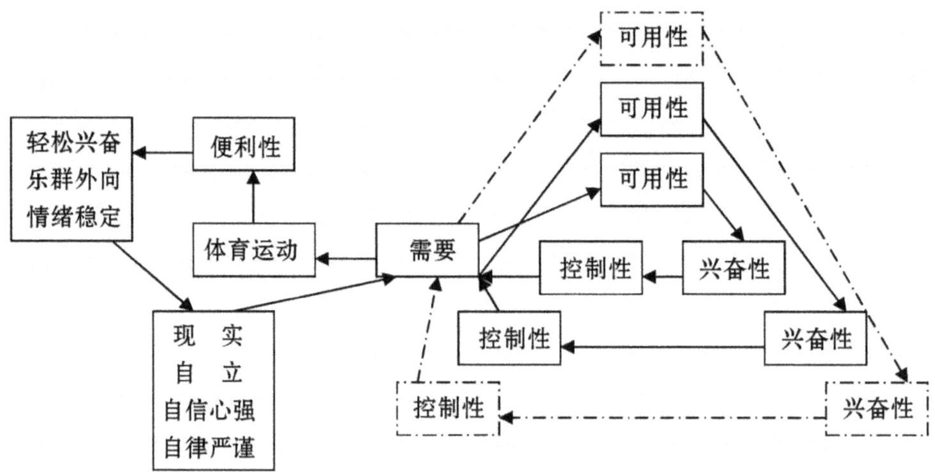

图2-4　网络-体育运动的 ACE 模式解构

体育锻炼作为网络替代品在满足个体需要（尤指情感需要、交际需要、自我实现需要等）过程中与人格关系密切。哈腾和法格（Hartung & Farge，1977）报道，与不锻炼的人相比，经常参加锻炼的人有较强的自制力，他们更聪明、认真、富有想象力、为人直率、有较强的自立能力[①]。不仅如此，体育运动还可以产生短期心理健康效应。德国拜罗伊特大学阿本勒（Abele）布瑞姆（Brehm）提出"动力平衡模型"，认为心境状态可区分为两个纬度，即评价性维度和激活性维度。健身和有氧锻炼等非竞赛性锻炼活动对心境具有双向调节功能，既能将负性心境或过高的良性心境状态维持在中间水平上，也就是平衡机制的功能。尤其是一些竞争性并存在胜负结果的竞技类活动在一定条件下有助于提高心境的激活状态[②]。通过体育锻炼，个体感受到"流畅体验""体育锻炼快感""负性心境转移体验"等。杰克森等人认为，流畅状态是一种积极的情绪体验，主要发生在锻炼者完全地投入

---

① Hartung, G. H., Farge, E. J: "Personality and physiological traits in middle – aged runners and joggers", Journal of Gerontology, 1977.

② 季浏. 体育锻炼与心理健康［M］. 上海：华东师范大学出版社，2006.

到运动情境中并能胜任挑战的时刻①。Sachs 发现，当"跑步者高潮"（体育锻炼快感）出现时，跑步者会体验到一种良好的身心状态，感觉到自身与情景融为一体，身体轻松，忘却自我，充满活力，超越时空障碍。当锻炼者成功地完成某项锻炼任务，并在某此锻炼中产生这些特殊的情绪体验后，就会诱发积极的情感和再尝试的欲望，并能抵消一部分抑郁、焦虑等情绪的影响进而改善心理状态②。一些研究表明，慢跑、游泳等活动能使锻炼者进入自由联想状态，促进思维的反省和脑力的恢复，转移负性情绪。因此，Young 的 ACE 模型不仅从心理学层面解释了网络成瘾的机理，而且增强了体育运动干预治疗和预防网络成瘾的理论价值和现实意义，使网络不再是使用者满足无意识需要的唯一工具。

2.2.2.2　锻炼心理学视角下 Davis 的认知－行为模型分析

Davis 提出认知－行为模型③，试图解释病态网络使用（Pathological Internet Use）的发展和维持。如图 2－5 所示，该模型中靠近病因链近端的因素，是 PIU 发生的充分条件，靠近远端的因素则是必要条件。Davis 认为 PIU 的认知症状先于情感或行为症状出现，并且导致了后两者。有 PIU 症状的个体在某些特定方面有主要的认知障碍，从而加剧个体网络成瘾的症状。该模型认为病态行为（PIU）受到不良倾向（个体的易患素质）和生活事件（压力源）的影响，它们位于 PIU 病因链远端，是 PIU 形成的必要条件。个体易患素质指当个体具有抑郁、社会焦虑和物质依赖等素质，则更容易发展出病态网络使用的行为④⑤。压力源（紧张性刺激）指不断发展的互联网技术。前面论及网络成瘾归因的认知因素时提到非适应性认知在网络成瘾者身上表现极为突出，大学生网络成瘾形成的心理基础是对上网形成的非适应性认知，非适应性认知又进一步强化了其上网行为。

---

① Jackson, S. A., Marsh, H. W.: "Development and Validation of a Scale", J. of Sport Exercise Psychol, 1996.

② Sachs, M. L.: "On the trail of the runner 's high : a descriptive and experimental investigation of characteristics of and elusive phenomenon", Unpublished doctoral dissertation . Florida State University. 1980.

③ 李宏利，雷雳，王争艳，等. 互联网对人的心理影响[J]. 心理学动态，2001，9（4）：376－381.

④ Kraut R, Parrerson M, Lundmark V, et al. Internet paradox: A social technology that reduces social involvement and psychological well－being? American Psychologist, 1998, 53（9）: 1017－1031.

⑤ Young KS, Rodgers R. The relationship between depression using the BDI and pathological Internet use. The 105 th Annual Convention of the American Psychological Association, Chicago, 1997.

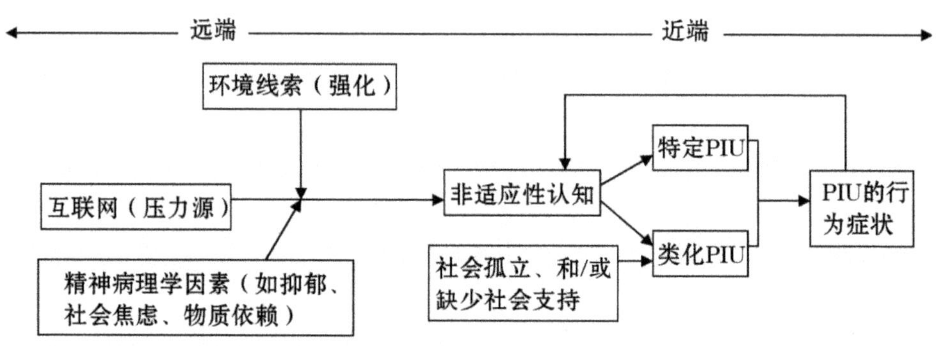

图2-5　病态网络使用（PIU）的认知-行为模型

　　体育锻炼对认知活动影响的研究虽然起步较晚，但目前已有大量研究证明了体育锻炼与认知活动之间存在适度正相关①。研究者认为，长期的体育锻炼在认知表现上比短期的体育锻炼有更大的效应；有规律的锻炼可以通过提高知觉和运动系统的总体速度来提高精神运动的速度；体育锻炼可以诱发积极的思维和情感，这些积极的思维和情感对抑郁、焦虑、困惑等消极情绪具有抵抗作用。尤其对于复杂的认知任务，体育锻炼表现出明显的积极影响（Weingarten，1973）。顾廷（Gutin）的研究也发现认知任务的复杂性和体育锻炼的持久性将对结果产生显著的影响。当进行的锻炼是需要思考的协调动作时，当这些动作包含的结构与功能对从事某些操作有必要时，体育锻炼就有益于认知活动。网络成瘾的认知-行为模型提示我们，正在生长发育、心理品质尚未健全的青少年难以建立正确的网络认知，更难以把握和及时控制自己的不当使用行为。体育锻炼不论是作为兴趣爱好，还是作为一种必需的健康生活方式，还是作为一种宣泄无意识需要的合理途径都有助于网络成瘾的防治。而且，这样的行动越早越好，有研究发现体育锻炼与认知发展的密切关系在儿童身上有直接的体现。当然，并不是孤立、片面的体育活动就能有效促进个体的认知发展，这一领域还有待于锻炼心理学科的进一步研究。

---

① Etiner, J. L., Salazar, W., Landers, D. M., Petruzzello, S. J., Han, M. Knowell, P.：The influence of physical fitness and exercise upon cognitive functioning：Ameta - analysis", Journal of Sport and Exercise Psychology, 1997.

2.2.2.3　锻炼心理学视角下 Grohol 的阶段模型分析

Grohol 提出阶段模型[①]，认为所谓网络成瘾只是一种阶段性的行为。网络用户大致要经历 3 个阶段。第一阶段，网络新手被互联网迷住，或者有经验的网络用户被新的应用软件迷住；第二阶段，用户开始避开导致自己上瘾的网络活动；第三阶段，用户的网络活动和其他活动达成了平衡。Grohol 认为所有的人最后都会到达第三阶段，但不同的个体需要花不同的时间。那些被认为是网络成瘾的用户，只是在第一阶段困住，需要帮助才能跨越。目前，笔者调研考察了多家网络成瘾治疗机构，发现大多采用强制性方法进行网络隔离治疗，甚至有的机构欲将网络成瘾纳入精神病范畴给予住院治疗。这些措施虽然融合了心理学、生理学、教育学等学科的方法，但在实践上夸大了网络成瘾的危害和人群的数量，无益于客观认识网络成瘾现象和有效防治这一社会问题，这一点从 Grohol 的阶段模型已得到启示。目前对于网络成瘾认识的真正盲区在于网络成瘾倾向的用户者究竟如何界定和预防。然而，我们从 Grohol 的阶段模型的解释中得到启示，该模型为网络成瘾倾向者、网络成瘾障碍者甚至网络成瘾严重者进行体育锻炼干预提供了防治的可能性和可操作性。在第一阶段，网络新手被互联网迷住，或者有经验的网络用户被新的应用软件迷住。干预可以针对使网络新手和有经验网络使用者迷住的内外因，进行综合分析后采取干扰这些用户成瘾的趣味体育项目。例如，户外运动、心理拓展项目等。在第二阶段，如果用户开始避开导致自己上瘾的网络活动，那么体育干预的及时加入则是在用户有意识规避状态下进行的，更有可能取得良好的效果。第三阶段，用户的网络活动和其他活动达成了平衡。体育锻炼的作用可能会凸现在健康的体育生活方式形成方面，或者说可以预防再次被网络"迷住"。

2.2.3　网络成瘾的体育干预实证分析

据国内研究者苏家文等发现，体育生的网络成瘾现象低于其他专业大学生，成瘾比例以及成瘾者所表现出来的症状在程度上均小于普通大学生。因此，提出网络与体育活动都具有娱乐性、交往性等多种相同或相似的功能，并建议网络使用者利用丰富多彩的体育活动和竞赛来充实业余生活，这对减少上网时间及网络成瘾综合症的养成有积极意义[②]。这一研究从实证的角度证明了体育锻炼对于减少网络成瘾的比例及症状的作用。盖华聪等采用单盲

---

① 　Grohol J. Internet addiction guide. http：// psychcentral. com/netaddiction/，1999.

② 　苏家文．高校体育生网络成瘾状况及对心理健康的影响[J]．军事体育进修学院学报，2006（4）：126－128.

实验法进行了对照研究，验证了加强体育与健身教育对预防和戒除大学生网络成瘾具有有效性和持续性的假设[1]。朱莉、周学荣等运用调查法和实验法对一名中度网络成瘾的青少年进行了体育干预研究，结果发现其成瘾症状减轻、成瘾行为以及总体心理健康水平都得到明显改善[2]。虽然如此，我们仍不能武断地认为体育锻炼能有效防治网络成瘾，更不能认为体育锻炼是防治网络成瘾的唯一手段和方法。体育干预只在网络成瘾的心理归因及损伤治疗中才能起到作用，而且体育干预的项目选择、时间频率要求、方法选择、个体兴趣及相关指标测定都需要进行个别化、实证性的深入研究。

（1）网络成瘾归因主要表现在心理问题，涉及到动力因素、人格因素及认知等方面。锻炼心理学研究成果对于网络成瘾的防治具有现实意义。

（2）个体无意识需要通过体育锻炼在一定程度上是可以得到满足的，许多健康的心理品质在体育锻炼过程中可以培养和提高。那么面对网络虚拟世界的诱惑，正确的认知、自制力、积极应对方式、自信心及角色责任意识就会起到平衡作用。

（3）网络成瘾现象仍有蔓延之势，治疗机构方法各异，效果不佳。且网络成瘾研究成果尚待深入，学科整合不力。尤其是我国人口数量巨大，预防工作就远远重要于治疗。因此，体育运动及干预作为简便易行、持续有效、娱乐健康的网络成瘾防治手段应深入研究。

（4）锻炼心理学运用教育心理学、科学心理学和职业心理学的理论和方法，通过各种体育锻炼来保持、改善身心健康，形成良好的身心状态或预防人们生病及非良性身心状态。随着这一学科的长足发展，体育锻炼和干预也将服务于社会现实问题的解决。

---

① 盖华聪. 体育教育对大学生网络成瘾干预的实验研究［J］. 鲁东大学学报，2007（4）：371 - 374.

② 朱莉，周学荣. 青少年学生网络成瘾行为的体育干预个案研究［J］. 军事体育进修学院学报，2007（2）：108 - 110.

▷ 3　研究构思图

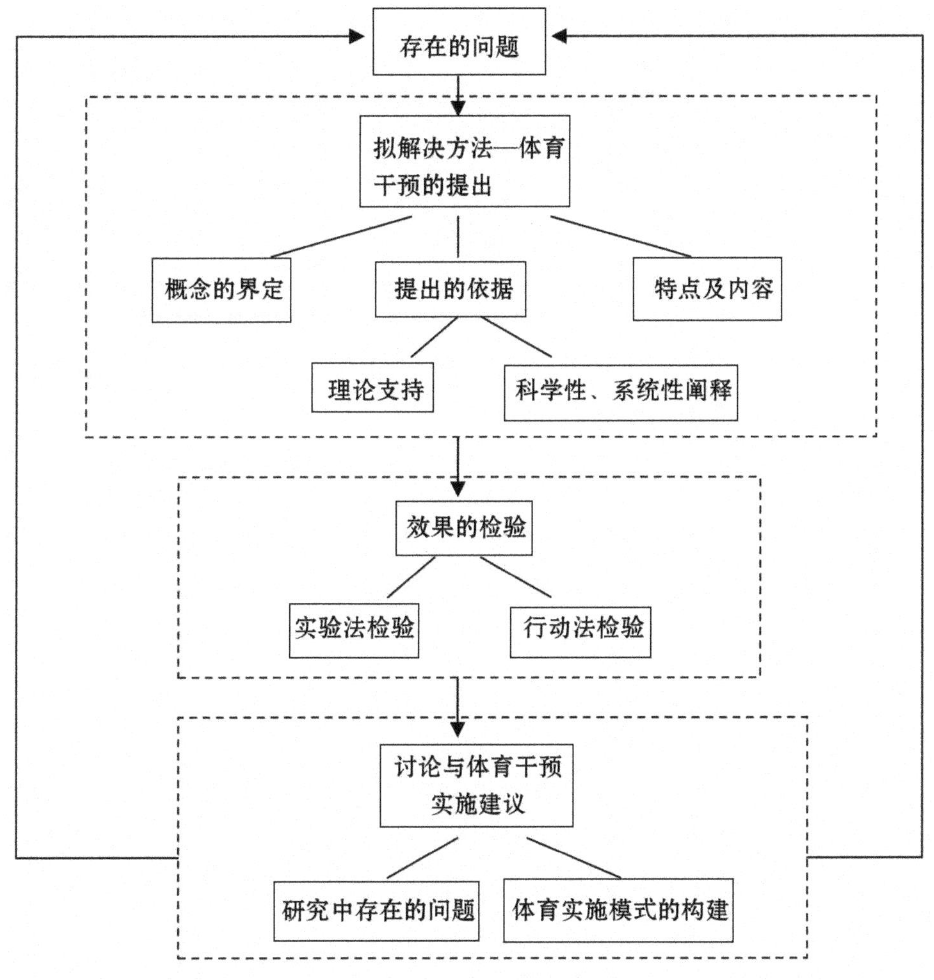

图 2-6　研究构思图

3.1　体育干预的定义

就本研究而言，体育干预（广义）是指以粗动作练习为主要手段，充分利用亲子互动、家园协作及社会支持，在社区中进行的一种以促进网络成瘾青少年的身体健康、纠正其问题行为、创设其与同伴互动的宽松和谐的运动情境、促进其良好的情绪与合作、树立其自我意识与信心、培养其兴趣爱好并建立运动生活方式为目的，配合心理干预和药物治疗的网络成瘾辅助性干预方法。体育干预对于改善和治疗青少年网络成瘾的机理可从图 2－7 得到解释。

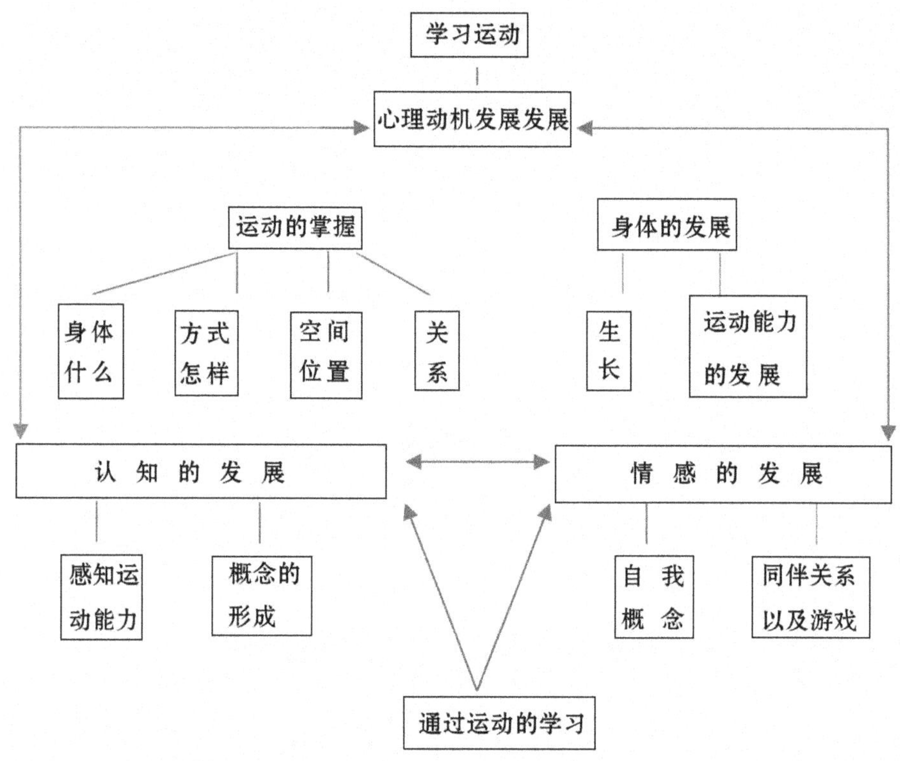

图 2－7　运动教育中心理动机、认知和情感发展之间的关系图（Gallahue，1976）

3.2　体育干预的特点

（1）体育干预是青少年网络成瘾综合性干预中的一种独立干预方法，辅助心理干预与药物治疗，有规律地运用于网络成瘾青少年日常的教育训练中。其系统性、科学性、规律性可以有效地促进青少年网络成瘾者身心最大限度的改善与发展。

（2）体育干预的主要目的是促进网络成瘾青少年的身体健康、纠正其问题行为、创设其与同伴互动的宽松和谐的运动情境、促进其良好的情绪与合作、树立其自我意识与信心、培养其兴趣爱好建立运动生活方式、在一定程度上改善或戒断其网络成瘾症状。

（3）体育干预的实施必须依赖于家－园－社区的合作与情感支持，缺一不可。

（4）体育干预是一种主动的干预方法，借助于网络成瘾青少年喜爱的运动项目，结合这些项目特点针对性运用于治疗过程中。同伴合作法、亲子互动以及其他各种替代行为的训练给网络成瘾青少年以选择的机会。对于纠正其问题行为、改善和戒断网络成瘾症状、发展其社交能力等方面有重要意义。

3.3　体育干预的内容

体育干预的内容主要包括个体项目和集体项目。个体项目主要包括游泳、慢跑和跆拳道等。集体项目主要包括远足旅行、拓展项目、亲子趣味运动比赛及同伴趣味运动等。

第三章　研究对象与方法

1　研究对象

本研究共包括 3 个实验设计，每一个实验设计选取的被试均不同质。第一个实验设计中选取的被试为正在接受山西省网络成瘾治疗机构 A 治疗并经过前测配对的 24 名网络成瘾被试。基本资料：24 名青少年是初、高中生。男 21 例，女 3 例，年龄 16～20 岁，平均年龄 17.1 岁。病程最短者 4 个月，最长者 5 年。第二个实验设计中选取的被试为正在接受山西省网络成瘾治疗机构 B 治疗的网络成瘾青少年共 12 名。基本资料：12 名被试均为初、高中生。男 8 例，女 4 例，年龄 15～18 岁，平均年龄 16.4 岁。12 名被试按照 IAD 诊断量表得分分为网络成瘾轻 - 中度和重度 3 个组。病程最短者 5 个月，最长者 4 年。第三个实验设计中选取的被试为太原市某中学、某大学两所学校的在校学生共 12 名，各 6 名。基本资料：12 名被试均为在自然生活、学习情境中接受体育干预实验的学生。男 8 例，女 4 例，年龄 13～22 岁，平均年龄 17.3 岁。12 名被试按照 IAD 诊断量表得分及网络活动特点被分为网络游戏成瘾和非网络游戏成瘾两个组，每组 6 人。病程最短者 5 个月，最长者近 5 年。以上 3 个实验设计的所有被试均符合 Young 制定的网络成瘾障碍（IAD）诊断标准[1]。并同时具备以下条件：IAD 症状持续在 3 个月以上，上网时间 ≥14 小时/周（因工作、学习需要等正当理由上网的时间除外）。所有被试均被排除患有躯体疾病、智力障碍。

---

[1] Laum H. Weiss and Conrad Schwarz. The Relationship Between Parenting Types and older adolescents' Personality Academic Achievement Adjustment and Substance Use Child Development. 1996, 67: 2101 - 2114.

▶ 2　研究方法

2.1　文献研究法

本研究属于探索性研究，体育干预问题的提出、实验探索论证、体育干预实施的途径与方法等研究内容都需要在前人研究的基础上进行。因此本研究通过在北京体育大学、山西大学等高校进行 Internet 检索及文献的光盘检索和期刊杂志的人工查阅，广泛搜集中英文有关网络成瘾干预方法、运动干预与疗法、健康教育模式等资料。涉及到心理学、教育学、体育学、康复学、病理学、公共卫生学等学科领域。相关数据库有中国期刊网、维普数据库、体育期刊文献检索数据库等。核心期刊杂志有《体育科学》《中国运动医学杂志》《北京体育大学学报》《天津体育学院学报》《心理学报》《中国特殊教育》《心理与行为研究》《心理科学》等。有关官方及教育机构网站有中国特殊教育网、中国青少年网络协会网及国外相关网站。

2.2　实验法

实验法是本研究的基本方法。通过实验研究探索体育干预在青少年网络成瘾干预中的效果，同时可从量的研究角度验证理论假设是否成立。对青少年网络成瘾进行相关量表的检测获得实验前、后数据，对所得数据进行整理统计分析，得出初步结论。

2.2.1　实验一

2.2.1.1　实验题目
24 例青少年网络成瘾的体育干预实验研究。

2.2.1.2　实验目的
旨在通过典型案例的实验研究探索体育干预对青少年网络成瘾的干预效果。

2.2.1.3　变量设计
自变量，体育干预，项目主要包括游泳、慢跑和跆拳道等；因变量，青少年网络成瘾发展程度。

2.2.1.4　实验设计
采用单因素组间多基线设计。单因素是指体育干预方法。由于准实验研究设计注重"生态效度"，不需要严格的随机化程序，所以本研究先对该学校所有网络成瘾者进行综合评估。取得前测结果并结合日常观察进行同基线配对并随机分入实验组与对照组，包括网络成瘾轻－中度和重度3种基线水平。

2.2.1.5 控制因素

实验组与对照组被试均保持原有教学模式不变，得到家长及校方同意保证在实验期间不调换培训学校，不参加任何他校短期培训，不服用相关药物，同时能够在不发生意外的情况下坚持参加体育干预的每次活动，在此基础上给与实验组体育干预。

2.2.1.6 实验安排

一定量的专项练习（根据被试个人爱好及身体素质情况最后确定为篮球、羽毛球、跆拳道、网球等指标），实验期间单周周一、周三和周五，双周周二、周四进行（除了周六、日）。实验人员由一名课题组成员和一名经过培训的专项老师构成，活动形式为自由练习提高结合随机组织的比赛。具体实施分为培养运动兴趣、养成运动习惯、提高自主运动水平及社会交往能力3个阶段。培养兴趣阶段每天专项练习1~2小时。时间为1个月。养成运动习惯阶段加入游泳和项目竞赛等。时间为1个月。提高自主运动能力及社会交往能力在前两个阶段的基础上加入社会交往及活动组织能力训练，以球类项目为主要手段，每周照前进行。所不同的是被试需在实验人员的指导下进行活动目的、活动内容、活动程序及相关事宜的自我组织和管理。实验共历时3个月。与此同时，对照组不参加体育干预，维持原有干预模式。

2.2.2 实验二

2.2.2.1 实验题目

体育干预对不同网瘾程度青少年的影响。

2.2.2.2 实验设计

采用3（网瘾程度）X3（体育干预项目）双因素混合设计。被试间变量是网瘾程度，有网络成瘾轻度、网络成瘾中度、网络成瘾重度3个水平。被试内变量是体育干预项目，有无项目、个体项目和团体项目3个水平。

2.2.2.3 控制因素

12名被试均保持原有教学模式不变，得到家长及校方同意保证在实验期间不调换培训学校，不参加任何他校短期培训，不服用相关药物，同时能够在不发生意外的情况下坚持参加体育干预的每次活动，在此基础上给予实验组体育干预。

2.2.2.4 实验安排

一定量的专项练习（根据被试个人爱好及身体素质情况最后确定为篮

球、羽毛球、跆拳道、网球等指标），实验期间单周周一、周三和周五（下午 16：00~18：00），双周周二、周四（下午 16：00~18：00）进行（除了周六、日）。实验人员由一名课题组成员和一名经过培训的专项老师构成，活动形式为自由练习提高结合随机组织的比赛。团体项目包括户外拓展训练、远足旅行、亲子互动游戏等，与游泳在周末交叉进行。具体实施分为培养运动兴趣、养成运动习惯、提高自主运动水平及社会交往能力 3 个阶段。培养兴趣阶段每天专项练习 1~2 小时，周末进行户外拓展训练。时间为 1 个月。养成运动习惯阶段加入游泳和远足旅行等，游泳每周一次，远足旅行与户外拓展以周进行轮换。时间为 1 个月。提高自主运动能力及社会交往能力在前两个阶段的基础上加入社会交往及活动组织能力训练，以户外拓展和远足旅行为主要手段，每周照前进行。所不同的是被试需在实验人员和户外拓展培训师的指导下进行活动目的、活动内容、活动程序及相关事宜的自我组织和管理。实验共历时 3 个月。

2.2.3　实验三

2.2.3.1　实验题目

体育干预对不同网瘾类型青少年的影响。

2.2.3.2　实验设计

采用 2（网瘾类型）X2（体育干预项目）双因素混合设计。被试间变量是网瘾类型，有网络游戏成瘾和非网络游戏成瘾两个水平。被试内变量是体育干预项目，有个体项目和团体项目两个水平。

2.2.3.3　控制因素

12 名被试均保持原有教学模式不变，得到家长及校方同意保证在实验期间不调换培训学校，不参加任何他校短期培训，不服用相关药物，同时能够在不发生意外的情况下坚持参加体育干预的每次活动，在此基础上给与实验组体育干预。

2.2.3.4　实验安排

一定量的专项练习（根据被试个人爱好及身体素质情况最后确定为篮球、羽毛球、跆拳道、网球等指标），实验期间单周周一、周三和周五（下午 16：00~18：00），双周周二、周四（下午 16：00~18：00）进行（除了周六、日）。实验人员由一名课题组成员和一名经过培训的专项老师构成，活动形式为自由练习提高结合随机组织的比赛。团体项目包括户外拓展训练、远足旅行、亲子互动游戏等，与游泳在周末交叉进行。具体实施分为培养运动兴趣、养成运动习惯、提高自主运动水平及社会交往能力 3 个阶段。培养兴趣阶段每天专项练习 1～2 小时，周末进行户外拓展训练。时间为 1 个月。养成运动习惯阶段加入游泳和远足旅行等，游泳每周 1 次，远足旅行与户外拓展以周进行轮换。时间为 1 个月。提高自主运动能力及社会交往能力在前两个阶段的基础上加入社会交往及活动组织能力训练，以户外拓展和远足旅行为主要手段，每周照前进行。所不同的是被试需在实验人员和户外拓展培训师的指导下进行活动目的、活动内容、活动程序及相关事宜的自我组织和管理。实验共历时 3 个月。

2.3　访谈法

本研究对北京师范大学、华东师范大学、山西大学、山西省精神卫生中心、特殊教育、青少年问题行为有关专家及在一线从事网络成瘾、行为成瘾康复训练的教师（从业 5 年以上）进行经常性的深度访谈，对被试家长进行访谈。在此基础上确定体育干预的尝试性研究，同时也有利于研究过程中疑难问题的解决。

2.4　行动研究法

本研究采用行动研究法对典型被研究者进行跟踪研究。在研究期间运用了观察法、访谈法、实验法、实物分析法等将研究过程分为实验前准备阶段、实验阶段。结果成文采用情境型与类属型相结合的方式。采用这种结合方式的优点在于：首先，可以比较生动、详细地描述被研究者行为产生时的情景；第二，可以表现被研究者及研究者的情感反应和思想变化过程；第三，可以解释行为变化之间的衔接关系；第四，可以将本人的反思及时地揉入对研究过程和结果的报告中；第五，可以比较有重点地呈现研究结果，逻辑关系比较清楚，层次比较分明；第六，符合一般学术研究将事物进行分类的思维模式。

2.5　数理统计法

采用 SPSS11.5 对 4 个实验结果进行统计分析。

2.6　测量工具

2.6.1　Young 的网络成瘾量表

采用 Young 的网络成瘾量表和自编个人基本信息表在实验前和实验后对被试进行测评，并结合网戒中心老师、家长及被试个人的实验效果评价综合评定被试的网络成瘾程度。Young 于 1996 年设计了一套 20 题的调查问卷，该量表的克拉巴赫一致性系数为 0.75。在问卷调查中所得的分数越高，表明沉迷于互联网的程度越重。40～60 分为轻度网络成瘾，60～80 分为中度网络成瘾，80～100 分为重度网络成瘾。如果分数在 80 分以上表明具有明显的网络成瘾症状。Young 的鉴别量表简便实用，是学者们研究网络成瘾问题所普遍使用的量表之一。

2.6.2　SCL－90 量表

临床症状自评量表（SCL－90，The Self－Report Symptom Inventory，Symptom Check List 90，简称 SCL－90）由上海铁道医学院吴文源引进修订。临床应用证明，该量表的评估有比较高的真实性、实效性，是目前心理咨询门诊中应用最多的一种自评量表，适用于一般来询者，也适用于神经症患者。问卷包含 90 个项目，每一个项目均采用 5 级评分制：（1）无，自觉无该项问题；（2）轻度，自觉有该项问题，但发生不频繁、不严重；（3）中度，自觉有该项症状，其严重程度为中等：（4）偏重，自觉常有该项症状，其程度为中到严重；（5）严重，自觉常有该项症状，频度和程度都非常严重。总分即 90 个项目的得分总和，160 分为临床界限，超过 160 分说明测试人可能存在某种心理障碍。任一因子得分超过 2 分为阳性，说明可能存在着该因子所代表的心理障碍。每一种心理问题的阳性因子个数大于 2，则说明在该种心理问题上存在问题。90 个项目中包括躯体化、强迫症状、人际关系敏感、忧郁、敌对、恐怖、偏执、精神病性、睡眠及饮食状况等 10 个因子。通过对总分和各因子的分析，可以判断被测症状分布特点及自感不适的程度，为咨询和治疗提供参考。

2.6.3　自制网络使用行为日志记录登记表

按照网络成瘾一般特征及症状表现自制网络使用行为日志记录登记表。以天为单位要求被试做网络使用行为日志记录，并按登记表要求累计计数，从而便于研究对该项行为特征的动态分析。该登记表依据情绪、认知、耐受性、强迫性、退瘾反应、心理变化及生理不适等指标设定了 8 个条目。被试在实验人员的指导下对自己每天网络行为的特点进行记录。

第四章　结果与分析

1　实验一：24 例青少年网络成瘾体育干预实验

1.1　实验组与对照组前测比较

表 4 –1　实验组与对照组前测配对 T 检验结果

		Paired Differences			t	df	Sig.（2 – tailed）
		Mean	Std. Deviation	Std. Error Mean			
Pair 1	实验组前测 – 对照组前测	.17	1.115	.322	.518	11	.615

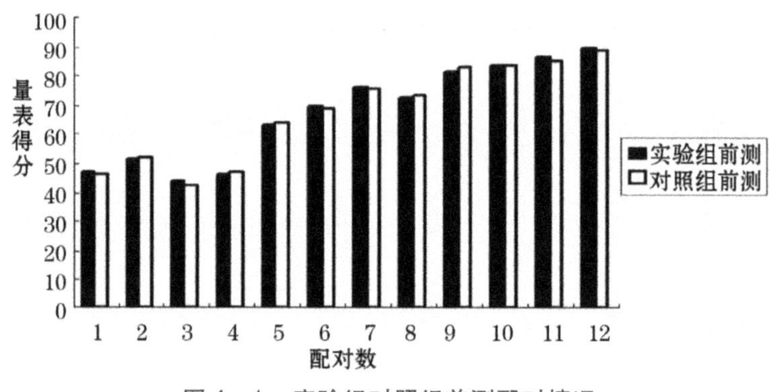

图 4 –1　实验组对照组前测配对情况

表 4 - 1 显示，实验组与对照组前测差值的均值为 0.17，前测差值的标准差为 1.115，统计量 T 值为 0.518，Sig.（2 - tailed）结果为 0.615 > 0.05。实验组与对照组在实验前网络成瘾量表得分无显著差异。图 4 - 1 显示，在 3 种基线（轻 - 中度和重度）上实验组与对照组配对情况比较理想。

1.2　实验组与对照组后测比较

表 4 - 2　实验组对照组后测比较

		Paired Differences			t	df	Sig.（2 - tailed）
		Mean	Std. Deviation	Std. Error Mean			
Pair 1	实验组后测 - 对照组后测	- 4.67	5.158	1.489	- 3.134	11	.010

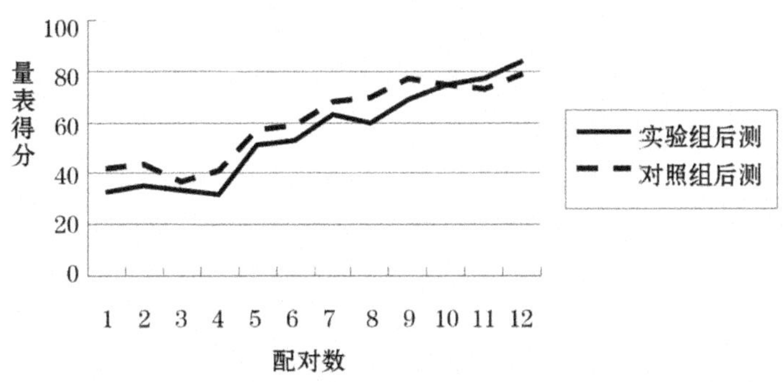

图 4 - 2　实验组对照组各基线后测

表 4 - 2 显示出经过 3 个月的体育干预，实验组与对照组网络成瘾量表得分即网络成瘾症状得到较大幅度改善的情况。对照组仅维持原来认知——行为干预模式的效果不及实验组在维持原有干预模式的基础上进行体育干预的效果，说明体育干预对于青少年网络成瘾的症状改善至少存在明显的辅助效果。这个研究结果也在一定程度上验证了许多研究者和临床精神科医师的

理论探讨和实践指导①②③④。表 4 - 1 所得结果仅为实验组与对照后测的总体均值差异检验，图 4 - 2 则清晰地表明实验组与对照组各基线水平的变化情况，通过对比可以发现新的特点。实验组与对照组配对数 1 ~ 4 为第一基线，5 ~ 8 为第二基线，9 ~ 12 为第三基线（40 ~ 60 分为第一基线，60 ~ 80 分为第二基线，80 分以上为第三基线），在体育干预实验后发生了明显的变化。在第一基线范围内，实验组比对照组被试网络成瘾量表得分均有较多下降，而且全部低于 40 分，而对照组仍有 3 名被试在 40 分以上。第二基线实验组比对照组被试均有明显的改善，有 2 名被试量表得分已低于 60 分，而对照组被试仍停留在 60 分以上，并且接近或等于 70 分。第三基线上实验组和对照组在第一配对样本还保持前两个基线的总体变化趋势，但在第 10 个配对样本数据上发生"剪刀差"，之后的两个配对样本都发生与前面变化趋势相反的情况。说明在第三基线上，体育干预对于不同个体而言很可能不是有效的辅助干预方法。

1.3　实验组与对照组各组内前后测纵向比较

图 4 - 3、图 4 - 4 显示了实验组和对照组内各被试前后测的变化幅度和趋势。比较后可发现以下特点：（1）实验前，实验组与对照组配对情况较理想；（2）实验后，实验组前后测差值显然大于对照组前后测差值，这可以分别从图中两线间的距离推断得知；（3）在轻度网络成瘾被试中，实验组后测比对照组后测改善明显，全部进入 40 分以下区域；（4）在中度网络成瘾被试中，实验组只有 1 名被试后测为 63 分，而对照组还有 69 分、70 分的高分存在；（5）从各组第 9 名被试开始为第三基线，实验组前后测数值差值开始由大变小逐渐收拢，而对照组前后测数值差值却表现出扩大而后逐渐回收的趋势，且在第 11、12 名被试的后测表现出比实验组配对被试更好的效果；（6）在 40 ~ 60 分区间和 60 ~ 80 分区间内实验组出现较对照组宽高的差值对比，说明在这两个分值区间内体育干预的效果显著。

---

① 罗静 . 网络成瘾的病理心理机制 ［A］. 首届全国网络成瘾学术研讨会论文集 ［C］. 北京：2010 （7）：31 - 40.

② 陶然 . 网络成瘾青少年团体心理治疗 ［A］. 首届全国网络成瘾学术研讨会论文集 ［C］. 北京：2010 （7）：49 - 53.

③ 李仁军，胡岱梅，刘炳伦 . 网络过度使用是行为成瘾 ［A］. 首届全国网络成瘾学术研讨会论文集 ［C］. 北京：2010 （7）：60 - 64.

④ 张信忠，郭金旺 . 青少年网络成瘾心理问题分析与对策 ［A］. 首届全国网络成瘾学术研讨会论文集 ［C］. 北京：2010 （7）：125 - 127.

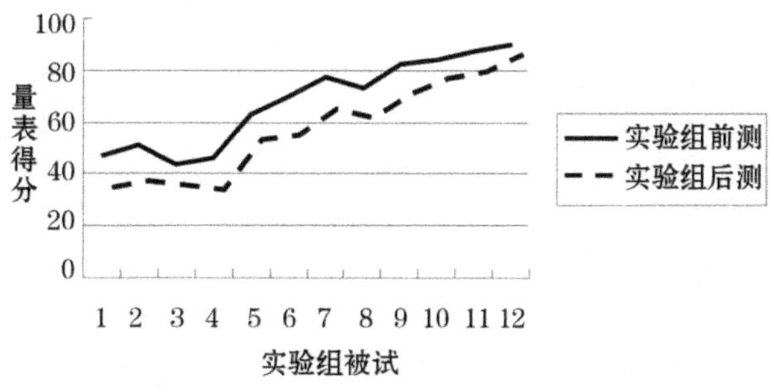

图 4-3　实验组被试前后测比较

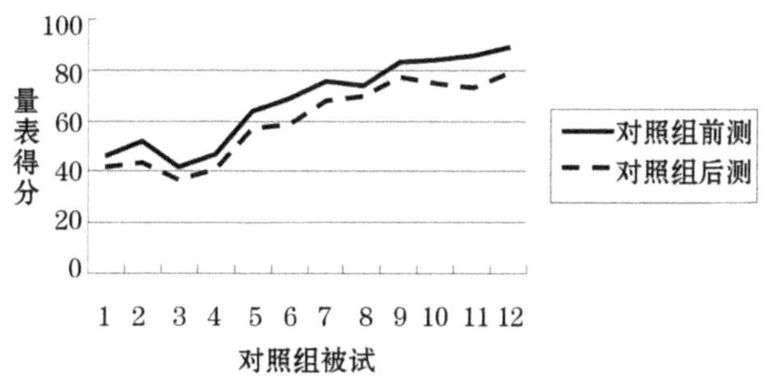

图 4-4　对照组被试前后测比较

1.4　讨　论

1.4.1　体育干预青少年网络成瘾的效果

通过探索性研究，在一定程度上验证了体育干预的总体效果。但体育干预的效果体现了因网络成瘾程度不同的不同特点。从研究结果中发现，轻度－中度网络成瘾程度体育干预效果显著，重度网络成瘾体育干预效果未尽如人意。分析其原因大致包括以下几个方面：（1）综合教育学、心理学、锻炼心理学、精神医学等各学界研究者对于网络成瘾归因的分析可知，体育运动缺失、青少年社会交往能力差的问题不可回避。本研究采用体育干预正是针对网络成瘾青少年的缺失问题对症下药，因而可以取得显著的总体干预效果；（2）体育干预的效果未能在重度网络成瘾的被试中很好的体现，其结果与精神科医师的临床研究（陶然等，2010）结果较为一致。认为有些重度网络成瘾者可能伴有严重精神疾病或情绪控制障碍等问题。本研究中，实验组重度网络成瘾个别被试在实验期间确曾发生过情绪失控、难与实验人员合作的情况。在实验期间，要求被试停止服用抗抑郁类和心境稳定类药物可能造成对体育干预效果的影响。而对照组重度被试在维持原有干预模式过程中是否能真正停止服用药物不得而知。从某种意义上可以推断"剪刀差"现象与药物服用可能存在一定关系；（3）体育干预对轻 – 中度被试的效果显著的结果验证了一些研究结论。本研究被试网络成瘾类型大多为网络游戏成瘾和网络聊天成瘾。据李秀敏、阴国恩等研究表明，偏好休闲类内容的网络成瘾大学生与乐群性、稳定性、忧虑性、恃强性、敢为性等人格有关①。所以，体育干预在项目选择时考虑到被试网络成瘾的心理原因、家庭教养方式等实际问题。在一定程度上缓解了被试的心理压力，增加了亲子沟通和理解，适时进行项目总结和反思。结合被试人格特质，为其提供了合理的心理宣泄方式、良好的人际交往环境和自然的会话情境。这样的考虑和设计可能对轻 – 中度实验被试的体育干预效果产生了积极的作用。

1.4.2　体育干预青少年网络成瘾产生效果的机制

关于体育干预对青少年网络成瘾产生作用的机制问题是研究的实质问题，也是本研究假设提出的理论依据和基础。有两点考虑：第一，根据多种理论解释来选择体育干预青少年网络成瘾，包括兴奋与抑制平衡理论、去甲肾上腺素理论、内啡肽理论、儿茶酚胺理论、兴奋灶理论、自我效能理论等。这些理论从不同的角度整合了网络成瘾产生的原因、形成的条件、表现出的状态和特征以及进行心理调适和改善的可能途径和方法。从这些理论当中，我们抽取了包含于其中的共同元素——体育运动。体育由于其特殊的功能和社会实践性本质，不仅有育人的功能，还兼备育心和增强社会适应性的功能。第二，目前关于网络成瘾的形成问题，各领域专家大致有这几种观点：有的认为是心理问题，有的认为是精神疾病，有的认为是教育体制问题，有的认为是家庭教育问题等。归结而言，网络成瘾是个体的身心群发展问题，是家庭 – 学校 – 社区的教育问题，也是时代发展的社会问题。体育干预从其自身的多功能性出发为网络成瘾者的预防和干预开辟了新的有效辅助途径。体育运动可以作为一种介质或教育载体，使多个教育目标和教育元素有机结合。网络成瘾形成的主要原因可以被认为是个体不良心理状态和特征在生活事件（应激源）出现时的一种冲动控制障碍。通过科学有效的心理干预并结合系统安排的体育干预就有可能取得更为理想的干预效果。当然，本研究仍未涉及体育干预与其他干预方法的干预效果比较以及各种干预方法

---

① 李秀敏，阴国恩．大学生上网行为与人格特质相关性研究［J］．心理发展与教育，2004（1）：34 – 37．

的交互作用等问题。这也将是本研究即将深入的课题。

1.4.3　体育干预项目的选择

体育干预项目的选择主要依据：第一，项目特点和功能；第二，被试依照兴趣自主选择；第三，家长可参与程度等。项目特点和功能要求项目具有团体参与性、情境性、可控制性、趣味性、情绪宣泄性、寓教于乐等。因此，本研究将在实验二中增加团体干预项目。户外拓展训练是一项把户外运动与心理辅导有机结合的体育运动项目。活动过程中要求有 10 名以上的成员参加，特殊情境可以依据心理辅导的目标而随机设定，易于操作控制。同时，它还具有趣味性，寓教于乐，适于情绪、语言的表达和宣泄。在活动结束后增加成员对项目的评价与自我认识和反思，有利于网络成瘾被试认知能力的提高和心境的改善。徒步旅行是针对网络成瘾青少年退缩、敏感、耐挫性差等特点设置的，一定量的专项训练考虑到被试兴趣爱好和实验结束后体育生活方式的培养和建立。根据本次实验具体情况，专项训练主要选择了篮球、游泳、跆拳道、羽毛球和网球。在实际的操作过程中，研究者也感觉到项目选择的重要性。从短期考虑它能否适合被试的心理需要，被试能否较好合作坚持完成实验等。从长远考虑它能否使被试在实验结束后继续坚持。尽管所选项目均产生了良好的干预效果，但如何充分运用这些项目的特点与被试个体心理有机结合还将是本课题组继续努力的方向。

2　实验二：体育干预对不同网瘾程度青少年的影响

2.1　网络成瘾量表结果与分析

表 4-3　量表得分方差齐性检验结果

F	df1	df2	Sig.
1.756	8	27	0.131

表 4 - 4　网瘾程度与项目类型双因素方差分析

Source	Type III Sum of Squares	df	Mean Square	F	Sig.
Corrected Model	5943.500（a）	8	742.937	75.058	0
Intercept	149382.25	1	149382.25	15091.939	0
项目类型	1288.667	2	644.333	65.096	0
网瘾程度	4538	2	2269	229.235	0
项目类型 * 网瘾程度	116.833	4	29.208	2.951	0.038
Error	267.25	27	9.898		
Total	155593	36			
Corrected Total	6210.75	35			

表 4 - 3 中 F 统计量的值为 1.756，其显著性概率 P = 0.131 > 0.05，接受零假设，认为被试网络成瘾量表得分数据具有方差齐性。由表 4 - 4 可知，项目类型的 F 统计量的值为 65.096，相应显著性概率 P < 0.05，说明项目类型对被试网络成瘾量表得分的作用是显著的。网瘾程度的 F 统计量的值为 229.235，相应显著性概率 P < 0.05，说明不同网瘾程度被试网络成瘾量表得分的差异是显著的。项目类型和网瘾程度的交互作用的 F 统计量的值为 20951，相应的显著性概率 P = 0.038 < 0.05，说明交互作用显著，即不同项目类型和不同网瘾程度对被试网络成瘾量表得分存在显著的交互作用。

表 4 - 5　项目类型对网瘾量表得分的影响

	（I）项目类型	（J）项目类型	Mean Difference（I - J）	Std. Error	Sig.
LSD	个体项目	团体项目	10.33（＊）	1.284	.000
		无项目	- 3.83（＊）	1.284	.006
	团体项目	个体项目	- 10.33（＊）	1.284	.000
		无项目	- 14.17（＊）	1.284	.000
	无项目	个体项目	3.83（＊）	1.284	.006
		团体项目	14.17（＊）	1.284	.000

表 4-6　不同网瘾程度被试量表得分方差

（I）网瘾程度	（J）网瘾程度	Mean Difference（I-J）	Std. Error	Sig.
LSD 轻度	中度	-14.00（＊）	1.284	.000
	重度	-27.50（＊）	1.284	.000
中度	轻度	14.00（＊）	1.284	.000
	重度	-13.50（＊）	1.284	.000
重度	轻度	27.50（＊）	1.284	.000
	中度	13.50（＊）	1.284	.000

表 4-5、表 4-6 分别为项目类型对网瘾量表得分的影响和不同网瘾程度被试量表得分方差分析结果。从表 4-5 可知，不同类型的项目对被试网络成瘾量表得分的作用是有显著性差异的。从表 4-6 可知，不同网瘾程度被试量表得分具有显著性差异。就项目类型而言，被试选择体育干预中个人项目的效果好于不选择体育干预，而选择团体项目的效果更好于个体项目。从某种程度上，我们可以认识到不同项目的选择可能影响到体育干预的效果，不同项目类型与网瘾程度在体育干预中可能产生交互作用。

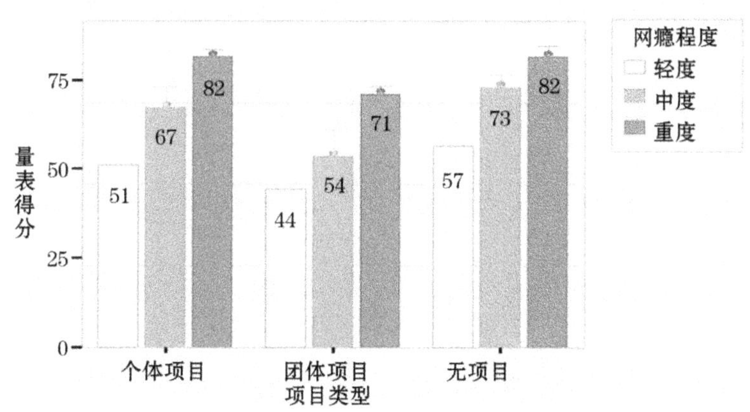

图 4-5　不同项目下不同网瘾程度被试网瘾量表得分

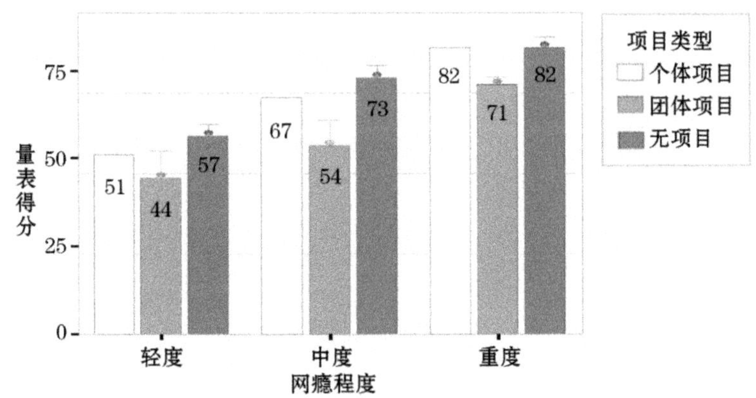

图 4 - 6　不同程度网瘾被试不同项目量表得分

　　通过对相同网瘾程度的被试进行不同项目的一元方差分析发现以下结果：（1）对于轻度网瘾被试，进行个体项目干预效果好于无项目干预，进行团体项目干预显著好于无项目干预和个体项目干预。不同项目组方差均具有齐性，故采用 LSD 方法检验显示，无项目组和团体项目组（p = 0.001 < .05）、个体项目组和团体项目组（p = 0.033 < .05）的相伴概率都小于显著性水平。表明无项目和个体项目都与团体项目的干预效果存在显著差异，而个体项目与无项目组干预效果未发现显著性差异；（2）对于中度网瘾被试，进行个体项目干预效果也好于无项目干预，进行团体项目干预显著好于无项目干预和个体项目干预。不同项目组方差均具有齐性，采用 LSD 方法检验显示，无项目组和团体项目组（p = 0.000 < .05）、个体项目组和团体项目组（p = 0.000 < .05）的相伴概率都小于显著性水平。表明无项目和个体项目都与团体项目的干预效果存在显著差异，而个体项目与无项目组干预效果也未发现显著性差异；（3）对于重度网瘾被试，进行个体项目干预效果也好于无项目干预，进行团体项目干预显著好于无项目干预和个体项目干预。不同项目组方差均具有齐性，采用 LSD 方法检验显示，无项目组和团体项目组（p = 0.000 < .05）、个体项目组和团体项目组（p = 0.000 < .05）的相伴概率都小于显著性水平。表明无项目和个体项目都与团体项目的干预效果存在显著差异，而个体项目与无项目组干预效果也未发现显著性差异。从轻 - 中度和重度被试进行 3 个水平的体育干预项目效果来看，不同网瘾程度被试进行团体项目干预效果均好于个体项目和无项目。尤其对于中 - 重度网瘾被试而言，采用团体项目干预的效果优于轻度网瘾被试。这一结

果与较多心理学临床研究结果一致①。对于同等网瘾程度的被试，其个体项目干预后量表得分低于无项目干预时量表得分，但均未达到显著性水平，可能和样本容量大小有一定关系。

2.2　SCL-90 量表得分结果与分析

从 SCL-90 量表中躯体化因子得分来看，项目类型与网瘾程度两个因素主效应都达到显著性水平，但交互效应不显著。经方差齐性检验 F 值为4.598，P<.05，故采用 Tamhane 法进行网瘾程度和项目类型的各组方差两两比较。结果表明，就项目类型而言，个体项目与团体项目对躯体化因子得分效果都显著好于无项目，个体项目与团体项目对躯体化因子得分效果未见显著性差异；就网瘾程度 3 个水平而言，轻度与中-重度网络成瘾被试躯体化因子得分存在显著性差异，P 值均 <.01，中-重度网络成瘾被试该因子得分未见显著性差异。图 4-7 结果显示，轻度网络成瘾被试进行团体项目与无项目躯体化因子得分存在显著性差异（P<.01）。进行团体项目与个体项目、个体项目与无项目对轻度网瘾被试躯体化因子得分未见显著性差异。中度网络成瘾被试进行项目类型 3 个水平干预效果体现在躯体化因子上均有显著性差异（P<.01）。重度网络成瘾被试进行团体项目和无项目、团体项目和个体项目干预，躯体化因子得分均有显著差异（P<.01），无项目干预和个体项目干预效果未见显著性差异。

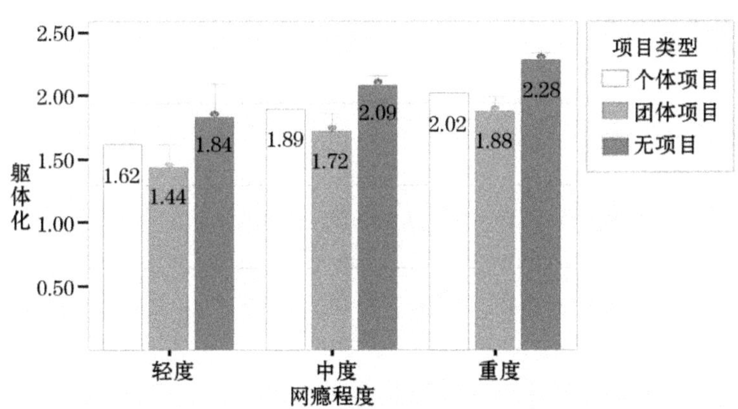

图 4-7　不同项目不同网瘾程度被试躯体化因子得分

---

① 于衍治. 团体心理干预方式改善青少年网络成瘾行为的可行性[J]. 中国临床康复，2005，20（9）：81-83.

从 SCL - 90 量表中强迫症状因子得分来看，项目类型与网瘾程度两个因素主效应都达到显著性水平，但交互效应不显著。经方差齐性检验 F 值为 5.489，P <.05，故采用 Tamhane 法进行网瘾程度和项目类型的各组方差两两比较。结果表明，就项目类型而言，个体项目与团体项目对强迫症状因子得分效果无显著性差异，无项目与团体项目对强迫症状因子得分效果有显著性差异；就网瘾程度 3 个水平而言，各组不同程度网络成瘾被试强迫症状因子得分均存在显著性差异，P 值均 <.01。图 4 - 8 结果显示，无项目、个体项目和团体项目 3 个水平对轻度网络成瘾被试强迫症状因子得分的影响均存在显著性差异（P <.01）。中度网络成瘾被试进行项目类型 3 个水平干预效果体现在强迫症状因子上均有显著性差异（P <.01）。重度网络成瘾被试进行项目类型 3 个水平干预效果体现在强迫症状因子上也均有显著性差异（P <.01）。

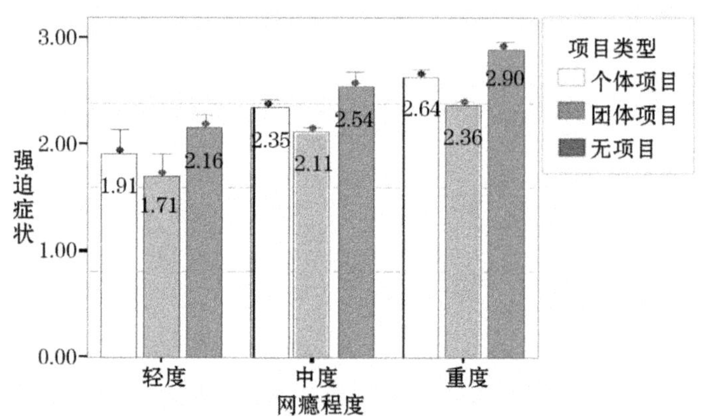

图 4 - 8　不同项目不同网瘾程度被试强迫症状因子得分

从 SCL - 90 量表中人际关系紧张因子得分来看，项目类型与网瘾程度两个因素主效应都达到显著性水平，但交互效应不显著。经方差齐性检验 F 值为 1.646，P >.05，故采用 LSD 法进行网瘾程度和项目类型的各组方差两两比较。结果表明，就项目类型而言，无项目、个体项目、团体项目对人际关系紧张因子得分的影响均有显著性差异；就网瘾程度 3 个水平而言，各组不同程度网络成瘾被试人际关系紧张因子得分均存在显著性差异，P 值均 <.05。图 4 - 9 结果显示，无项目、个体项目和团体项目 3 个水平对轻度网络成瘾被试人际关系紧张因子得分的影响均存在显著性差异（P <.01）。中度网络成瘾被试进行项目类型 3 个水平干预效果体现在人际关系

紧张因子上均有显著性差异（P<.01）。重度网络成瘾被试进行项目类型 3 个水平干预效果体现在人际关系紧张因子上也均有显著性差异（P<.01）。

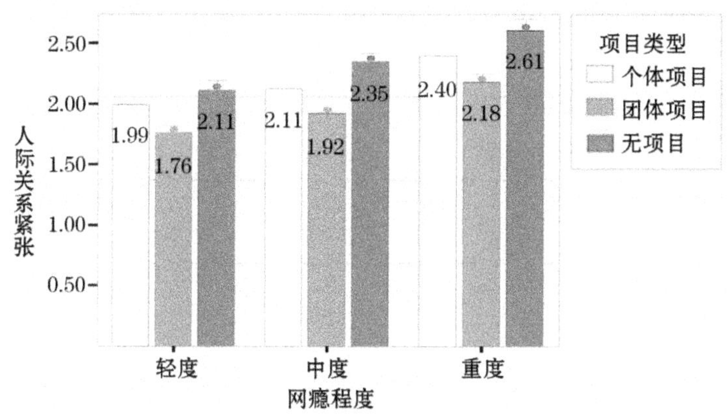

图 4-9　不同项目不同网瘾程度被试人际关系紧张因子得分

从 SCL-90 量表中抑郁因子得分来看，项目类型与网瘾程度两个因素主效应都达到显著性水平，交互效应显著。经方差齐性检验 F 值为 7.297，P<.05，故采用 Tamhane 法进行网瘾程度和项目类型的各组方差两两比较。结果表明，就项目类型而言，无项目、个体项目、团体项目对抑郁因子得分的影响均有显著性差异；就网瘾程度 3 个水平而言，轻度与中-重度网络成瘾被试抑郁因子得分均存在显著性差异，P 值均<.05。中度与重度网瘾被试在抑郁因子得分不存在显著差异。图 4-10 结果显示，无项目、个体项目和团体项目 3 个水平对轻度网络成瘾被试抑郁因子得分的影响均存在显著性差异（P<.01）。中度网络成瘾被试进行项目类型 3 个水平干预效果体现在抑郁因子上均有显著性差异（P<.01）。重度网络成瘾被试进行项目类型 3 个水平干预效果体现在抑郁因子上也均有显著性差异（P<.01）。

从 SCL-90 量表中焦虑因子得分来看，项目类型与网瘾程度两个因素主效应都达到显著性水平，交互效应显著。经方差齐性检验 F 值为 17.098，P<.05，故采用 Tamhane 法进行网瘾程度和项目类型的各组方差两两比较。结果表明，就项目类型而言，团体项目与其他水平项目对不同程度网瘾被试焦虑因子得分的影响存在显著差异，个体项目与无项目效果无显著差异；就网瘾程度 3 个水平而言，轻度网瘾被试在焦虑因子上得分与中-重度网瘾被试存在显著差异，P 值均<.01。中度与重度网瘾被试焦虑因子得分不存在显著差异。图 4-11 结果显示，无项目、个体项目和团体项目 3 个水平对轻

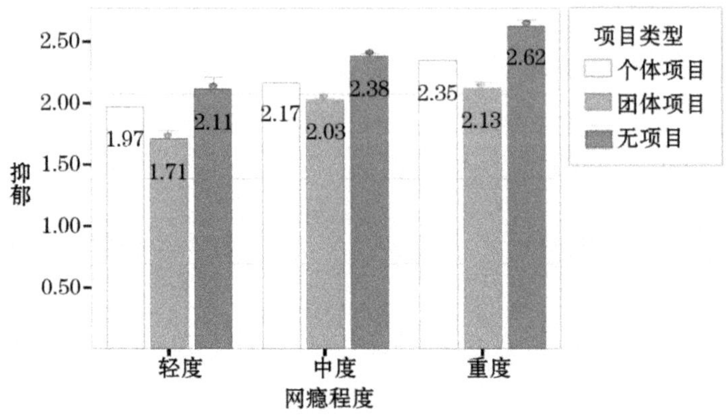

图 4 -10　不同项目不同网瘾程度被试抑郁因子得分

度网络成瘾被试焦虑因子得分的影响均存在显著性差异（P＜.01）。中度网络成瘾被试进行项目类型 3 个水平干预效果体现在焦虑因子上均有显著性差异（P＜.01）。重度网络成瘾被试进行项目类型 3 个水平干预效果体现在焦虑因子上也均有显著性差异（P＜.01）。

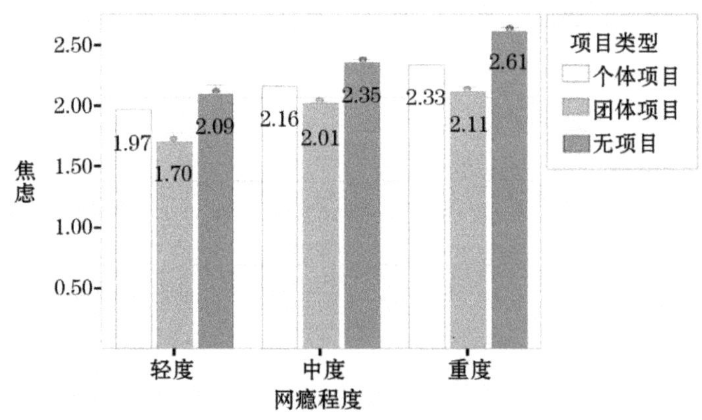

图 4 -11　不同项目不同网瘾程度被试焦虑因子得分

从 SCL -90 量表中敌对因子得分来看，项目类型与网瘾程度两个因素主效应都达到显著性水平，交互效应不显著。经方差齐性检验 F 值为 7.690，P＜.05，故采用 Tamhane 法进行网瘾程度和项目类型的各组方差两两比较。结果表明，就项目类型而言，团体项目、个体项目、无项目对不同程度网瘾被试敌对因子得分的影响均存在显著差异；就网瘾程度 3 个水平而言，轻度、中－重度网瘾被试的敌对因子分均不存在显著差异。图4－12结果显示，无项目、个体项目和团体项目3个水平对轻度网络成瘾被试敌对因子得分的影响均存在显著性差异（P＜.01）。中度网络成瘾被试进行项目类型3个水平干预效果体现在敌对因子上也均有显著性差异（P＜.01）。而重度网络成瘾被试仅进行无项目和个体项目干预效果体现在敌对因子上有显著性差异（P＜.01）。

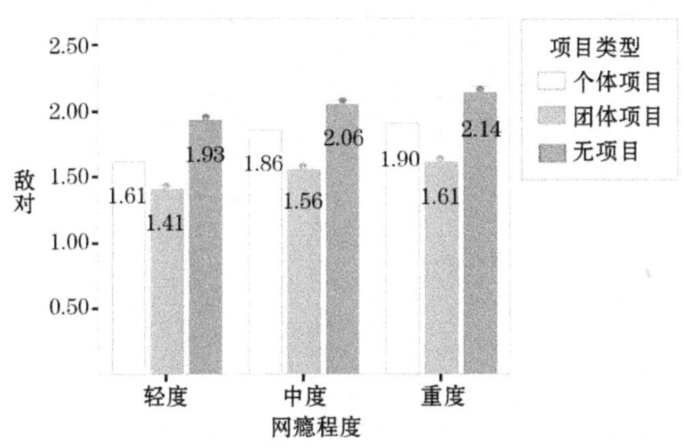

图4－12　不同项目不同网瘾程度被试敌对因子得分

从 SCL－90 量表中恐怖因子得分来看，项目类型与网瘾程度两个因素主效应都达到显著性水平，交互效应显著。经方差齐性检验 F 值为 1.271，P＞.05，故采用 LSD 法进行网瘾程度和项目类型的各组方差两两比较。结果表明，就项目类型而言，团体项目、个体项目、无项目对不同程度网瘾被试恐怖因子得分的影响均存在显著差异；就网瘾程度3个水平而言，轻度、中－重度网瘾被试的恐怖因子分均存在显著差异。图4－13结果显示，无项目、个体项目和团体项目3个水平对轻度网络成瘾被试恐怖因子得分的影响均存在显著性差异（P＜.01）。中度网络成瘾被试进行项目类型3个水平干预效果体现在恐怖因子上也均有显著性差异（P＜.01）。重度网络成瘾被试进行无项目、个体项目和团体项目干预效果体现在敌对因子上也均有显著性差异（P＜.01）。

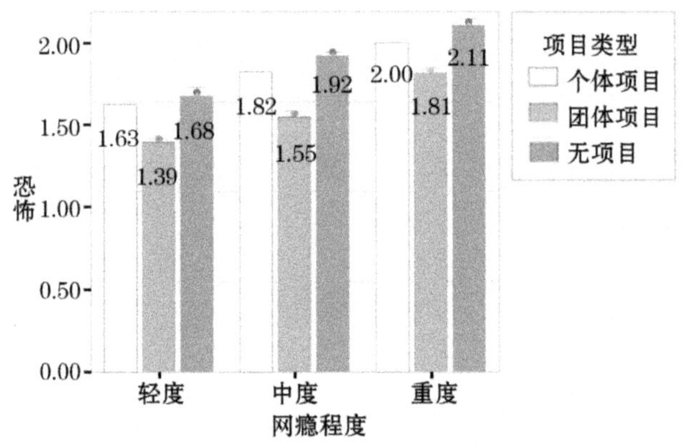

图 4 - 13　不同项目不同网瘾程度被试恐怖因子得分

　　从 SCL - 90 量表中偏执因子得分来看，项目类型与网瘾程度两个因素主效应都达到显著性水平，交互效应显著。经方差齐性检验 F 值为 0.909，P >.05，故采用 LSD 法进行网瘾程度和项目类型的各组方差两两比较。结果表明，就项目类型而言，团体项目、个体项目、无项目对不同程度网瘾被试偏执因子得分的影响均存在显著差异；就网瘾程度 3 个水平而言，轻度、中 - 重度网瘾被试的偏执因子分均存在显著差异。图 4 - 14 结果显示，无项目、个体项目和团体项目 3 个水平对轻度网络成瘾被试偏执因子得分的影响均存在显著性差异（P <.01）。中度网络成瘾被试进行项目类型 3 个水平干

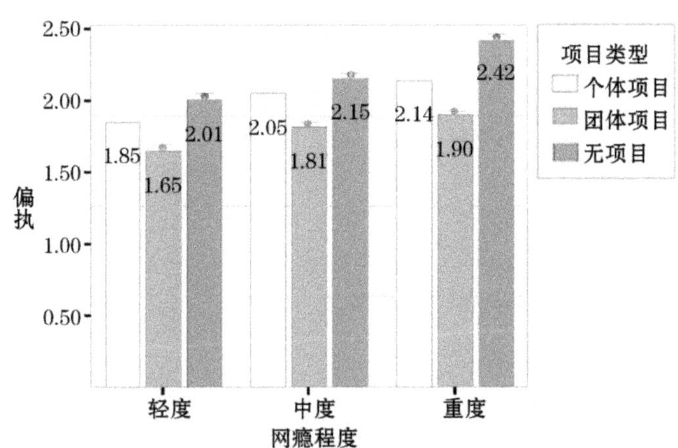

图 4 - 14　不同项目不同网瘾程度被试偏执因子得分

预效果体现在偏执因子上也均有显著性差异（P＜.01）。重度网络成瘾被试进行无项目、个体项目和团体项目干预效果体现在偏执因子上也均有显著性差异（P＜.01）。

从 SCL－90 量表中精神病性因子得分来看，项目类型与网瘾程度两个因素主效应都达到显著性水平，交互效应显著。经方差齐性检验 F 值为1.691，P＞.05，故采用 LSD 法进行网瘾程度和项目类型的各组方差两两比较。结果表明，就项目类型而言，团体项目、个体项目、无项目对不同程度网瘾被试精神病性因子得分的影响均存在显著差异；就网瘾程度 3 个水平而言，轻度、中－重度网瘾被试的精神病性因子分均存在显著差异。图 4－15结果显示，无项目和团体项目、个体项目和团体项目对轻度网络成瘾被试精神病性因子得分的影响均存在显著性差异（P＜.01）。中度网络成瘾被试进行项目类型 3 个水平干预效果体现在精神病性因子上也均有显著性差异（P＜.01）。重度网络成瘾被试进行无项目、个体项目和团体项目干预效果体现在精神病性因子上也均有显著性差异（P＜.01）。

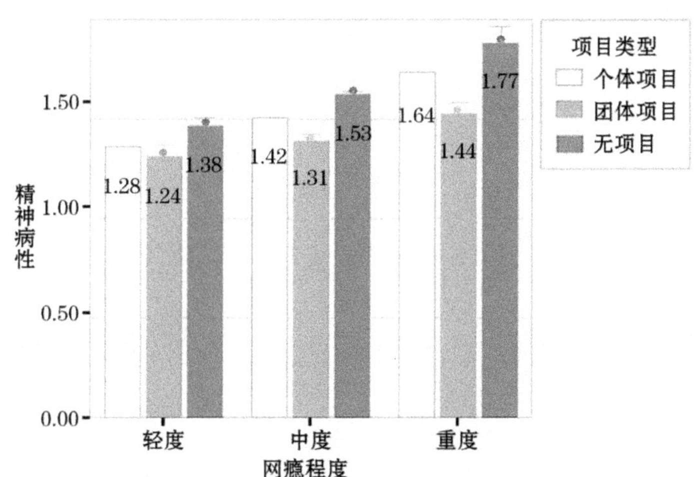

图 4－15　不同项目不同网瘾程度被试精神病性因子得分

从 SCL－90 量表中其他因子得分来看，项目类型与网瘾程度两个因素主效应都达到显著性水平，交互效应显著。经方差齐性检验 F 值为 0.777，P＞.05，故采用 LSD 法进行网瘾程度和项目类型的各组方差两两比较。结果表明，就项目类型而言，团体项目、个体项目、无项目对不同程度网瘾被试其他因子得分的影响均存在显著差异；就网瘾程度 3 个水平而言，轻度、中－重度网瘾被试的其他因子分均存在显著差异。图 4 – 16 结果显示，无项目、个体项目和团体项目 3 个水平对轻度网络成瘾被试其他因子得分的影响均存在显著性差异（P < .01）。中度网络成瘾被试进行项目类型 3 个水平干预效果体现在其他因子上也均有显著性差异（P < .01）。重度网络成瘾被试进行无项目、个体项目和团体项目干预效果体现在其他因子上也均有显著性差异（P < .01）。

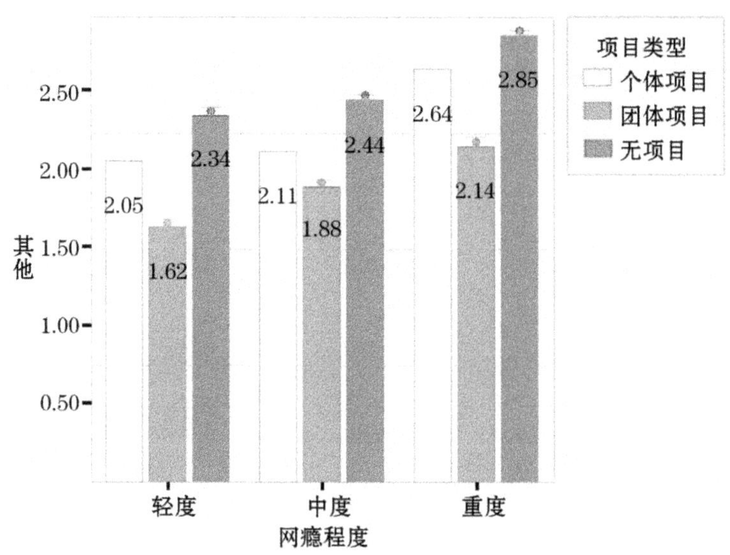

图 4 – 16　不同项目不同网瘾程度被试其他因子得分

2.3　讨　论

Orzac[①] 从临床心理学的角度研究时，发现网络成瘾者一般都有抑郁、社交恐怖和自控能力等心理障碍。本研究采用 SCL – 90 量表对网络成瘾被试进行测试也发现，他们在多数题项上超出 2 分，各因子上出现 2 个以上大于 2 分的题项。主要表现在躯体化、强迫、人际关系紧张、焦虑、抑郁、恐怖、偏执等因子。这些研究结果都从不同的角度反映出网络成瘾者确实存在一定的心理不适或障碍，只是程度存在差异。深入细致的分析，我们还可以发现一些青少年网络成瘾者的特点。本研究被试（不同网瘾程度的 3 个水平）都存在一定程度的抑郁情绪、活动兴趣较网络成瘾之前弱、人际关系

---

①　Orzack MH. Retrieved from：http//www. computeraddiction. com/.

尤其是亲子关系紧张、敏感等，这些现象被认为是网络成瘾的高危因素，与前人研究[1][2]结论一致。体育干预前，本研究被试也存在情绪低落、悲观或狂想、焦虑烦躁、神情紧张抵制、失眠和食欲下降、敌对等情绪和表现[3]。有一些学者倾向于认为网络成瘾可能是一种为了应对情绪问题而衍生的次级疾病[4]。由此看来，网络成瘾与青少年个体心理问题，尤其是情绪、情感、与人交往问题息息相关。体育干预（3 个水平）的设计正是源于锻炼心理学关于体育与个体心理发展的研究成果，针对网络成瘾青少年多发、高发、易发心理问题进行的深入研究。结果表明，体育干预对青少年网络成瘾的改善存在良好效果。干预后，不同网瘾程度被试网络成瘾量表得分均出现较干预前显著的变化。进行团体体育项目干预的效果突出，其次是个体项目干预。经过因素交互作用分析可知，网络成瘾程度和干预项目在网络成瘾量表得分上存在交互作用。轻－中度网络成瘾被试效果从数据反映来看好于重度网络成瘾被试，在实践操作过程中也体会到一些差异。原因可能是重度网络成瘾被试心理障碍和问题相对于轻度和中度网络成瘾被试重。认同一些研究[5]结论，严重网络成瘾者可能更多地使用指向情绪的非适应性应对方式，如发泄、退避、幻想、否认等。在实验初期，重度网络成瘾被试较多表现出冷漠不合作、情绪宣泄、敷衍干预等现象。直到进行团体项目干预时，情况有了较大改善。

SCL－90 精神卫生症状自评量表评分显示，网瘾程度和项目类型在被试抑郁、焦虑、恐怖、偏执、精神病性等因子上存在交互作用。不同程度网络成瘾被试在这些因子都存在显著差异，体育干预的个体项目和团体项目存在效果上的显著差异。仅仅在躯体化一个因子上，个体项目和团体项目未发现显著差异。不同程度网络成瘾被试个体项目干预与团体项目干预的效果也存在显著差异，轻－中度网络成瘾被试的干预效果好于重度网络成瘾被试。重

---

① 李林. 对大学新生心理健康状况的调查与分析[J]. 北京理工大学学报，2000，2（1）：82－84.

② 刘字宁，金月兰. 大学生抑郁情绪及相关因素的初探[J]. 中国临床心理学杂志，2001，9（3）：208－209.

③ 陈平周，刘少文，罗丽君，等. 大学生网络成瘾的心理健康状况研究[J]. 中国临床心理学杂志，2007，15（1）：40－42.

④ 耿耀国，李飞，苏林雁. 初一网络成瘾学生情绪与人格特征研究[J]. 中国临床心理学杂志，2006，14（2）：153－155.

⑤ Hall S, Parsons J. Internet Addiction: College Students Case Study Using Best Practices in Cognitive Behavior Therapy. Journal of Mental Health Counseling, 2001, 23（4）：312－327.

度网络成瘾被试在经过团体项目干预后也逐渐有了比较明显的改善和提高。这一研究结果充分证明，团体项目体育干预的效果好于个体项目体育干预。原因可能是团体项目体育干预设计具有情境性和兴趣性、加入亲子和同伴沟通、激发被试责任意识、增强团体归属感、强化体验自述环节。个体项目更注重个体情绪宣泄和缓解焦虑，团体归属和理解欠缺。团体项目体育干预与个体项目体育干预效果的显著差异表现在除躯体化的所有因子，这一研究结果与一些心理学团体心理辅导结论较为一致①，提示我们对网络成瘾被试进行干预时应着重考虑团体意识和行为对其的影响。

本研究在实验二研究结果的基础上，进一步探讨不同网瘾类型青少年的体育干预效果。大多数研究认为，网络成瘾的类型有网络色情成瘾、网络游戏成瘾、网络关系成瘾、网络信息超载成瘾等。其中网络信息超载成瘾、网络游戏成瘾最常见②。而且，游戏成瘾在大、中、小学生中是较为普遍存在的现象。网络游戏数量大、花样多。不仅有一些互动性很强的智力开发游戏，还有不少血腥暴力、反动愚昧和色情游戏③。网络游戏对青少年的影响是双向的，利害兼有。但青少年因不良网络游戏得到心理满足而成瘾则是令人担忧的。近几年来，由于网络游戏引发的学术争锋，甚至家庭悲剧比比皆是。因此，将网络游戏成瘾与非网络游戏成瘾分开来讨论，进行体育干预实验研究是课题组一直以来想深入研究的。

3 实验三：体育干预对不同网瘾类型青少年的影响

3.1 网络成瘾量表结果与分析

表 4 -7　量表得分方差齐性检验结果

F	df1	df2	Sig.
.119	3	24	.928

① 杨放如，郝伟 . 52 例网络成瘾青少年心理社会综合干预的疗效观察［J］. 中国临床心理学杂志，2005，13（1）：343 -345.

② Dejoie JF. Internet addiction：A different kind of addiction? Revue Med Liege. 2001，56（7）：523 -530.

③ 王冲 . 网瘾症的基本问题探析［J］. 教育科学，2004，20（2）：61 -63.

表 4 – 8　网瘾类型与项目类型双因素方差分析

Source	Type III Sum of Squares	df	Mean Square	F	Sig.
Corrected Model	1065.833（a）	3	355.278	5.517	.006
Intercept	79580.167	1	79580.167	1235.717	.000
项目类型	888.167	1	888.167	13.791	.001
网瘾类型	73.500	1	73.500	1.141	.298
项目类型 ＊ 网瘾类型	104.167	1	104.167	1.617	.218
Error	1288.000	20	64.400		
Total	81934.000	24			
Corrected Total	2353.833	23			

表 4 – 7 中 F 统计量的值为 0.119，其显著性概率 P = 0.928 ＞ 0.05，接受零假设，认为被试网络成瘾量表得分数据具有方差齐性。由表 4 – 8 可知，项目类型的 F 统计量的值为 13.791，相应显著性概率 P ＜ 0.05，说明项目类型对被试网络成瘾量表得分的作用是显著的。网瘾类型的 F 统计量的值为 1.141，相应显著性概率 P ＞ 0.05，说明不同网瘾类型对被试网络成瘾量表得分的作用差异不显著。项目类型和网瘾类型的交互作用的 F 统计量的值为 1.617，相应的显著性概率 P = 0.218 ＞ 0.05，说明交互作用不显著，即不同项目类型和不同网瘾类型对被试网络成瘾量表得分不存在显著的交互作用。经组内检验，非网络游戏成瘾组被试个体项目干预后网络成瘾量表得分与团体项目干预后有显著性差异（F = 11.004，P = .008 ＜ .05）。而游戏成瘾组被试个体项目干预后与团体项目干预后在网络成瘾量表得分上未见显著性差异（F = 3.424，P = .094 ＞ .05）。经组间检验，个体项目干预后非网络游戏成瘾组与网络游戏成瘾组网络成瘾量表得分均值基本持平，没有显著差异。团体项目干预后非网络游戏成瘾组组内干预效果差异显著，网络游戏成瘾组组内干预效果不显著。而且非网络游戏成瘾组与网络游戏成瘾组团体干预后，网络成瘾量表得分也未见显著差异。尽管量表得分均值有近 8 分之差，但无统计学意义的显著性差异。原因可能有两点：（1）样本容量和误差的原因；（2）干预前由于样本少，配对比较困难等因素。在干预实际过程中，研究者可以感受到非网络游戏成瘾被试与网络游戏成瘾被试的不同变化，限于样本的局限无法客观反映出来。课题组将在行动研究篇幅中详细记

录这些变化。

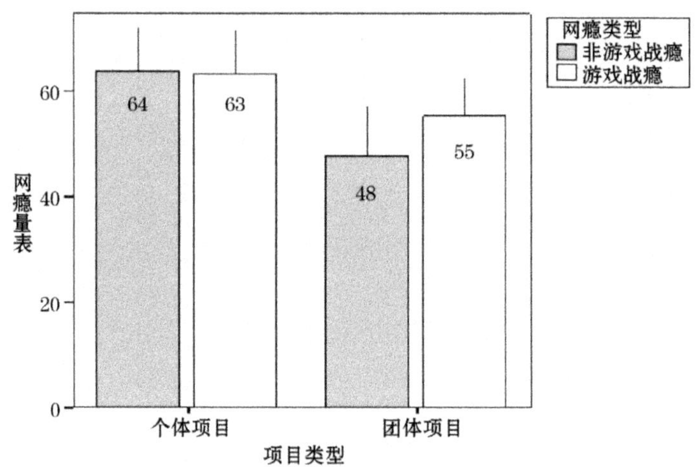

图 4 – 17　不同网瘾类型不同干预项目类型网瘾量表得分

3.2　SCL –90 量表得分结果与分析

从 SCL –90 量表中躯体化因子得分来看，项目类型因素主效应达到显著性水平，网瘾类型因素主效应不显著，项目类型和网瘾类型交互作用不显著。项目类型 2 水平比较来看，非网络游戏成瘾组个体项目干预后和团体项目干预后差异显著（$F = 28.669$，$P < .05$）。网络游戏成瘾组个体项目干预后和团体项目干预后差异显著（$F = 10.128$，$P < .05$）。从图 4 – 18 可见团体项目干预后，非网络游戏成瘾组比网络游戏成瘾组在躯体化因子得分上低，但未见显著性差异。

从 SCL –90 量表强迫症状因子得分来看，项目类型因素主效应达到显著性水平，网瘾类型因素主效应显著，项目类型和网瘾类型交互作用不显著。项目类型 2 水平比较来看，非网络游戏成瘾组个体项目干预后和团体项目干预后差异显著（$F = 29.826$，$P < .05$）。网络游戏成瘾组个体项目干预后和团体项目干预后差异显著（$F = 119.723$，$P < .05$）。从图 4 – 19 可见团体项目干预后，非网络游戏成瘾组与网络游戏成瘾组在强迫症状因子得分上都有显著性变化。

从 SCL –90 量表人际关系紧张因子得分来看，项目类型因素主效应达到显著性水平，网瘾类型因素主效应不显著，项目类型和网瘾类型交互作用不显著。项目类型 2 水平比较来看，非网络游戏成瘾组个体项目干预后和团

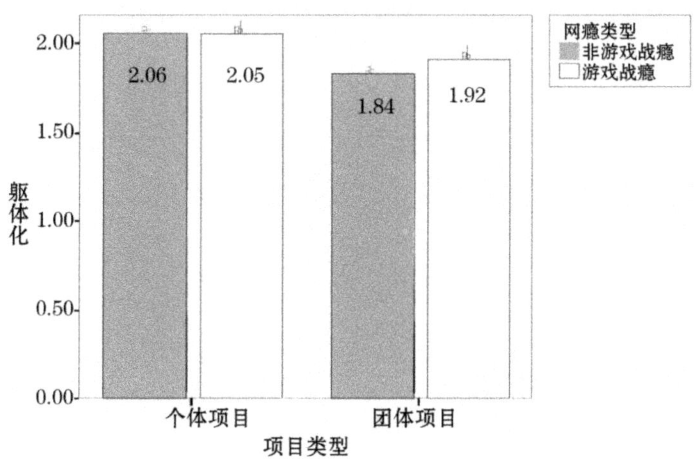

图 4 – 18　不同项目不同网瘾类型被试躯体化因子得分

体项目干预后差异显著（F = 48. 693，P <. 05）。网络游戏成瘾组个体项目干预后和团体项目干预后差异显著（F = 119. 723，P <. 05）。从图 4 – 20 可见团体项目干预后，非网络游戏成瘾组与网络游戏成瘾组在人际关系紧张因子得分上都有显著性变化。

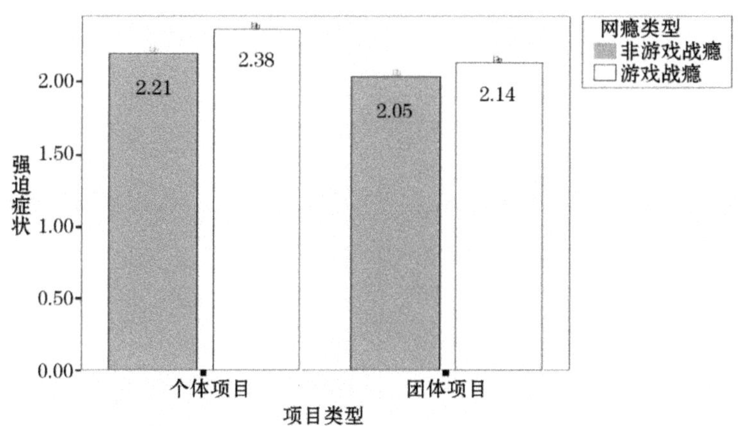

图 4 – 19　不同项目不同网瘾类型被试强迫症状因子得分

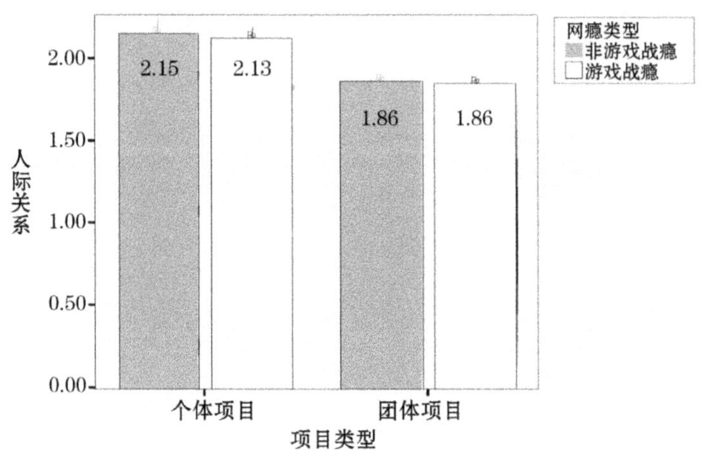

图4 −20　不同项目不同网瘾类型被试人际关系紧张因子得分

从 SCL −90 量表抑郁因子得分来看，项目类型因素主效应达到显著性水平，网瘾类型因素主效应不显著，项目类型和网瘾类型交互作用不显著。项目类型 2 水平比较来看，非网络游戏成瘾组个体项目干预后和团体项目干预后差异显著（F ＝11．701，P ＜．05）。网络游戏成瘾组个体项目干预后和团体项目干预后差异显著（F ＝29．433，P ＜．05）。从图 4 −21 可见团体项目干预后，非网络游戏成瘾组与网络游戏成瘾组在抑郁因子得分上都有显著性变化。

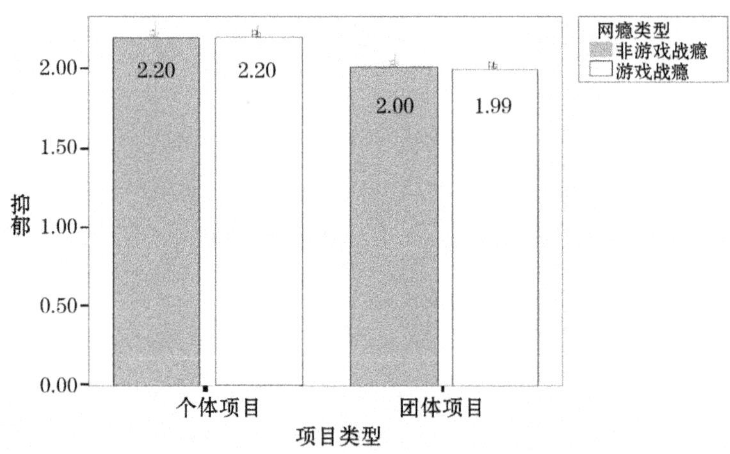

图4 −21　不同项目不同网瘾类型被试抑郁因子得分

从 SCL-90 量表焦虑因子得分来看，项目类型因素主效应达到显著性水平，网瘾类型因素主效应不显著，项目类型和网瘾类型交互作用不显著。项目类型 2 水平比较来看，非网络游戏成瘾组个体项目干预后和团体项目干预后差异显著（F=86.535，P<.05）。网络游戏成瘾组个体项目干预后和团体项目干预后差异显著（F=64.105，P<.05）。从图 4-22 可见团体项目干预后，非网络游戏成瘾组与网络游戏成瘾组在焦虑因子得分上都有显著性变化。

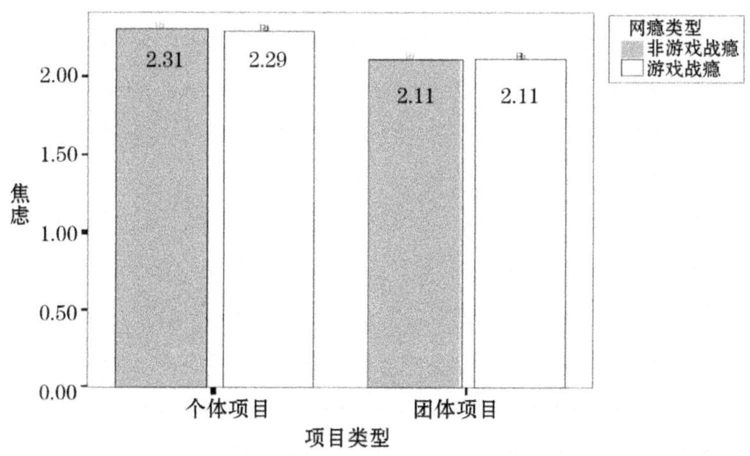

图 4-22　不同项目不同网瘾类型被试焦虑因子得分

从 SCL-90 量表敌对因子得分来看，项目类型因素主效应达到显著性水平，网瘾类型因素主效应不显著，项目类型和网瘾类型交互作用不显著。项目类型 2 水平比较来看，非网络游戏成瘾组个体项目干预后和团体项目干预后差异显著（F=41.479，P<.05）。网络游戏成瘾组个体项目干预后和团体项目干预后差异显著（F=70.015，P<.05）。从图 4-23 可见团体项目干预后，非网络游戏成瘾组与网络游戏成瘾组在敌对因子得分上都有显著性变化。

从 SCL-90 量表恐怖因子得分来看，项目类型因素主效应达到显著性水平，网瘾类型因素主效应不显著，项目类型和网瘾类型交互作用不显著。项目类型 2 水平比较来看，非网络游戏成瘾组个体项目干预后和团体项目干预后差异显著（F=55.873，P<.05）。网络游戏成瘾组个体项目干预后和团体项目干预后差异显著（F=89.927，P<.05）。从图 4-24 可见团体项目干预后，非网络游戏成瘾组与网络游戏成瘾组在恐怖因子得分上都有显著

性变化。

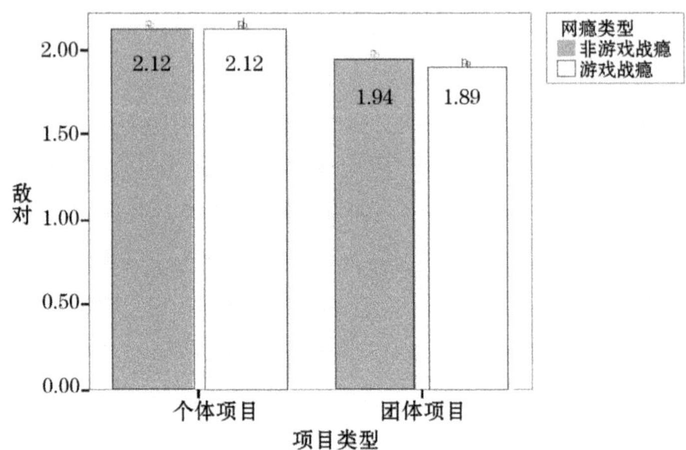

图 4 – 23　不同项目不同网瘾类型被试敌对因子得分

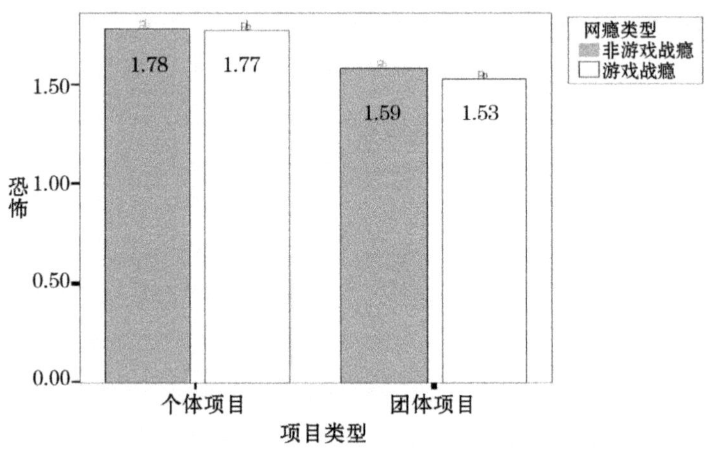

图 4 – 24　不同项目不同网瘾类型被试恐怖因子得分

从 SCL – 90 量表偏执因子得分来看，项目类型因素主效应达到显著性水平，网瘾类型因素主效应不显著，项目类型和网瘾类型交互作用不显著。项目类型 2 水平比较来看，非网络游戏成瘾组个体项目干预后和团体项目干预后差异显著（F = 47.226，P < .05）。网络游戏成瘾组个体项目干预后和团体项目干预后差异显著（F = 57.433，P < .05）。从图 4 – 25 可见团体项目干预后，非网络游戏成瘾组与网络游戏成瘾组在偏执因子得分上都有显著

性变化。

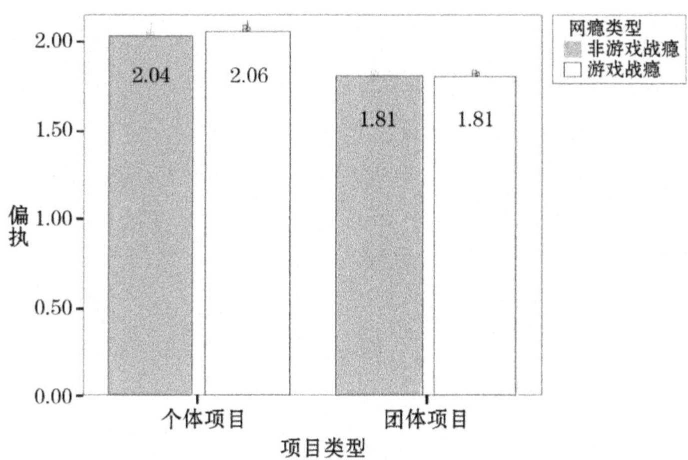

图 4 - 25　不同项目不同网瘾类型被试偏执因子得分

从 SCL - 90 量表精神病性因子得分来看，项目类型因素主效应达到显著性水平，网瘾类型因素主效应不显著，项目类型和网瘾类型交互作用不显著。项目类型 2 水平比较来看，非网络游戏成瘾组个体项目干预后和团体项目干预后差异显著（F = 52.521，P < .05）。网络游戏成瘾组个体项目干预后和团体项目干预后差异显著（F = 42.436，P < .05）。从图 4 - 26 可见团体项目干预后，非网络游戏成瘾组与网络游戏成瘾组在精神病性因子得分上都有显著性变化。

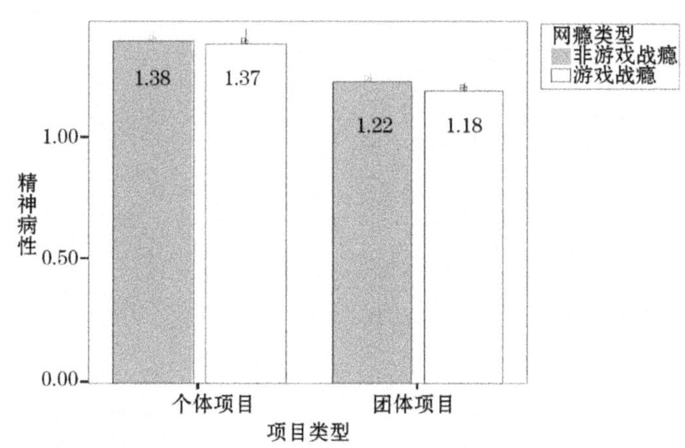

图 4 - 26　不同项目不同网瘾类型被试精神病性因子得分

从 SCL - 90 量表其他因子得分来看，项目类型因素主效应达到显著性水平，网瘾类型因素主效应不显著，项目类型和网瘾类型交互作用不显著。项目类型 2 水平比较来看，非网络游戏成瘾组个体项目干预后和团体项目干预后差异显著（F = 82. 111，P < . 05）。网络游戏成瘾组个体项目干预后和团体项目干预后差异显著（F = 187. 023，P < . 05）。从图 4 - 27 可见团体项目干预后，非网络游戏成瘾组与网络游戏成瘾组在其他因子得分上都有显著性变化。

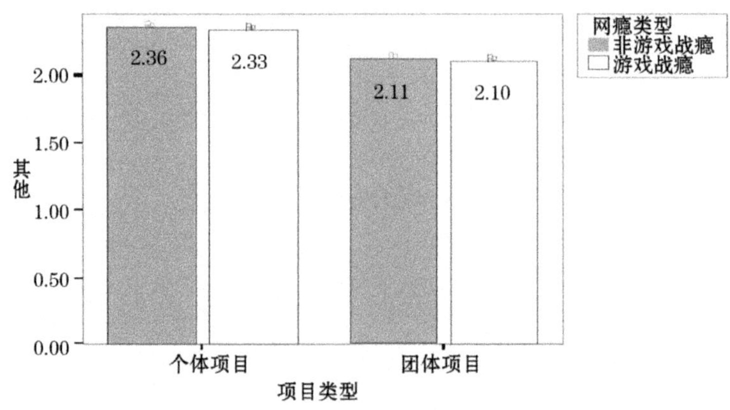

图 4 - 27　不同项目不同网瘾类型被试其他因子得分

3.3　讨　论

网络游戏几乎能吸引每个人的眼球，已经成为现代青少年中广为风靡的一种电子娱乐方式[1]。在这个虚拟的游戏世界中，有一部分人因上瘾而沉迷其中，无法自拔[2]。网络游戏成瘾是一种行为性成瘾，它能使玩家变得暴躁冲动，对其他人或事漠不关心[3]。一些玩家甚至在持续游戏 40、60、90 个

---

①　Chou C，Tsai M J. Gender differences in Taiwan high school students computer game playing［J］. Computers in Human Behavior，2004，23（1）：812 - 824.

②　Shi Q. Why some people are addicted to computer games—an analysis of psychological aspects of game players and games［EB/OL］．［2008 - 04 - 10］．http：//www. ruc. dk /upload/application/pdf/f51d6748/Qingxin_ Shi_ China Paper. pdf.

③　Griffiths M D，Davies M O，Chappell D. Online computer gaming：a comparison of adolescent and adult gamers［J］. Journal of Adolescence，2004，27：87 - 96.

小时后猝死①。Jacobs 指出，如果在青少年问题行为出现的初期没有进行适当的干预或治疗，就有可能产生一系列成瘾行为②。抑制（Prevention），即为避免某种问题行为发生而做出的努力③。一项研究表明，对病理性赌博行为进行认知干预，能积极转变赌博者对赌博行为的认知及态度④。Orford 和 Bnrvold 探讨并提出了抑制性因素的分类框架，即基于理性认知的信息手段（Information Approach）、不断改进的情感教育方法（Affective Education Approach）、基于社会规范的替代性方法（Alternatives Approach）和基于社会强化作用的社会压力方法（Social Pressures Approach）⑤。根据我国学者胥正川的研究结果认为，成就感、人际关系、沉浸感等因素会促成网络游戏成瘾，而兴趣转移、父母监控等因素则会抑制网络游戏成瘾⑥。本研究在锻炼心理学的理论与实证研究成果基础上，采用个体项目和团体项目体育干预对网络游戏成瘾和非网络游戏成瘾被试进行深入研究。个体项目和团体项目的选择兼具考虑到网络成瘾的动机因素和抑制因素。从动机因素考虑，团体项目，尤其是身体对抗项目和户外拓展项目满足了网络游戏成瘾被试的成就感、人家关系和沉浸感等动机需要；从抑制因素考虑，团体项目加入亲子互动和同伴交流情境大大抑制了网络游戏成瘾者症状恶化，发挥了兴趣转移和父母监控的作用。从实验三的结果可以得到验证，经过团体项目干预后网络游戏成瘾与非网络游戏成瘾被试在各因子上都存在组内显著性差异，网瘾类型因素对 SCL - 90 量表得分的主效应不显著。可见，我们在对不同网络成瘾类型被试进行体育干预时可选择相似团体干预项目和内容，这是本实验得到的一个新发现。

---

① Kim V. Video game addicts concern south korean government［EB/OL］.（2006 - 06 - 11）［2008 - 04 - 10］. http：//www. breitbart. com/news/2005/10/06/D8D2BBTO2. html.

② Jacobs D F. Effects on children of parental excesses in gambling［C］. Proceedings of the National Conference on Problem Gambling, Orlando, Florida, 1997：113 - 126.

③ Dickson L M, Derevensky J L, Gupta R. The prevention of gambling problems in youth：a conceptual framework［J］. Journal of Gambling Studies, 2002, 18（2）：97 - 159.

④ Sylvain C, Ladouceur R, Boisvert J M. Cognitive and behavioral treatment of pathological gambling：a controlled study［J］. Journal of Consulting and Clinical Psychology, 1997, 65：727 - 732.

⑤ Bnrvold W H. A meta - analysis of adolescent smoking prevention programs［J］. American Journal of Public Health, 1993, 83（6）：872 - 880.

⑥ 胥正川. 网络游戏成瘾的动机及抑制性因素作用的实证研究［J］. 复旦学报：自然科学版, 2009, 48（3）：308 - 312.

第五章　行动研究结果与反思

　　行动研究（详细见附录一）是本研究的基本方法。通过运用行动研究法，可以弥补量的研究的一些不足。例如，在体育干预过程中，被试在哪些行为上发生了变化，有什么表现？在特定的情境中是如何处理体育干预的实施的？在整个干预过程中，行动者对于被试所发生的行为变化是如何反思的？诸如此类的问题只能借助于行动研究法，通过叙述展示给有关研究者和读者，同时也可以使量的研究与行动研究有机结合、相互检验。由于在本研究中量的研究与行动研究在选题依据、问题提出、抽样设计等方面都是由同一研究问题展开的，在此只进行简要交待。本课题涉及 3 个实验，实验时间因进入网络成瘾治疗中心进行治疗的学员而定，分为 3 个时间段（2008 年 7 月 ~11 月、2009 年 5 月 ~9 月、2009 年 7 月 ~11 月）。选择其中 8 名被研究者，并对其进行体育干预的行为变化做详细记录的考虑主要是：（1）课题涉及实验对象较多，总计 60 余人，选择了其中具有代表性的案例；（2）体育干预对网络成瘾轻度—中度青少年效果较重度理想，在认知和行为变化等方面比较明显，便于清晰描述；（3）由于实验被试接受实验的主动性存在一定的差异、家庭情况的复杂程度不一、记录完整性等方面的原因，课题组考虑选择相对完整、客观、症状更具普遍性的被试进行整理；（4）重度网络成瘾青少年在实验过程中，直到采用团体项目后效果较明显。课题组考虑到个体造成网络成瘾的原因可能还涉及到精神疾病等复杂问题，仍是进一步需要深入研究的问题。

▶ 1　研究设计、计划阶段

　　通过查阅大量的有关网络成瘾、青少年网络游戏成瘾及其干预模式、方法的文献资料，对当前这一领域研究现状有了较深的了解并产生了很大的研究兴趣，这种兴趣来源于研究者自身；对于青少年网络成瘾的教育干预是一个难度非常大的课题，他们的家人，乃至整个社会都在期待着他们早日回归主流社会，课题选择又来源于社会的需求。提出体育干预并不是凭空设想，而是以大量的事实发现和调查研究为前提，从解决问题的需要和设想出发，设想各种有关的知识、理论、方法、技术、条件及其综合，以便加深对问题的认识，掌握解决问题的策略。计划包括研究的总体计划和每一个具体的行动步骤。

1.1　研究总体计划

本研究的问题是青少年网络成瘾的体育干预，属于"意义类"和"情境类"问题。突出反映了质的研究的两个重要长处：对被研究者的意义建构进行研究；在自然情境中进行研究①。关于本研究的个人、实用和科学的目的和意义，研究的背景知识，研究对象的确定等在前面章节中已有深入探讨，在此不作赘述。以下将讨论研究关系、研究方法的选择及研究结果的检测手段等问题。

1.1.1　研究关系

正如韦伯所言，社会"事实"（fact）不能凭借"让事实本身来说话"这种方法而被人所理解。社会事实并非像"事务"（thing）那样凭自身的权力而存在，宛如海滩上的卵石那样等待被人来捡拾。什么东西算作社会现实，这在很大程度上取决于我们用来打量世界的精神眼睛（帕金，1987）。质的研究特别强调通过研究者本人与研究对象之间的互动而获得对研究对象的理解。因此，研究者个人在从事研究时所反映出来的主体意识对研究的设计、实施和结果都会产生十分重要的影响。对研究者的主体性进行反省不仅可以使研究者更加"客观"地审视自己的"主观性"，了解"主体"与"客体"之间的"主体间性"，而且可以为研究结果的可靠性提供一定的评价标准和"事实"依据。

1.1.2　选择研究方法

本研究的主旨是改变或改善现有青少年网络成瘾的干预方法，基于实际需要采用行动研究法。从实际操作的层面来看，主要包括进入现场的方式、收集资料的方法、建构理论的方式、研究结果的成文方式等问题。

1.1.3　进入现场的方式

所谓"进入研究现场"至少可以指两种不同的行动：研究者与被研究者取得联系，征求对方是否愿意参加研究；研究者置身于研究现场，在与被

---

① 陈向明．质的研究方法与社会科学研究［M］．北京：教育科学出版社，2003：149.

研究者一起共同生活和实验的同时与被研究者的家长及教师协商从事研究的可能性①。而根据本研究的具体情况，选择了第二种进入研究现场的方式。首先，通过网络搜索和对山西团省委、太原市教育局等单位的走访，找到了一所民办的网络成瘾戒除中心。然后，对该校的领导及有关教师进行数次的谈话。主要目的是通过面谈增进校方对课题组的了解，使其产生信任之感，以便了解该校网络成瘾青少年的总体情况、教学状况等。然后，将网络成瘾相关知识、最新研究动态及通过本实验研究可能带来的社会效益与校方作了深入交流，使其感到本研究的价值。第三，在校方的支持和帮助下，与家长及教师进行交流并顺利征得同意。第四，进入研究现场，进行非参与性和参与性的观察，搜集整个实验过程的资料。

1.1.4　收集资料的方法

1.1.4.1　访谈法

由于本研究结合了质的研究和量的研究，在前面的实验研究部分已交待了体育干预的实验效果。访谈法的运用，主要是为了通过对家长及教师的访谈，更进一步研究体育干预的效果体现在被研究者日常生活的哪些方面、家长与教师有哪些反馈意见和建议等，从而为下一阶段的研究计划提供依据。采取的方式是在每周一、周五及周末体育干预的时间里进行，以"倾听"为主，问题为开放性问题。

1.1.4.2　观察法

主要分为非参与性观察和参与性观察。在实验前，本研究采用非参与性观察的方法了解、掌握被研究者的基本情况及参加实验的可能性；实验开始后，则采用参与性的观察方法搜集资料。前一阶段采用非参与性观察的原因是采用这种方法能够较客观地作为旁观者的身份了解被研究者，获得的资料是被研究者真实的基线水平，保持了原有的干预方法使其不受到影响。后一阶段采用参与性观察，出于实验研究客观需要，同时有利于课题组及时调整体育干预的实施计划、总结与反思。观察记录的方式是每周给被研究者家长写一周来的行为变化，采用这样的形式以便于家长检验被研究者的行为进步，从某种程度上检测了本研究的效度。同时也更有利于家长与本人的密切合作与相互信任。

1.1.4.3　实物分析法

本研究运用实物分析法进一步检验了体育干预的效果。实物资料主要有

---

① 罗炜．校本教研教师行动研究案例［M］．北京：首都师范大学出版社，2005：73.

被研究者网络使用行为记录表、教育日记、教师写给家长的备忘录、照片、录像影音资料等。通过这些资料的分析，能够更加直观地感受到被研究者的变化和进步。行动研究行文主要采用被研究者网络使用行为记录表、教育日记和教师写给家长的备忘录的具体内容进行归纳、整理。其中被研究者网络使用行为观察表主要包括以下条目：（1）今天情绪不好的记录；（2）今天思想矛盾的次数；（3）今天想上网的冲动发生记录；（4）今天向老师或家长申请上网的记录；（5）今天上网的时间累积记录；（6）今天收到的代币枚数；（7）今天违反的训练契约记录；（8）今天主动找老师或同伴谈心的记录等。数据整理的方法是要求被研究者每天记录条目发生的次数，以周为单位求和并除以 7 得出该周每天平均数。最后汇总 12 周周内每天发生次数绘制图表。

1.1.5　研究结果成文方式

本研究结果成文采用情境型与类属型相结合的方式。采用这种结合方式的好处在于：首先，可以比较生动、详细地描述被研究者行为产生时的场景；第二，可以表现被研究者及研究者的情感反应和思想变化过程；第三，可以揭示行为变化之间的衔接关系；第四，可以将本人的自我反省及时地揉入对研究结果和过程的报告中；第五，可以比较有重点地呈现研究结果，逻辑关系比较清楚，层次比较分明；第六，符合一般学术研究将事物进行分类的思维模式。

1.1.6　研究结果的检测手段

1.1.6.1　讨论效度问题

本研究采用相关检验法、反馈法、比较法将体育干预对被研究者所起到的效果每周记录在与家长交流反馈的备忘录中，家长和教师可以根据备忘录中所记录的被研究者的情况进行检验。同时，课题组在研究过程中不断地收集照片、录像等实物资料进行检验。通过与家长的交流发现，被研究者的邻居及亲戚朋友对其的进步也有感受，从另一个侧面检验了体育干预的效果。以上检验方法结合权威量表的检测报告，从量的研究角度和质的研究角度共同说明了体育干预的效果是明显的。

1.1.6.2　讨论信度问题

就质的研究本身而言，不强调证实事物，不认为事物能够以完全同样的方式重复发生。因此，目前大多数研究者基本上达成了一个共识，即在质的研究中不讨论信度问题①。行动研究法是质的研究的一个发展趋向，在信度问题的问题上观点一致。

1.1.6.3　讨论推论问题

本研究采用了目的性抽样的原则，研究结果很难在量的研究的意义上进行"推论"（generalization）——推论到抽样总体。但本研究结合了实验研究，有一定的特殊性，虽然样本较小，但是由于网络成瘾症状并不存在国内地域差异，在获得认同性的前提下可以推广到有相似特征的个体。

1.1.6.4　讨论伦理道德问题

本研究的研究对象是问题青少年，所以伦理道德问题是一个很重要的问题，始终贯穿在整个研究过程中。整个研究在征得校方同意和家长配合的前提下开始。在整个研究过程中，为保护被研究者隐私权，公开论文发表都使用化名或拼音首字母。在实验进行之初，与校方达成协议，在顺利完成整个实验过程后同意研究成果的共享。对于被研究者家长的密切配合，给予充分肯定与小礼物的赠送，表示感激。对于没有参加体育干预的对照组被试，深表歉意，希望能与其家长交流，共同参与到体育干预的行列中来。

1.2　具体行动安排

具体行动是对总体设计的操作化、具体化，也是研究过程中重要的环节。每一步的行动既是预先安排好的，又是灵活多样的，随着研究情境的变化而变化。根据上一个行动的反馈信息进行反思和及时调整，提出下一个行动的计划。依次循环往复。鉴于本研究具体问题，行动研究法主要集中体现在体育干预的效果检验及被试行为变化的叙述。

2　行动研究阶段及反思

2.1　第一阶段行动

在第一阶段体育干预进行的 4 个月（2008 年 7 月 ~ 11 月）中，课题组每半月对被试家长及心理老师进行回访，从回访记录材料中抽取"本土语言"和主要特征动态描述 3 名被试前后认知和行为变化。为达到研究伦理学要求，本研究以被试姓名首字母（DLL、WP、ZJ）代替。被研究者体育

---

① Wittgenstein, L. (1953). Philosophical Investigations. New York: Macmillian Company.

干预过程中认知与行为动态变化从情绪、认知、耐受性、强迫性、退隐反映、生理不适和心理变化等维度进行分析。这一阶段被研究者来自实验设计一的被试，体育干预方案主要以专项体育运动为主。

　　DLL 体育干预结果与分析见表 5 - 1。

表 5 - 1　DLL 体育干预期间网瘾程度变化

	7/10 ~ 8/10	8/11 ~ 9/10	9/11 ~ 10/10	10/11 ~ 11/10
情绪	易暴躁，和家长常发生冲突，实验中经常不合作	当众人面指责妈妈精神病，参加体育干预显得勉强	在亲子互动项目中偶有生气，但在网球练习中表现很兴奋	情绪比较平和，活动中基本上看不到不愉快的事情发生
认知	网瘾和酗酒没有什么区别，将来会改变的	目前状况不太好，可是没有办法，自己确实难控制	有时网络游戏也有不如网球的地方，网球打完后感觉特轻松，和玩完游戏不一样	自己希望尽量能用打网球来逐渐减少上网打游戏，请求课题组老师给他找个网球专业教练培训他
耐受性	每周上网 60 小时，有时半夜偷偷溜到网吧	和家长约定只在家上网，但还是有一次偷跑出去	玩游戏时间少多了，爸爸送他一只品牌网球拍	每周平均上网 20 小时，基本可以在规定时间下网
强迫性	不让上网还有什么意思，只要有可能就一定要上	家长采用代币手段稍有缓解，但急躁，撕东西	自我控制有时会失败，偶尔也超时玩游戏	不上网难受的时候，会犹豫，能控制以运动代替上网
退瘾反应	把家里东西都砸了，妈妈被他误伤	情绪低落，看着电脑流眼泪，经常叫喊	在规定时间内，有时会想，不过有时也想去做户外运动，感觉自己还不错	基本保持良好状态，但不能在不上网的时候与家长谈及上网，否则会生气
生理不适	背有点驼，做了视网膜脱落手术	有时失眠，没有食欲	驼背现象有很大改观，失眠也少多了	饮食、睡眠均已正常

续　表

	7/10～8/10	8/11～9/10	9/11～10/10	10/11～11/10
心理变化	什么事情都无所谓，学习成绩一落千丈，对家人冷若冰霜	没精打采，自己陈述为抑郁，家长很担心	有一次在学校和同学打网球，感觉很自信，回家后和家长讲了这件事	有一次问父亲网瘾真的是病吗，经常和同学短信聊天

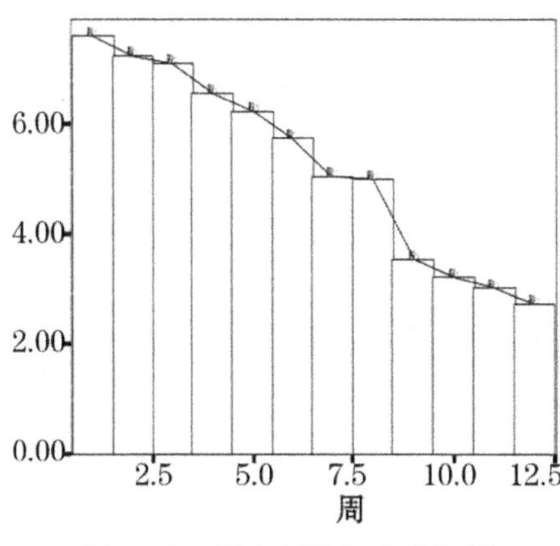

图 5-1　DLL 周情绪变化记录

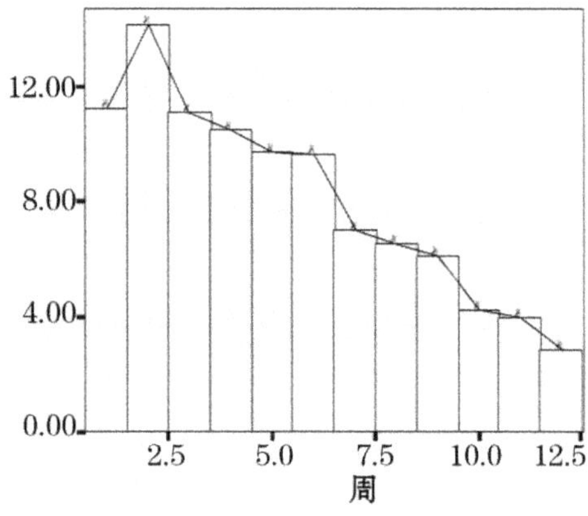

图 5-2　DLL 周思想变化记录

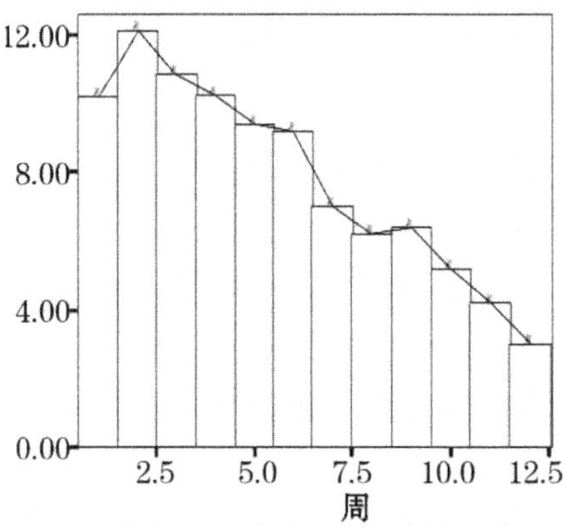

图 5-3　DLL 周上网冲动记录

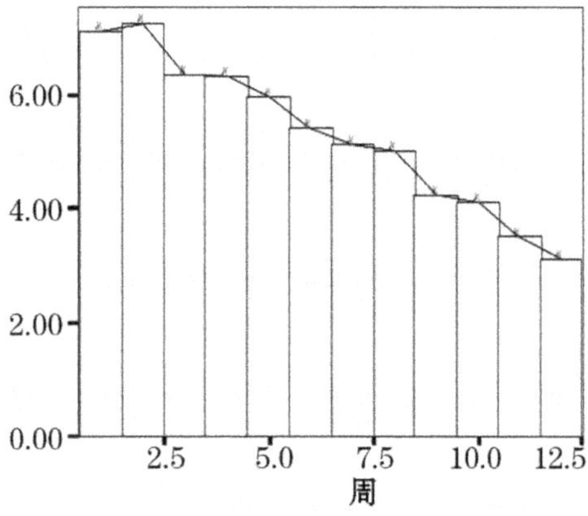

图 5-4　DLL 周申请上网记录

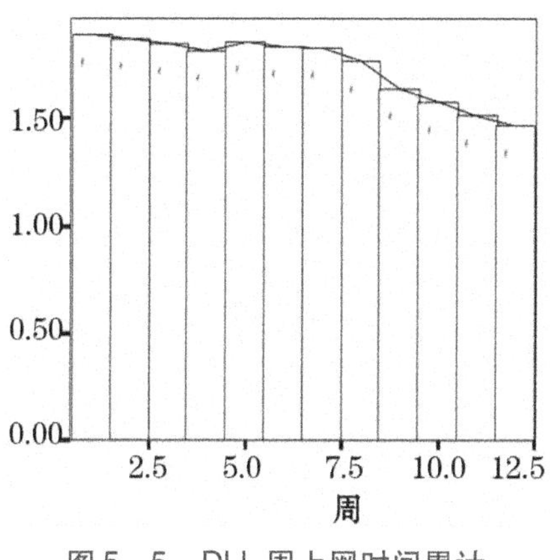

图 5-5　DLL 周上网时间累计

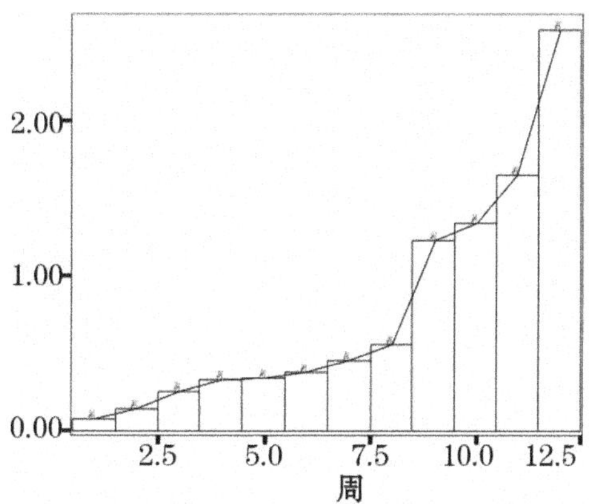

图 5-6　DLL 周代币枚数记录

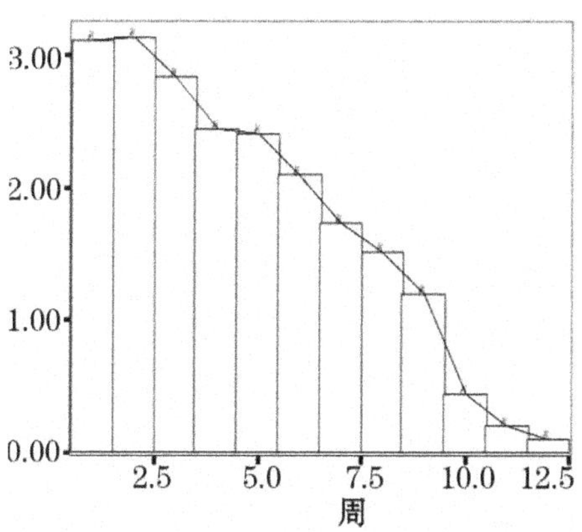

图 5-7　DLL 周违反契约记录

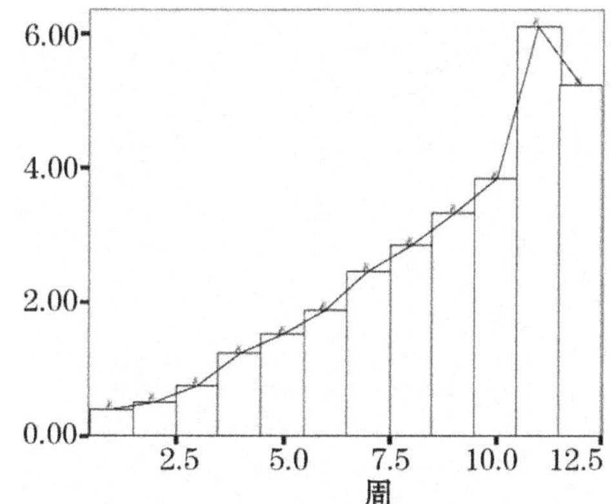

图 5-8　DLL 周主动交流记录

　　DLL 是第一阶段行动中网络成瘾程度最严重的一个孩子，用陈淑惠中文成瘾量表测得其得分为 75 分。据他的家长讲，他几乎是在一周内就完全沉溺在网络游戏之中了。初中二年级以前一直在班里成绩中上，自网络成瘾以来，成绩一落千丈，几次考试都是倒数几名。初三年级功课很紧张，但他却只顾拼杀在网络游戏场上。好几次家长零晨两三点在网吧四处寻找他，有时逃学，欺骗家长。家长回忆说："孩子小的时候其实是很乖巧的，从不撒谎。出去玩总是每隔半小时就回来一下，告诉我们他在哪里，在干什么。现在不知为什么，这个网络游戏这么可怕，简直让他像着了魔一样，是不是中邪了？"经过 4 个月的体育干预行动，他的认知、情绪、行为有了很大的变化。虽然在行动早期因家长的不慎导致他对体育干预反感，认为是在给他治病，但经过课题组老师与他沟通，逐渐减消了抵触心理。值得一提的是，行动中其家长始终坚持共同行动，学习青少年心理特征并用心去理解被试。被试对课题组老师说他很感动家长为他能这样做。在最后 1 个月里，被试作为积极改变者参与行动研究。行动者和研究者的共同努力促成了被试的变化，虽然被试在体育干预完成时还有一些网络依赖表现，但被试个人很自信，承诺一定要补上落下的功课，好好练网球，尽快正确面对网络。通过这个案例我们感到，被试从内心里并不认为网络游戏是他生活的唯一，只是网络游戏太刺激了，现实生活中根本找不到这种感受。每次过度玩过之后也很后悔，提醒自己再玩一段时间就不玩了，在中考前狠狠冲刺一下。从 DLL 网络使用行为观察记录来看，他的情绪、上网思想矛盾、上网冲动、申请上网次数、违反干预契约等条目的记录尽管有暂时波动，但总体有明显的向好趋势。周上网时间累计下降缓慢的原因是干预过程中，要求每周二、四、六可上网，最多不超过 2 小时。一开始，DLL 总是在干预老师掐网时才能离开。在主动交流条目上的变化比较明显，得到老师和家长的满意。干预过程中，DLL 获得的代币数目稳步上升，情绪表现稳定，对干预比较配合。

　　WP 体育干预结果与分析见表 5 - 2。

表 5 - 2　WP 体育干预期间网瘾程度变化

	7/10 ~ 8/10	8/11 ~ 9/10	9/11 ~ 10/10	10/11 ~ 11/10
情绪	易激怒，和家长不正面接触，实验初期不合作	对私人话题保持沉默，有时很理智，有时很冲动，有时听而不闻，百无聊赖	在同伴互动项目中表现突出，心情开朗兴奋，偶尔与家长做非肢体接触活动	情绪比较平和，稳定，活动中主动性强，与家长进行程序性沟通
认知	要努力独立生活，尤其是妈妈对于他来讲，想起来就觉得恶心，玩游戏也是赚钱，省点也够花	并不是离不开网络，只是网络游戏既可以赚钱又好玩，目前不想改变，但将来一定能放手	父母有他们的难处也能理解，可以一起生活但不一定要说话，各管各的，互不干涉挺好	喜欢的事情有很多，最喜欢 NBA，我的头型就是模仿我偶像的，像个毛绒球

续　表

	7/10 ~ 8/10	8/11 ~ 9/10	9/11 ~ 10/10	10/11 ~ 11/10
耐受性	每周上网 50 小时以上，半夜醒了接着玩	连续 3 天不上网，没有发生不良情绪	玩游戏累了，就找同伴去打打篮球，也特有意思	每天晚上在附近公园玩轮滑，准备组织一个组合
强迫性	上网玩游戏打发时间，弄了这个头型学校让停课，反正上了大学也没工作	如果不能玩网络游戏，我也能活下去，不过有可能我还是首选玩游戏	有时玩游戏不顺心的时候也想出去走走，去野外生存一天	玩网络游戏的时间比以前少多了，筹备轮滑组合很忙
退瘾反应	家长把网线掐断后一连 3 天睡觉，情绪稍有波动但不存在问题表现	告诉老师自己很想得开，不可能过分依赖什么，一切都要随变化而定	要迅速找到一个自己满意的活动，干什么都可以挣钱，当教练也挺好	想好好的学一下轮滑，既时尚又自由，还可以带队挣钱
生理变化	厌食，每天吃碗面和锅巴，消瘦，长了很多青春痘	有时失眠，或者经常做玩游戏的梦，比真的玩还过瘾	失眠现象少多了，有时想去没有人的山谷里玩	饮食、睡眠比较正常
心理变化	自己命不好，有这样不可理喻的家长，很悲观，没前途	有时为了通风开开自己房间的门，偶尔也在家里大声唱歌	自己的问题有的也得解决，毕竟将来会不一样的过，我肯定要搏一搏	妈妈第一次道歉，一家人进行了一次长达两小时的沟通，虽然最终不欢而散

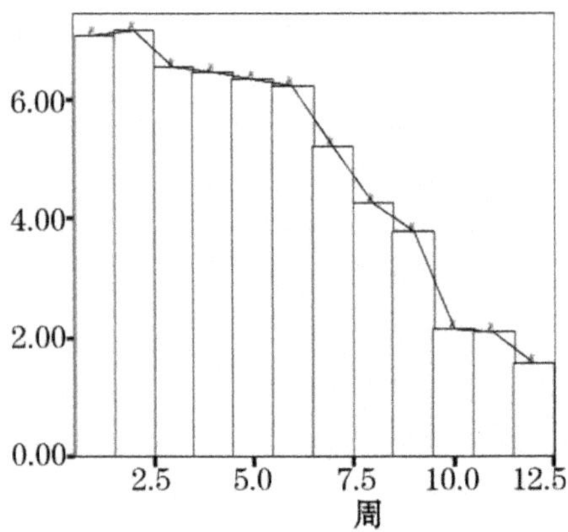

图 5－9　WP 周情绪变化记录

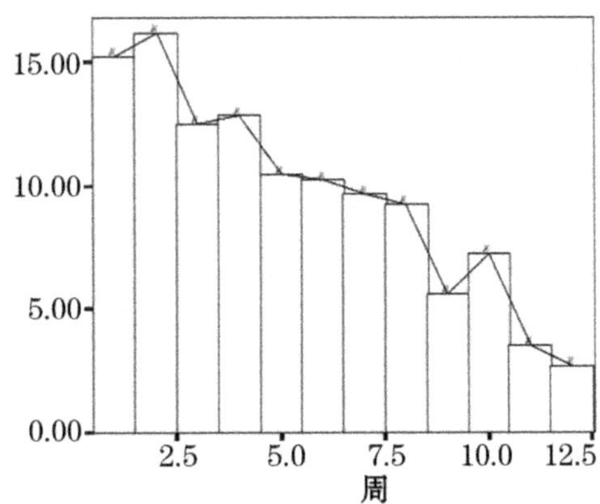

图 5－10　WP 周思想变化记录

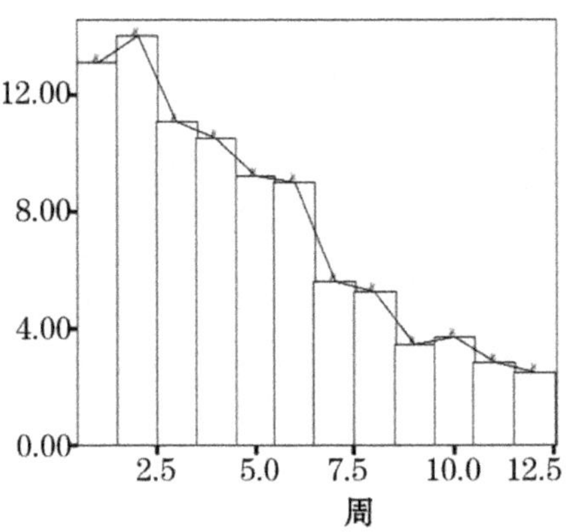

图 5－11　WP 周上网冲动记录

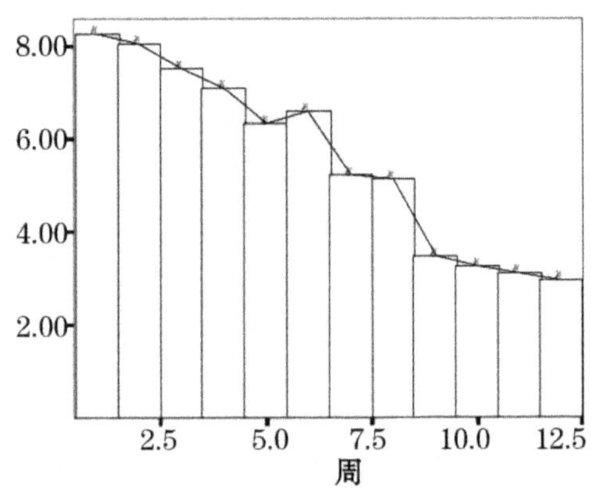

图 5－12　WP 周申请上网记录

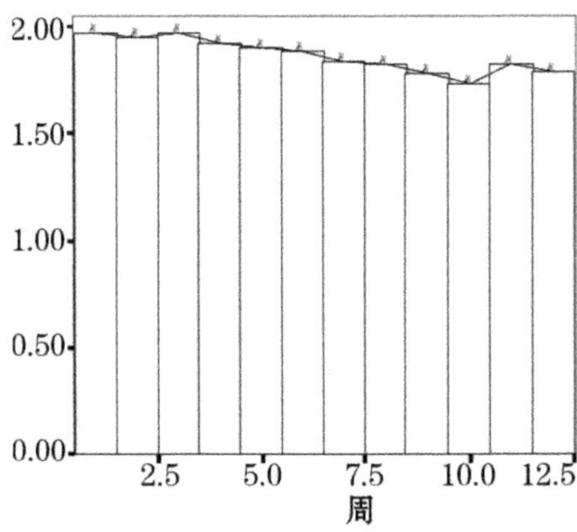

图 5－13　WP 周上网时间累计

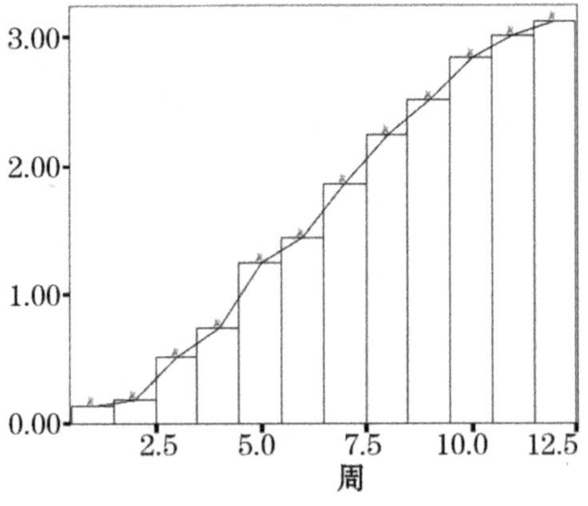

图 5－14　WP 周代币枚数记录

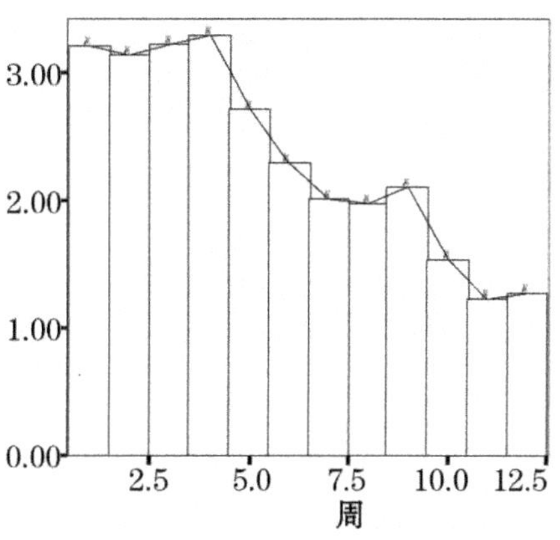

图 5-15　WP 周违反契约记录

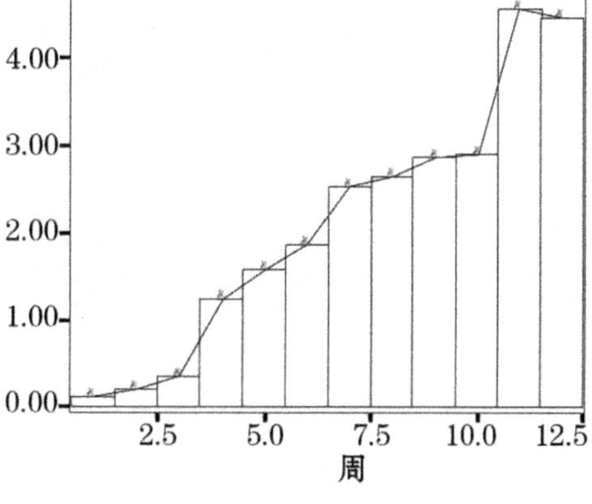

图 5-16　WP 周主动交流记录

　　从整个与被试 WP 沟通的过程中，研究者认为他是一个很典型的案例。从网瘾量表测得 68 分的高分，但是被试象很多网瘾孩子一样，虽然上网行为对生活、学习、交往等方面造成了严重的负面影响，但其无度上网是有深刻家庭原因的。在青少年期，很多孩子其实有了比较正确、积极的是非观念，被试就是这样的一个孩子。15 岁，一年前成绩一直都很好，保持全年级前十名。在迷上网络游戏之前家长尤其是妈妈为了更督促他进步，采用施压手段，经常唠叨、训斥，他也能够置之不理，保持学习状态。但终于有一天，班上同学嘲笑他挨打后不敢还手，并以刀子暗示他应该还击。于是，他拿起刀子捅了同学一刀酿成大错，妈妈于是开始了"轰炸式"喋喋不休的训斥。为了逃避"灾难"，他选择了沉默，选择了网络游戏，而且一发而不可收拾，直至退学。被试的心理变化是内因，如果遭遇不良的偶发外因就可能造成始料未及的严重后果，这一点不能不引起深思。因此，亲子必须同时走进体育干预行动中，相互之间的沟通障碍才有可能排除。仅仅依靠任何一方的改变都是不现实的，也是徒劳无功的。虽然整个行动过程比较艰难，效果也并不是很理想，毕竟出现一次双方慎重考虑之后的长谈。从各周天平均行为记录表资料来看，WP 情绪变化、思想矛盾变化、上网冲动、申请上网等条目变化较好。次数在逐渐降低，强度也在弱化过程中，但是在变化过程中我们也可以看到他的矛盾心理，有微小扰动出现。由于家庭关系的影响和个性特征比较内向，主动性不是很理想，一直到体育干预后期有了突然性的变化，不过状态保持良好。

　　ZJ 体育干预结果与分析见表 5-3。

表 5-3　ZJ 体育干预期间网瘾程度变化

	7/10 ~ 8/10	8/11 ~ 9/10	9/11 ~ 10/10	10/11 ~ 11/10
情绪	常感到情绪低落，有时用刀子划门，谈到自己认可或敏感问题时就低头不语	偶尔吸烟，高兴时想召集同伴聚集吸烟，但很矛盾，情绪比较稳定	和实验期间认识的异校朋友相处很融洽，每次见面进行拥抱	自述来做干预心情特好，回家后会想一阵子，微笑经常可以出现在他的脸上
认知	认为自己有瘾，但是如果老师和家长不让我上，我也能克制，知道不好，不过还是很想，影响别的事	想让自己多点别的爱好，不知道该怎么做，学习并不一定是唯一的出路	提出转学的要求，承诺之后肯定好好学习	得知转学的真正原因后，向课题组老师倾诉了内心的苦闷，决心尝试努力学习
耐受性	每天上网 5、6 小时，由于各种原因不能更多上网，否则想上更长时间	晚自习基本不逃了，每天上网保持在 2~3 小时	家长反映进步很快，每天晚上按时回家后学习几十分钟	和父亲约定每周上两次，表现基本达到家长满意
强迫性	不上网玩游戏就拒绝交流，中午顾不上吃饭就到网吧	家长找到网吧，提醒后和朋友能主动离开并回家	自我评价自己做的努力还挺令他满意，认为自己还不错	每周末两天上两次，每次时间 3 小时以内，可以较好控制
退瘾反应	课堂上发呆，手机聊 qq，被老师抓到好几次，在家里独处一室不理睬家长	显得很无聊，并不会产生严重的问题	增进了与同学的交往，学习成绩有所提高，上网玩游戏的念头一闪而过	喜欢运动，觉得很有意思，能想通好多问题，理解意识有所提高
生理不适	偏胖，上网时不正常吃饭，只食用可乐和油炸零食，近视程度加深，头疼	饮食、睡眠正常，基本没有不良情况	坚持锻炼，体型已基本正常，其他各项保持较好状态	各项问题基本消失，家长很满意

续　表

	7/10 ~ 8/10	8/11 ~ 9/10	9/11 ~ 10/10	10/11 ~ 11/10
心理变化	认为应向成功的人学，可没法学，觉得自己应该不是凡人，可也很迷茫	成功需要付出比常人多的代价，怀疑自己能否承受得了	特别喜欢大汗淋漓过后的感觉，觉得特轻松，好像能不想好多事情	想好好学习拓展活动，培养更多兴趣

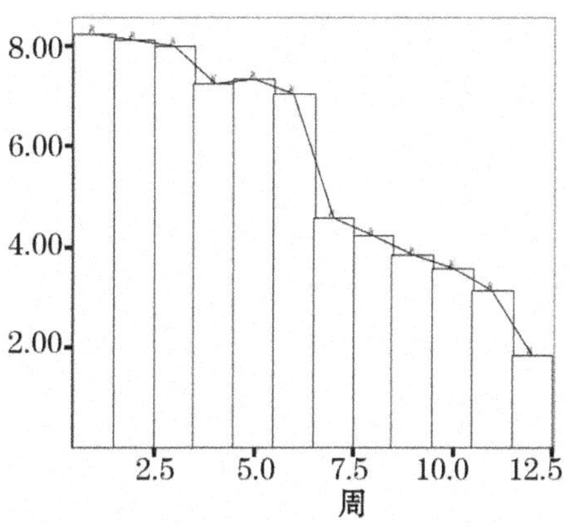

图 5 - 17　ZJ 周情绪变化记录

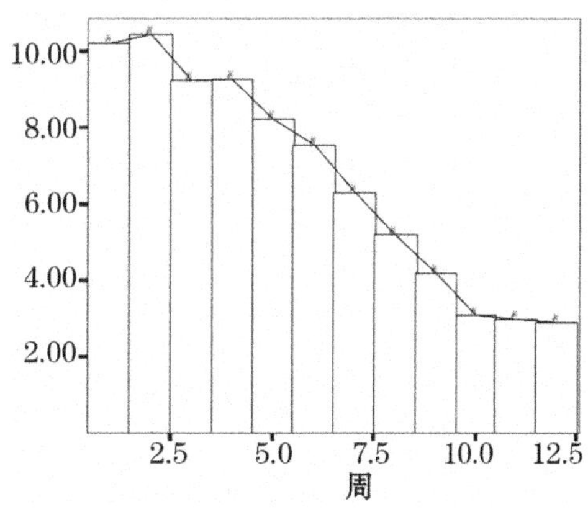

图 5 - 18　ZJ 周思想变化记录

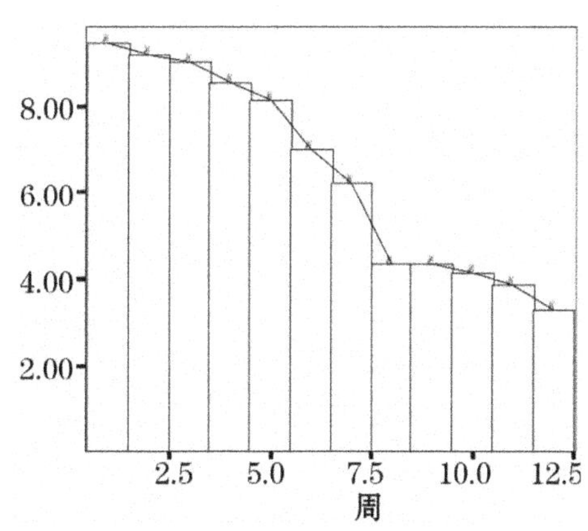

图 5 - 19　ZJ 周上网冲动记录

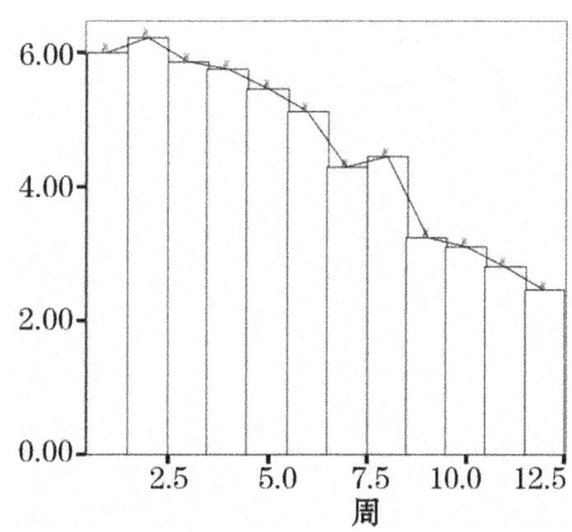

图 5 - 20　ZJ 周申请上网记录

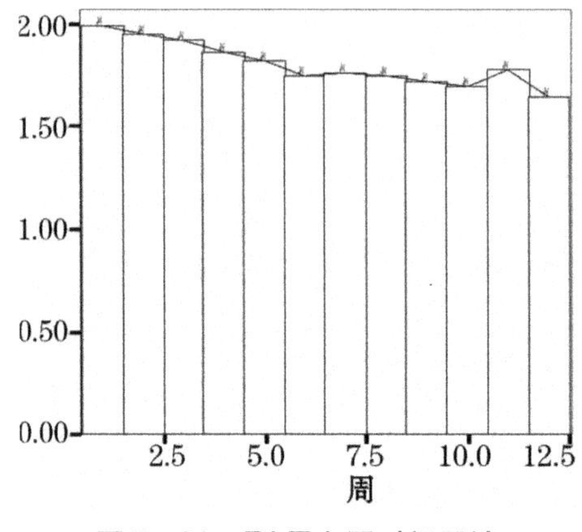

图 5-21　ZJ 周上网时间累计

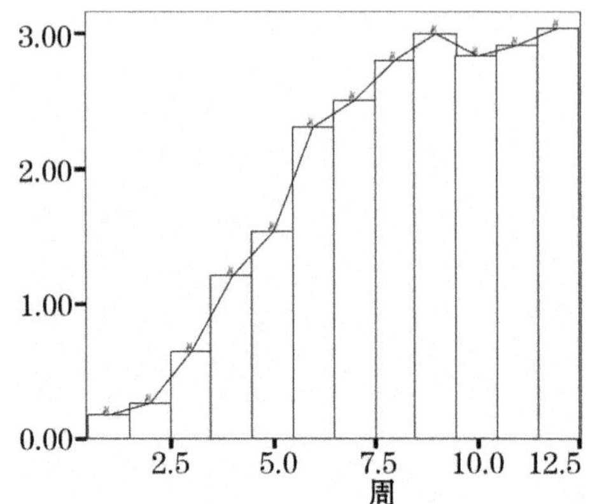

图 5-22　ZJ 周代币枚数记录

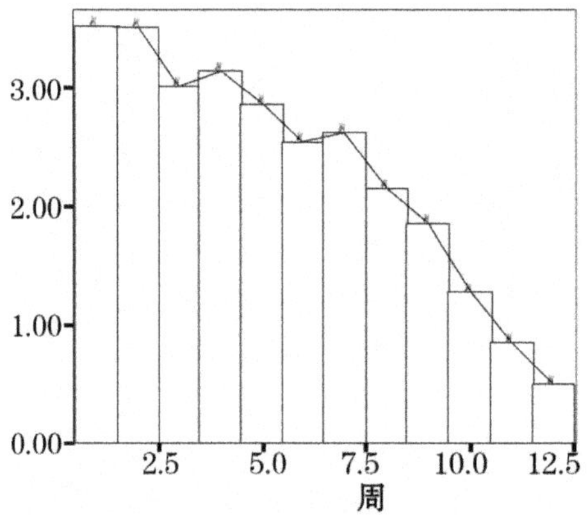

图 5-23　ZJ 周违反契约记录

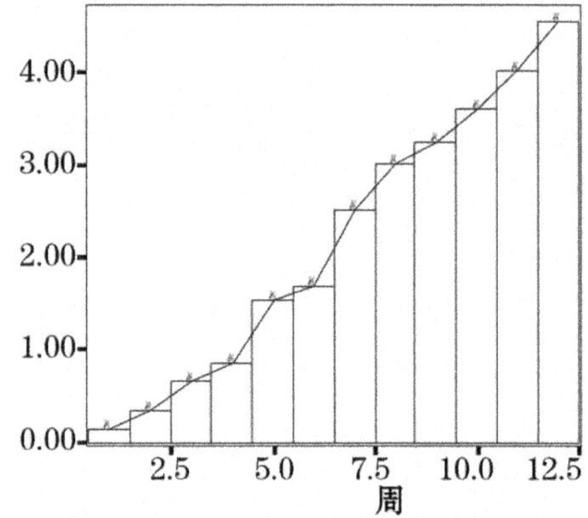

图 5-24　ZJ 周主动交流记录

ZJ 是一个很腼腆的男孩子，17 岁，高二年级。从小和妈妈一起生活，爸爸经常在外做生意，少则几天不在家，多则一两个月不在家。妈妈性格温良，对被试悉心照料，一直到初中阶段都很令家长满意。上中学后突然几乎在 1 个月的时间里变得内向，不怎么说话。妈妈很苦恼，儿子越来越疏远她，爸爸很不解，这么拼命挣钱不就是为了他吗？他为什么变成这样，好像不是家里的人。而后，被试开始迷恋网络游戏，但其网瘾量表得分只有 51 分。针对家长和被试陈述的个人资料信息以及课题组对被试的了解和沟通情况，制定了家长参与方案。经过体育干预行动后，被试逐渐改变了以前消极、被动的情绪和认知。在行动过程中，父亲为了孩子，不间断地陪伴了 4 个月的活动，父子间培养了很深的情感。父亲从中明白了孩子的突然变化其实是因为自己的疏忽，没有觉察到孩子已经长成"小伙子"，他开始渴求爸爸的关爱，想和爸爸谈谈属于男子汉的话题，然而妈妈是不可能代替这一角色的。被试在行动结束时成绩已有很大提高，家长给他找了辅导老师，希望能够尽快把落下的功课补上。JZ 情绪变化、上网冲动等条目变化迅速，后能保持稳定状态，得到自己的认可。经过体育干预后，他的行为也发生了较大的改变，能和家人尤其是父亲和睦相处，主动交流的机会也大大增加。虽然在体育干预起初，有与老师、同伴的抵触和不合作，但总体情况来看，运动对于他心境的改变和情绪的稳定起到了很好的作用。在这个基础上，对于上网和替代行为的认知出现了好的变化，再加上父亲对他真诚的付出和鼓励，JZ 可以在自制力的作用下逐渐养成健康的上网习惯。

2.2　第二阶段行动

在第二阶段体育干预进行的 4 个月（2009 年 5 月 ~ 9 月）中，课题组每半月对被试家长及心理老师进行回访，从回访记录材料中抽取"本土语言"和主要特征动态描述 3 名被试前后认知和行为变化。为达到研究伦理学要求，本研究以被试姓名首字母（LDD、ZZD、JXY）代替。被研究者体育干预过程中认知与行为动态变化从情绪、认知、耐受性、强迫性、退瘾反应、生理不适和心理变化等维度进行分析。第二阶段行动被研究者均来自实验设计二的被试，期间的体育干预项目包括个体项目和团体项目。

LDD 体育干预结果与分析见表 5 - 4。

表 5 - 4　LDD 体育干预期间网瘾程度变化

	5/15 ~ 6/15	6/16 ~ 7/15	7/16 ~ 8/15	8/16 ~ 9/15
情绪	与同学关系冷漠，在家里常摔门、砸门，但言语很少	与做干预的老师关系较好，在引导下能说出一些心情不好的原因	在亲子互动项目中偶有生气，但在游泳时比较兴奋，自己设定时间目标	情绪比较稳定，活动中积极主动，活动之后常说不想离开

续　表

	5/15～6/15	6/16～7/15	7/16～8/15	8/16～9/15
认知	上网也是没有办法，学习成绩也一般，爸妈每天说我无用不争气	没有学习目标，感觉上网比学习简单多了，上网玩游戏就算失败了，也比考试结果来得快	一直很喜欢游泳，现在又有体育老师帮忙指导，想以后考体育院校	有了练习游泳的目标，我肯定能慢慢改掉
耐受性	每周上网 50 小时，有时半夜偷偷溜到网吧	进行干预的时候可以不上网，一上英语课就念念不忘想去上网	玩游戏时间少多了，在某大学游泳馆办了长期会员卡	每天最多上 3 个小时，玩游戏时可能控制力还差点
强迫性	不上网心里烦躁，尤其是上英语课简直无法忍受，只要有可能就一定要上	感觉有点别的考学方法和目标，不上网自己能把握住自己	强迫上网现在基本上没有了，就是难以应付家庭作业的时候很想去上网	我其实不算很上瘾，只要有事做，有个人提醒我，我还是可以不上的
退瘾反应	在家里东西踹门，用小锤子把门和墙上砸的到处都是小眼	情绪有点低落，但大多时候觉得干预老师说得很有道理，想照他说的做	在规定时间内，有时会想，现在替代上网的方法只有出去运动，出满身的汗	能保持良好状态，希望自己能继续坚持下去
生理不适	眼睛总是眯着，喜欢暗点的环境	上英语课就瞌睡，有时不让上网闲着就昏昏沉沉	就喜欢累得不行了睡一大觉的感觉，特爽	身体状况挺好的，以前睡不着的时候头疼心烦，现在老训练出去玩，很累
心理变化	反正是考不上好高中，大学估计也不太可能，上网总能缓解缓解情绪	其实我就觉得我不知道该干什么才上网，我要知道，我就不会光想着上网	变化很大，经常在路上走着，手和口经常在比划游泳的动作	在家里经常谈起自己训练的事情，和干预老师聊考体育院校的事情

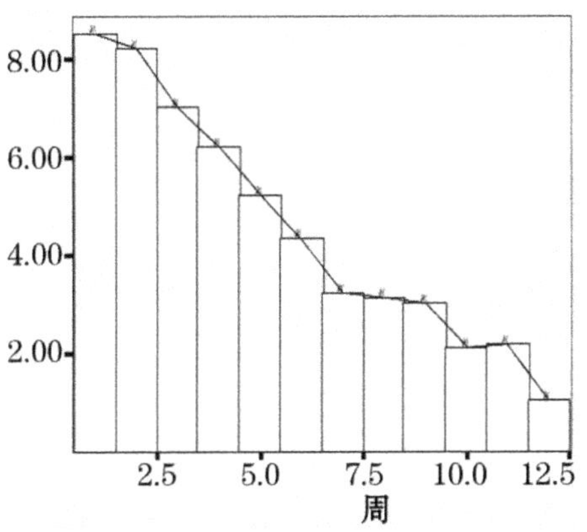

图 5-25　LDD 周情绪变化记录

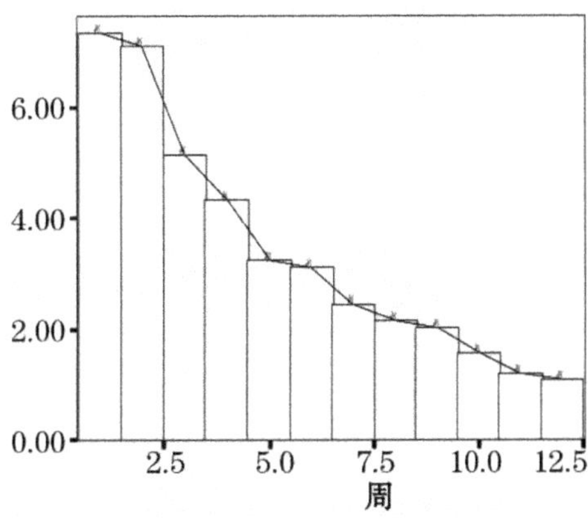

图 5-26　LDD 周思想变化记录

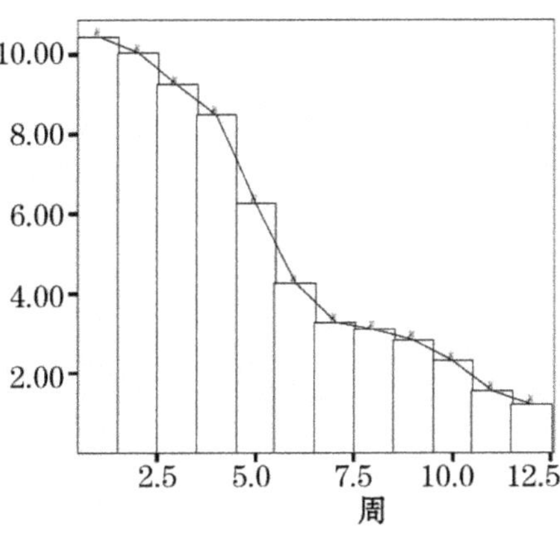

图 5-27　LDD 周上网冲动记录

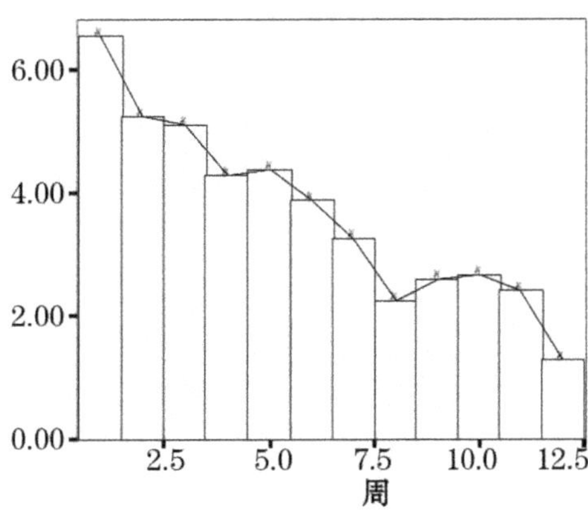

图 5-28　LDD 周申请上网记录

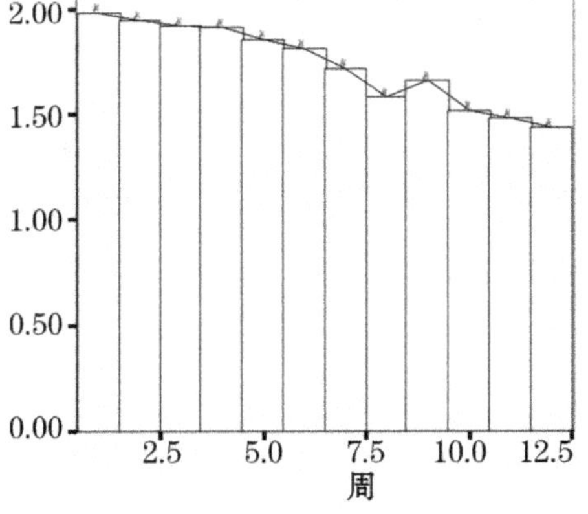

图 5-29　LDD 周上网时间累计

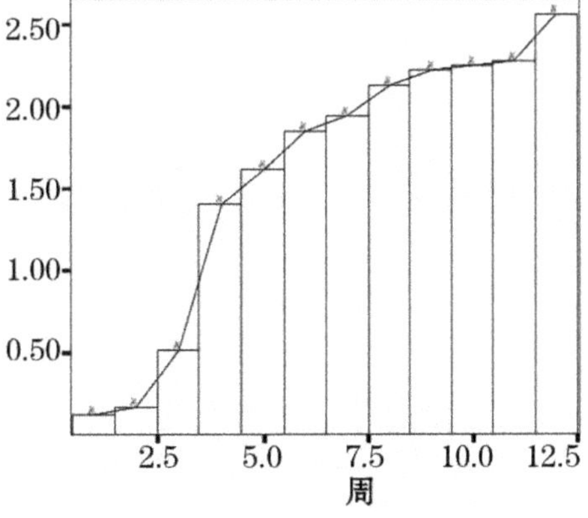

图 5-30　LDD 周代币枚数记录

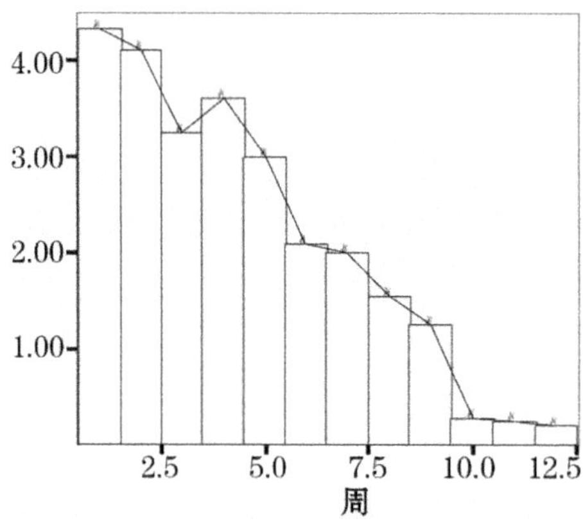

图 5-31　LDD 周违反契约记录

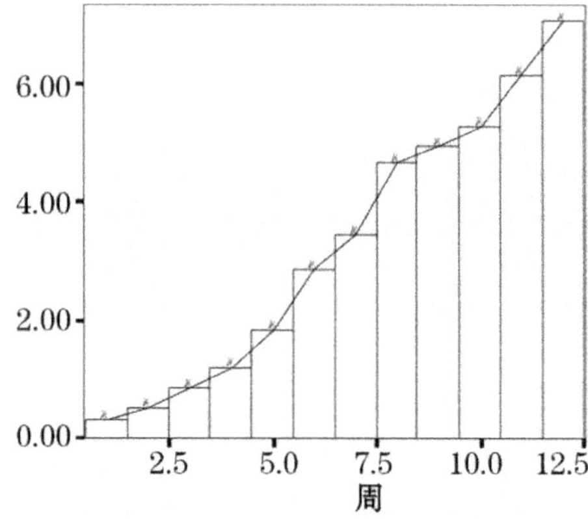

图 5-32　LDD 周主动交流记录

　　LDD 是行动研究中变化较快且突然的一个孩子，是个很成功的案例。LDD 的父母亲都是工人，家庭教养方式比较放任，对孩子管教的问题不太关注。分析其成瘾原因，课题组、老师和家长一致认为是缺乏生活和学习目标。据母亲说，生活中 LDD 经常丢三落四，魂不守舍，好像什么都不在乎。可是一旦批评他，他就会发脾气摔东西，用小锤子四处乱敲。很少和家长、同学聊天，但在网上除了玩游戏之外，还喜欢加入各种类型的聊天群体，看别人聊的内容。据老师反映经常旷英语课，几乎每上必逃。原因是英语老师曾经数次把他赶出教室，深深伤害了他的自尊心。课题组在做体育干预时考虑到他从小父母亲就让他从事游泳训练，有较好的运动基础和运动兴趣，专门请了游泳教练给他强化提高。在整个过程中，实验人员很关注他的进步，经常用语言和字条的形式表达对他的信任和肯定。就在不到 1 个月的时候，家长突然发现他几乎不怎么上网玩游戏了，老师也反映逃英语课的次数少多了。经过课题组成员与 LDD 的交谈发现，他谈的话题最多的是目标和游泳。之后，他保持得一直很好。从这个案例我们可以看出，LDD 上网玩游戏成瘾的原因是很明确的，没有学习的目标和成就感，由于单科老师的不认可丧失了对自我的认识和期待。但内心深处有很强的自我实现欲望，形成现实的冲突和矛盾之后不知所措，付诸于网络上的游戏借以消遣。这就提醒家长关注孩子在学习中遭受的各种挫折，在挫折面前和孩子一起行动以顺利度过。

ZZD 体育干预结果与分析见表 5 – 5。

表 5 –5　ZZD 体育干预期间网瘾程度变化

	5/15 ~ 6/15	6/16 ~ 7/15	7/16 ~ 8/15	8/16 ~ 9/15
情绪	和家长经常冷战，很少有过激语言，不开心就不说话，懒得与人争辩	认为很明白的道理为什么大人总弄得那么复杂，干自己愿意干的事情就行了	想有知心朋友，但很难找，好多人什么都不懂，连历史都不看	和家长偶尔可以较好的沟通，但时间不长，说完主题完事
认知	我觉得我不算网络上瘾，我就是爱在上面看小说，看小说的人多了	认识到在网上看小说和在现实生活中无限度看小说是一样的，都会造成对身心的伤害	看小说是为了认识很多道理，这些道理也可以帮助我认识现实生活	看小说只是认识道理的一种方法，其实还有很多其他的方法可以学习
耐受性	每周上网 40 小时以上，经常凌晨 3 点多才睡觉	和家长达成协议，一周三篇长篇纸质小说	最喜欢战争题材的小说，答应家长不看其他类型的	只要给我买书也行，我可以基本不在网上看
强迫性	上网看小说很下功夫，把小说里的情节、人物记得很多很牢	上网看的很少了，纸质的小说看的慢多了，自己也想能多看看功课	学业挺紧张的，不知道该怎么把看小说和学习好好规划一下，有点乱	害怕成绩会继续下滑，尽力克制看小说吧
退瘾反应	不让看就整夜失眠，我也不会半夜跑出去去网吧，就是老想小说里的事	大部分时间都能睡着了，做了活动以后特别累，想的事情也不光是小说了	按照老师教我看小说的方法，我发现我有的时候想问题是不对的	可以按达成的家庭契约约束自己，不看也不至于难受

续　表

	5/15～6/15	6/16～7/15	7/16～8/15	8/16～9/15
生理变化	动作较一般孩子缓慢，和人说话不抬头，老打哈欠，其他方面正常	如果认可聊天对象的话会表现友好，打哈欠少多了	失眠现象少多了	饮食、睡眠比较正常
心理变化	我就是爱看小说，干嘛他们就觉得我不对，学习又不是唯一的出路	我还是想当兵，以后努力做个军官什么的	突然认识到当军官，尤其是将来的军官，还得有很多专业知识才行	父母亲说孩子其实挺好的，认识到了学习的重要性就放心了

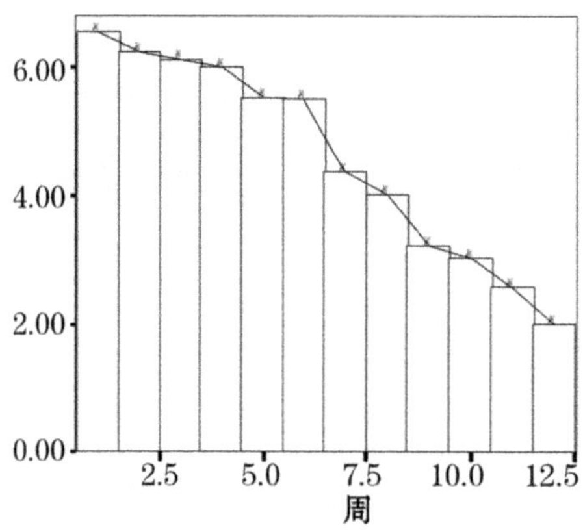

图 5-33　ZZD 周情绪变化记录

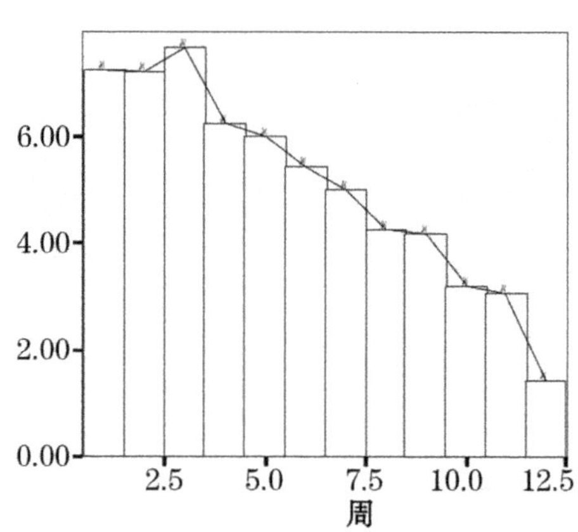

图 5-34　ZZD 周思想变化记录

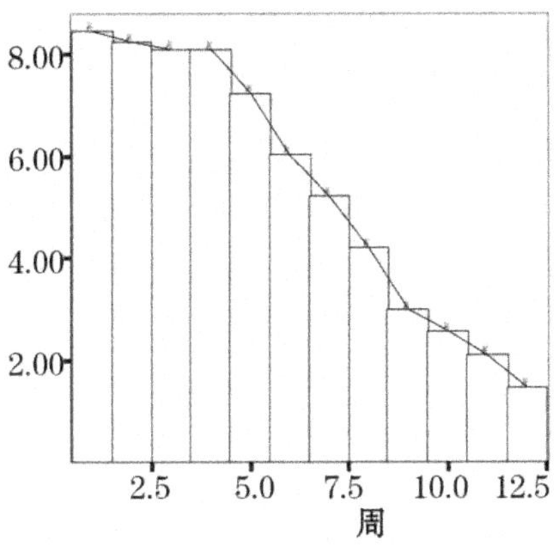

图 5-35　ZZD 周上网冲动记录

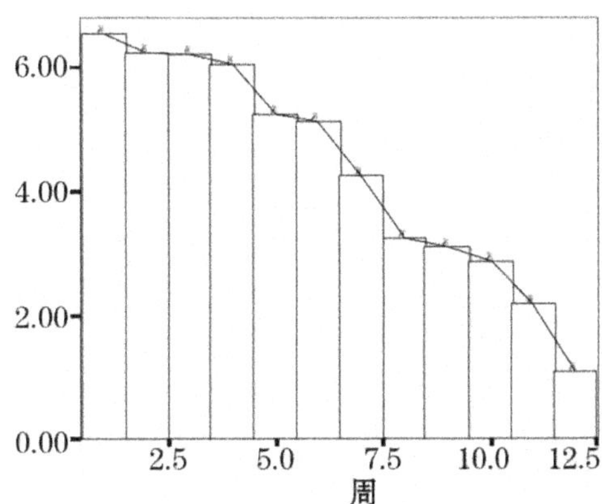

图 5-36　ZZD 周申请上网记录

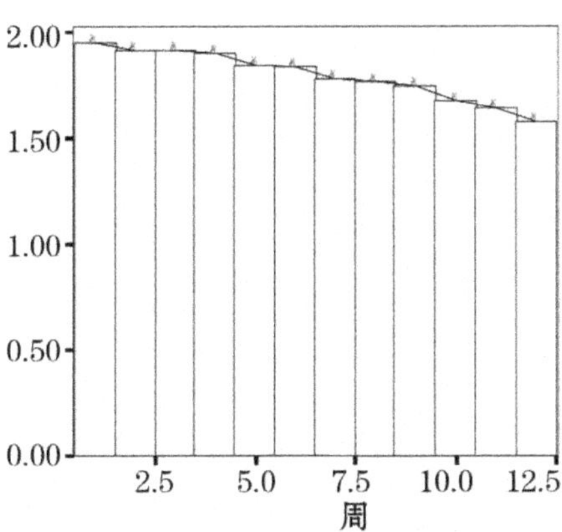

图 5-37　ZZD 周上网时间累计

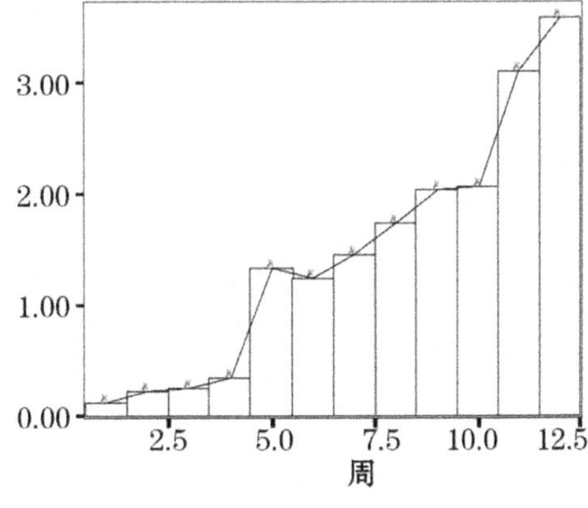

图 5-38　ZZD 周代币枚数记录

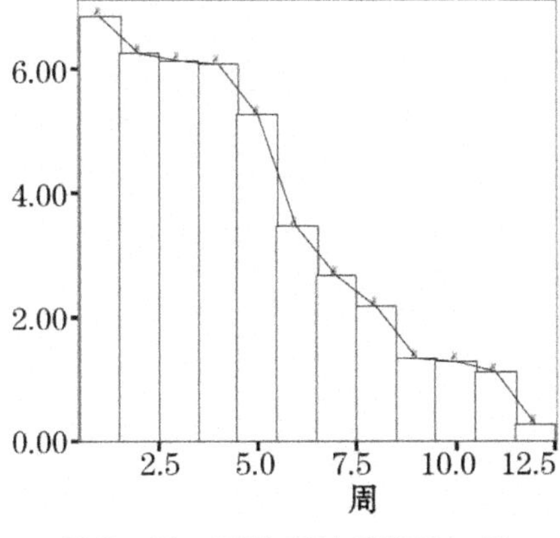

图 5-39　ZZD 周违反契约记录

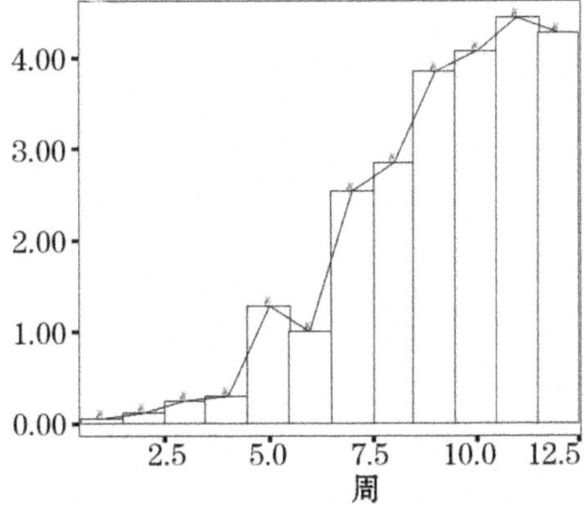

图 5-40　ZZD 周主动交流记录

从 ZZD 的案例分析来看，他是一个很有志向的孩子，一直想当个军官。但这个志向从没有被他说出来，家长从其行为表面判断他是网络成瘾。甚至用网络成瘾量表来评估，ZZD 也具有 69 分的高分值。在 4 个月的体育干预过程中，通过不间断的系统观察和访谈我们认识到，ZZD 是个很有思想和主见的个体。他读过很多古代、现代的兵书和战争题材小说，虽然他只是个初中生，但对问题的见解还是颇多的。ZZD 对于体育干预的兴趣与合作原因出乎课题组的意料，原因是户外拓展训练这一项目的由来。户外拓展训练起源于美国海上军士的逃生训练。因此，实验者对其进行了以拓展训练为主结合兴趣项目（篮球）的设计，取得了良好的干预效果。行动结束后，ZZD 的父母接受了我们的建议：应关注孩子的兴趣点，认真分析孩子每一阶段行为特点和心理需要，不能轻易给孩子贴标签，认为孩子是不对的。在孩子成长的过程中，其社会化水平和能力都是有限的，遇到问题时仅仅靠自己的认识水平平衡很多关系是很难的。例如，学习成绩和爱好的关系在 ZZD 的身上就没有很好的平衡，导致家长对孩子的误解，孩子对家长的不信任、不沟通、不求助。在后期的团体项目干预中，ZZD 变化很突然，课题组有意安排设计了许多情境性户外拓展活动和亲子家庭竞技比赛，在这些活动中我们很重视反思和自述过程。这种活动方式既保证了被研究者在进行体育运动中的流畅体验和情绪发泄需要，又可以在特定的情境中顿悟反省自我行为和思想归因。ZZD 正是在团体氛围中，寻找到自我的位置，学习到生活中遇到困难的求助方式和不放弃的精神。

JXY 体育干预结果与分析见表 5-6。

表 5-6　JXY 体育干预期间网瘾程度变化

	5/15～6/15	6/16～7/15	7/16～8/15	8/16～9/15
情绪	总是板着脸，一旦被激惹就闹情绪，哭鼻子，家长说难以招架	偶尔哭鼻子，情绪有所改变	和实验期间认识的异校朋友相处很融洽，每次见面进行拥抱	我来参加活动的时候特兴奋，可希望每天有固定时间进行一下

续　表

	5/15 ~ 6/15	6/16 ~ 7/15	7/16 ~ 8/15	8/16 ~ 9/15
认知	上网看看别人都在干什么，现在的时尚是什么，总不能变成老土吧，以后工作了就不成瘾了	其实我也知道我现在的主要任务是学习，也努力过，可是结果总让我失望，上网倒是也解决不了问题	我想找个大学生的姐姐，教我怎么学习，我感觉不会学习，效率不高	很想变成一个学习好的女生，其实内心很羡慕那些学习好的同学
耐受性	每天上网 2 ~ 3 小时，其余时间 QQ 聊天都挂在手机上，手机随身不离	可以限时把 QQ 聊天挂在手机上，删除在网上查找的网友名单	家长以前很担心她外出去见网友，现在她对家长许诺不会的	很喜欢练瑜伽，平时晚上会上网，周末积极参加瑜伽练习
强迫性	不让上网，收走手机就坐立不安闹情绪，闹绝食	有几次梦见网上种的菜被偷会猛然惊醒，立刻打开电脑去查看	除了聊天、种菜偷菜，也喜欢查邮件，看别人的空间，尤其是明星资料	还是很想看，但是可以克制了，好像突然想通了好多似的
退瘾反应	课堂上发呆，手机聊 qq，被老师抓到好几次，在家里独处一室不理睬家长	显得很无聊，并不会产生严重的问题	基本上课堂学习还是好的，慢慢适应吧	喜欢做拓展训练，觉得很有意思，能交朋友谈心
生理不适	经常头疼，容易感冒，眼睛干涩，脖子疼	症状好像减轻了，经常活动其实挺好的	坚持锻炼，要求家长给她买瑜伽服和器材，每天在家里坚持练习	症状基本上没有再出现过，自己觉得可能都是因为上网太多造成的
心理变化	我就想追求时尚，喜欢淑女的生活方式，不一定要很辛苦的生活吧（不一定是真话）	女生也要好好学习，长大了才能做有用的人	聊天、上网过后，其实心里并不觉得满足，上次拓展老师表扬了我，我觉得我还是挺聪明的	想让人教我学习的方法，我又不笨，肯定也能学好的，不过得很努力才能赶上别人

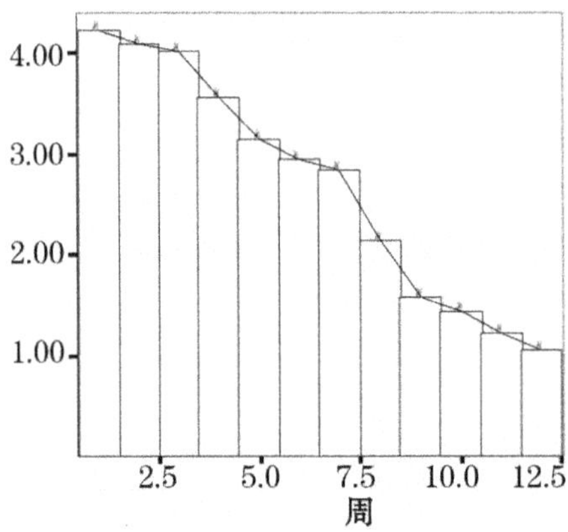

图 5 -41　JXY 周情绪变化记录

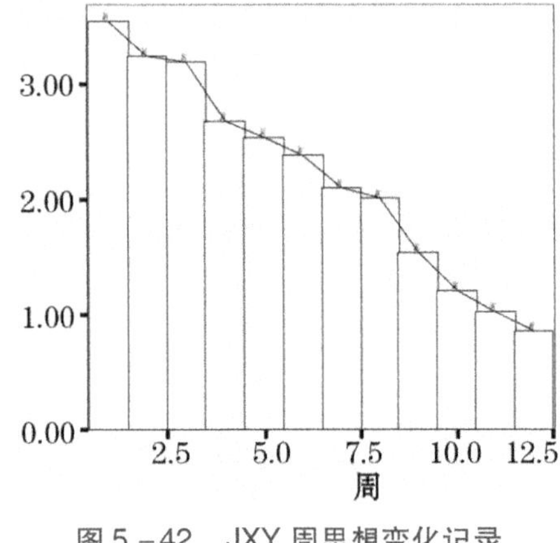

图 5 -42　JXY 周思想变化记录

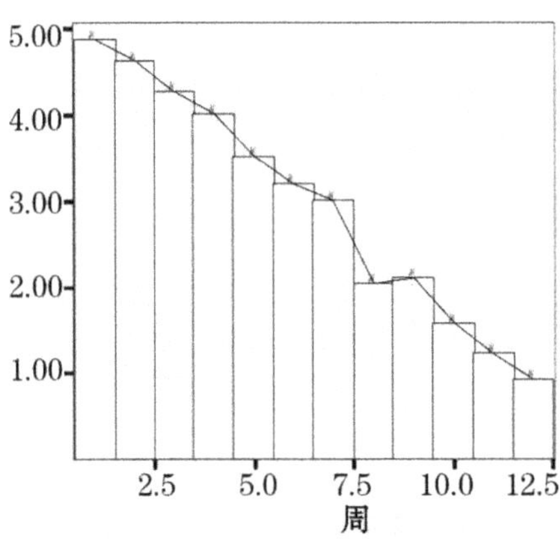

图 5 -43　JXY 周上网冲动记录

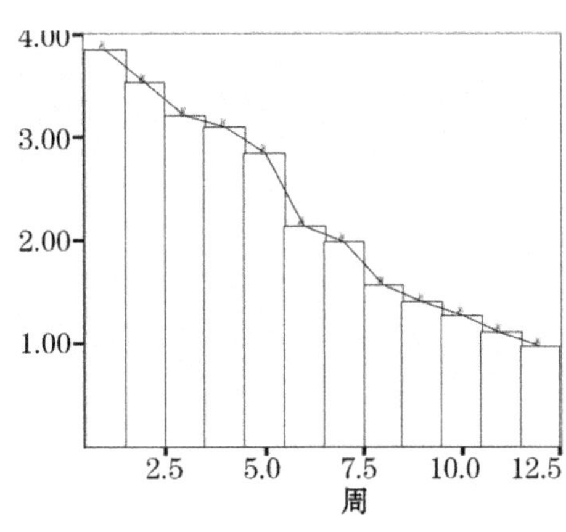

图 5 -44　JXY 周申请上网记录

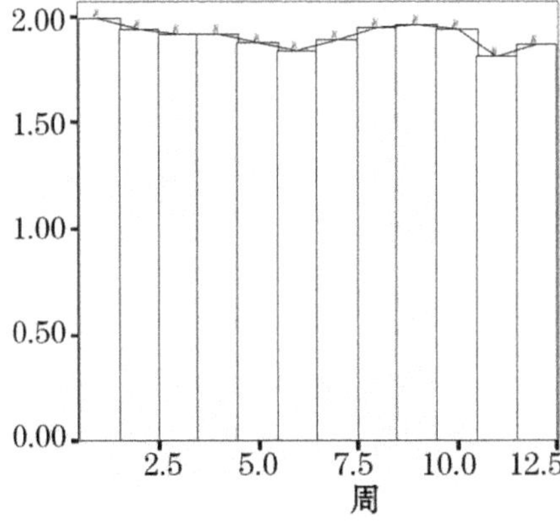

图 5 -45　JXY 周上网时间累计

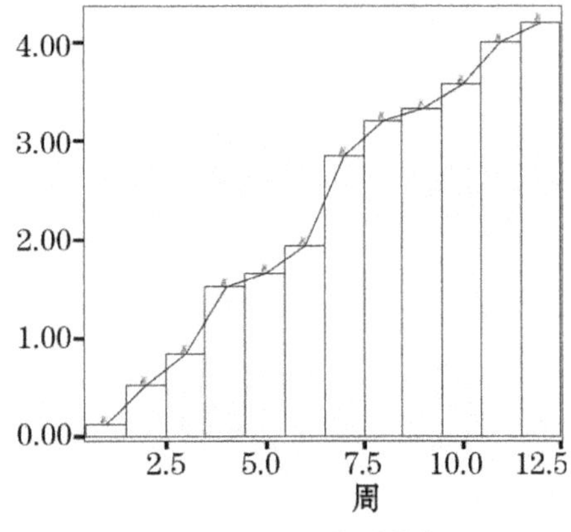

图 5 -46　JXY 周代币枚数记录

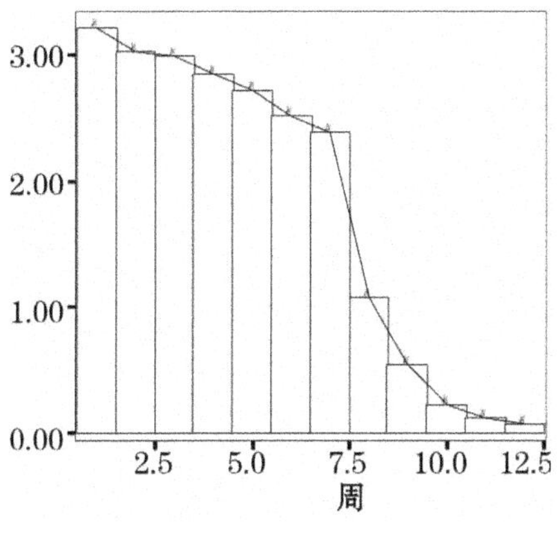

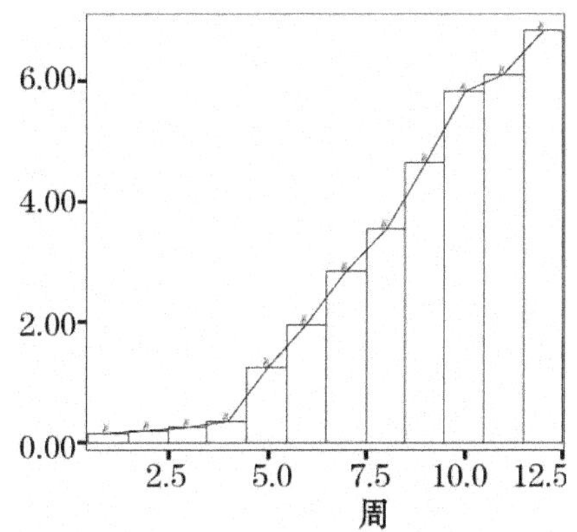

图 5－47　JXY 周违反契约记录　　　　图 5－48　JXY 周主动交流记录

　　JXY 是一个很单纯的女孩子，从形象上看比较清秀，说话有条不紊。上初中一年级的时候突然上瘾，每天好几个小时上网，即使上课也把 QQ 聊天挂在手机上。由于家长都是公司职员，工作比较忙，生活起居主要靠自己。中午放学到小饭桌吃饭午休，经常利用这个时间出去上网。上网主要从事的活动是种菜收菜、聊天、看淘宝网的商品、查喜欢的明星资料等。经过一段时间的观察和侧面资料收集，课题组发现被研究者任性，很有主见。不喜欢的事情无论如何都不想做，一旦喜欢上什么新事物就会很执着地去追求。在小学的时候学习成绩还不错，初中以后，父母把她安排在实验班。学习成绩逐渐下滑，有时感觉很有压力，不想继续学习，可是又觉得应该好好学习。到最后，她自己觉得成绩上不去的原因就是自己的智商不高。体育干预过程中，课题组为她设计了拓展训练和瑜伽练习。一次，老师在训练过程中设计了一个解决问题能力训练的环节，她表现很好，带领本组学员率先完成了任务并得到老师的表扬和鼓励。事后，她转变很大，也有了好好学习的兴趣。课题组还帮助她联系了一位大学生姐姐，以帮助她学会学习的方法和技巧。JXY 的个人网络使用行为观察记录表统计结果告诉我们，她上网成瘾不能离开的主要原因是平时生活单调，没有喜欢的兴趣爱好。家长忙于工作，几乎没有和她谈心交流的机会，学习成绩不好，压力很重不知道如何去解决。于是通过网络小游戏、网络小说和购物商城等打发时间，在这个过程中，她自述可以忘记"不愉快"的事情，"反正也没有什么希望，在网上总比没事做要快乐些吧！"在这一阶段的体育干预中，她很喜欢户外徒步旅行和心理拓展等项目。尤其是完成规定时间内的解决问题类的小组活动，她一直表现很突出，也因此建立了自信心，主动与人交流讨论。情绪良好，合作意识较强，能够逐渐克制过度上网。

2.3　第三阶段行动

在第三阶段体育干预进行的 4 个月（2009 年 7 月～11 月）中，课题组每半月对被试家长及心理老师进行回访，从回访记录材料中抽取"本土语言"和主要特征动态描述 3 名被试前后认知和行为变化。为达到研究伦理学要求，本研究以被试姓名首字母（FHD、ZHF）代替。被研究者体育干预过程中认知与行为动态变化从情绪、认知、耐受性、强迫性、退瘾反应、生理不适和心理变化等维度进行分析。第三阶段行为被研究者均来自实验三设计中的被试，体育干预项目主要包括个体项目和团体项目。

FHD 体育干预结果与分析见表 5 − 7。

表 5 − 7　FHD 体育干预期间网瘾程度变化

	7/15 ～ 8/15	8/16 ～ 9/15	9/16 ～ 10/15	10/16 ～ 11/15
情绪	总是"闷葫芦"一言不发，对家长的决定从不反抗，但也不合作	与跆拳道项目实验同伴交流比较好，但训练积极性不高，总是"持靶人"	团体项目干预开始后，逐渐开朗，主动说话的机会多了，亲子活动后，与父亲拥抱一次	期待家庭间比赛的亲子游戏，游戏中指导帮助母亲完成规定动作，平时偶尔与母亲沟通相关的事
认知	不与人交流，无从知道他对于网络成瘾的认识	网络游戏中我才能体会到胜利感，那儿才是我的心灵港湾	网络游戏中我感觉自己很成功，现实中这种感觉太少了	觉得可以尽量少玩游戏，但父母亲不能总是唠叨，答应条件才能做到
耐受性	每周上网 30 小时以上，基本上在网吧里，一旦进了网吧，就不出来	好几次利用训练课机会去网吧玩游戏	当项目安排趣味性高、有挑战性时，表现比较投入	我要是有计划干什么的话，上网肯定能少，尊重我的意见最重要

续　表

	7/15～8/15	8/16～9/15	9/16～10/15	10/16～11/15
强迫性	上网不成功，虽不敢反抗，但总是坐卧不宁，多动倾向	训练课上与实验同伴聊网络游戏和相关话题，表现得健谈，表情丰富	契约上网时间到后，依依不舍，但能较短时间内结束	最近一次3天憋着没上网，好像也能挺过来
退瘾反应	连续两天不上网，情绪有很大变化，躲在被窝里哭	一有时间就往网吧跑，哪怕只有三分钟，不能玩，看看也行	基本上可以顺利下网，之后没有异常反应	有时会想游戏和游戏到底哪里不一样，网上的游戏其实也有不好的
生理不适	脊柱有些侧弯，瘦弱，1.65米身高，体重只有80多斤	失眠多次，手臂疼，训练时总持靶的缘故	有向好趋势，食量增加不少，站姿基本挺拔	继续向好，自我感觉结实多了，不是很讨厌流汗的感觉了，最近没失眠过
心理变化	沉闷，问三句不答一句，见到家长有明显的退缩或恐惧	对实验同伴的依赖感特别强，总是问老师怎么办，话明显多了	突然对母亲依赖感比较强，原因是实验期间，母亲鼓励和表扬远远多于父亲	主动表达的意向逐渐增多，在进行团体项目实验中经常能提出很多好的建议

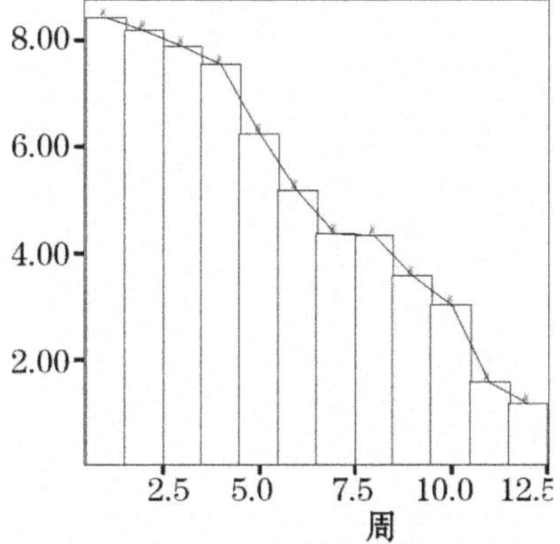

图 5-49　FHD 周情绪变化记录

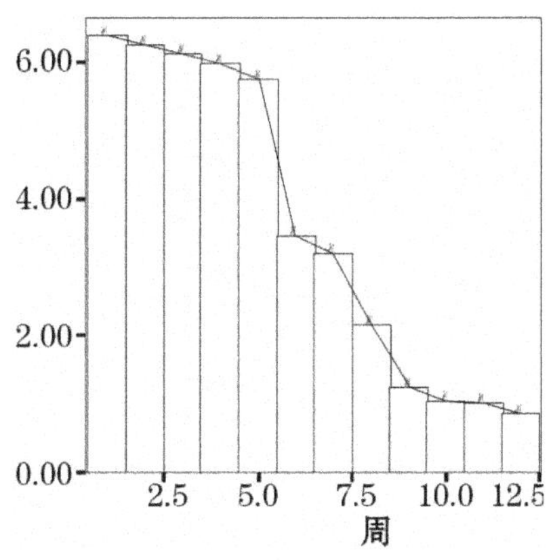

图 5-50　FHD 周思想变化记录

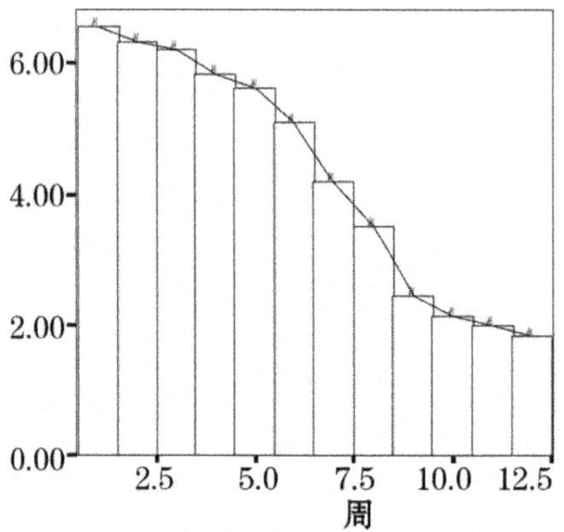

图 5-51　FHD 周上网冲动记录

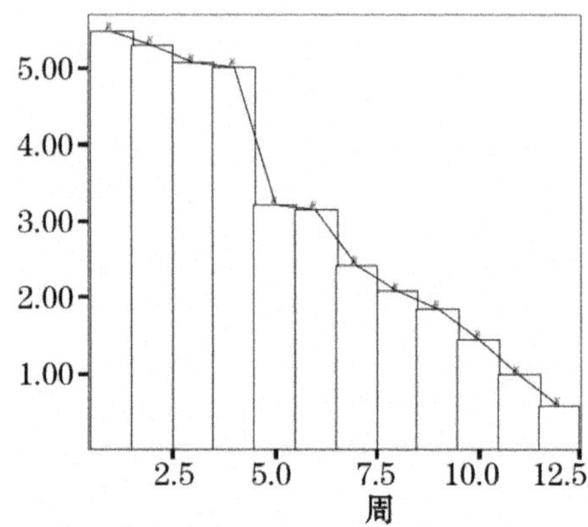

图 5-52　FHD 周申请上网记录

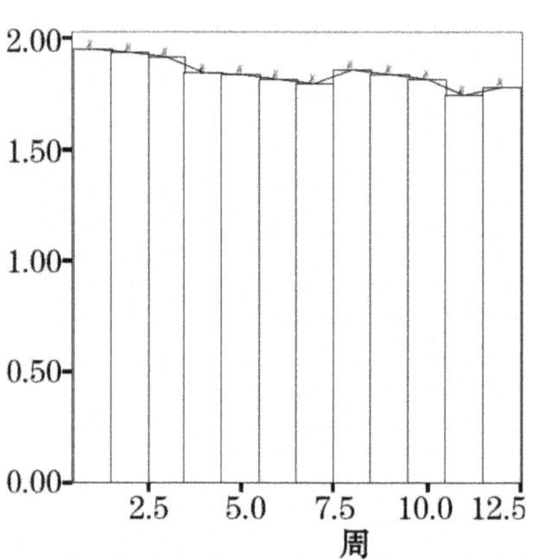

图 5-53　FHD 周上网时间累计

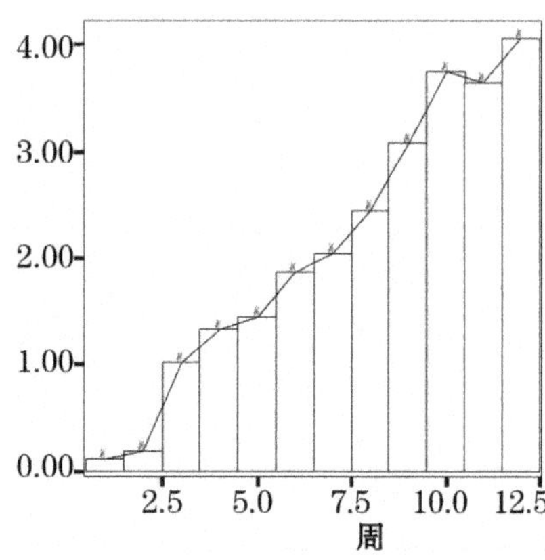

图 5-54　FHD 周代币枚数记录

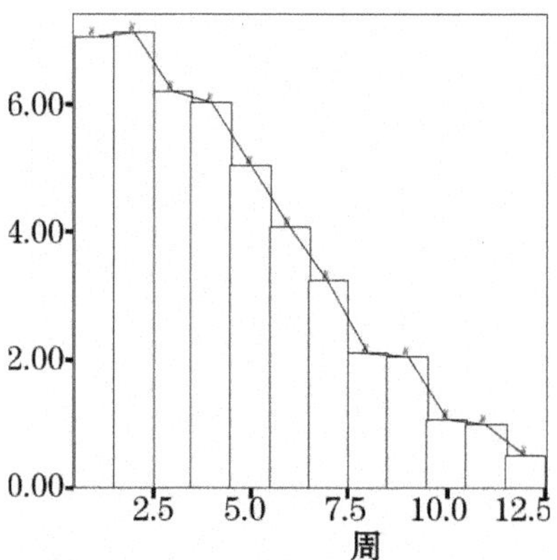

图 5-55　FHD 周违反契约记录

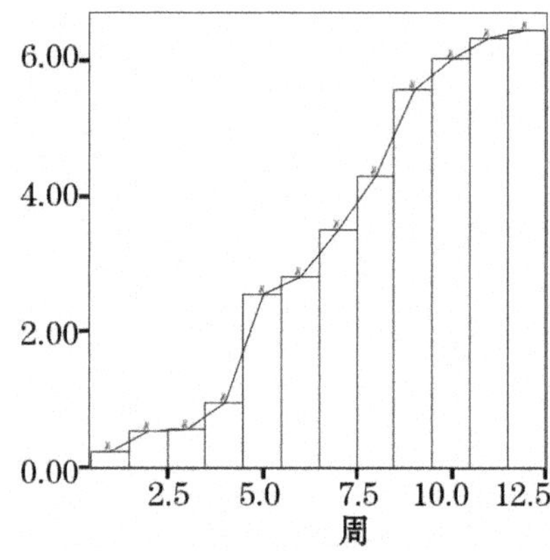

图 5-56　FHD 周主动交流记录

　　FHD 的变化使课题组老师感到，他并不是"闷葫芦"，并不是不想说话，而是"说出来的话没有人听"，"就算不听，也没有人告诉我为什么?"所以"我就不想说，不说了"。FHD，男，16 岁，高中一年级学生，成绩中等偏上。父亲是个体经营者，母亲在家照顾他和弟弟。父亲性格比较暴躁，对他不满意就上手打，母亲总是爱唠叨。唠叨父亲不会管孩子，唠叨他没出息，这么大了，不会帮着照顾家。上初中时，FHD 经常一个人跑出去溜达，也不想找同学，总觉得谁都比他幸福。"为什么别人都有个好父亲，好母亲，我就没有?"上初中二年级的一天，偶尔进入网吧玩游戏，从那之后一发不可收拾。至今已有 3 年的网络游戏经历，自述不能离开网络游戏也有两年多了。父母亲管教不奏效，他也渐渐"没有话了"。在和他的交往过程中，总感到他很孤独，直到和一个同伴搭伴进行跆拳道训练才有所改观。之后，对同伴的依赖感很强，经常主动和同伴谈论如何网游升级等话题。课题组进行团体项目干预后，开始有了新的变化。活动中帮助父母亲完成规定动作，协助全家取得游戏胜利，给实验老师提出很多好的建议。总体来看，FHD 的变化在各维度的表现是比较明显的，主要是在团体项目进行之后。

　　ZHF 体育干预结果与分析见表 5 - 8。

表 5 - 8　ZHF 体育干预期间网瘾程度变化

	7/15 ~ 8/15	8/16 ~ 9/15	9/16 ~ 10/15	10/16 ~ 11/15
情绪	火爆脾气，易怒，张口骂人	情绪转变"突然"，对跆拳道项目教官很"服气"	情绪高涨，升了黄带，后升了绿带，晋级迅速	情绪良好，要求在进行团体项目时允许他继续跆拳道训练
认知	自述游戏如人生，人生如游戏，游戏教给我的东西比老师教的多多了，网友更贴心	网络游戏很刺激，但没有教官那天"打"我刺激，痛的我简直刺激的受不了	有一天突然说："其实网络游戏是大人编出来骗小孩玩的，好玩但不一定有多少好处"	我都这么大了，自己该干什么心里其实也清楚，有时候觉得"太难了，心理压力有点大"

续　表

	7/15～8/15	8/16～9/15	9/16～10/15	10/16～11/15
耐受性	课余时间主要在网吧，因为大多数朋友都在这里上网	上网时间迅速减少到每天一个小时左右，母亲很满意	上课之前有时会到网吧打一会游戏，时间不长，基本不误课	自述有几次路过网吧很徘徊，不过最后还是没有进去
强迫性	手指乱敲，有时晃脑袋发出"哼哼哼""噌噌噌"的声音，乱指人等	离开时还是很留恋，接到教官电话会即刻到训练地点，然后逐渐投入	自述上网玩游戏感觉像是习惯了，该玩还得玩吧	自述不必再担心我会长时间玩游戏，我现在有了新的发泄途径
退瘾反应	把一起做体育干预的同伴打了，并试图与其他同伴结盟以对抗老师	在训练过程中，有强烈的宣泄感，踢靶时感到表情特"狠"	自我感觉自己很轻松，不让玩游戏倒是还能忍吧，不过不能不训练	克制力很强，有时我们也有点"佩服"人家，挺有决心的
生理不适	右手手臂和脖颈痛，经常贴着膏药，服用止痛药	手、臂、脖子的疼痛感几乎没有了，脚趾红肿，是狠劲踢靶的结果	身体状况正常，肢体已经没有疼痛感	一切正常
心理变化	对母亲有明显敌意，认为母亲说的话都是"自私的""骗人的"	在家时，还是不怎么和母亲说话，独自在房间里	有一天居然给母亲做了一顿饭，母亲感动得流出了眼泪	接受了母亲的道歉，认为母亲对自己关心少是有难处的，以后好好相处

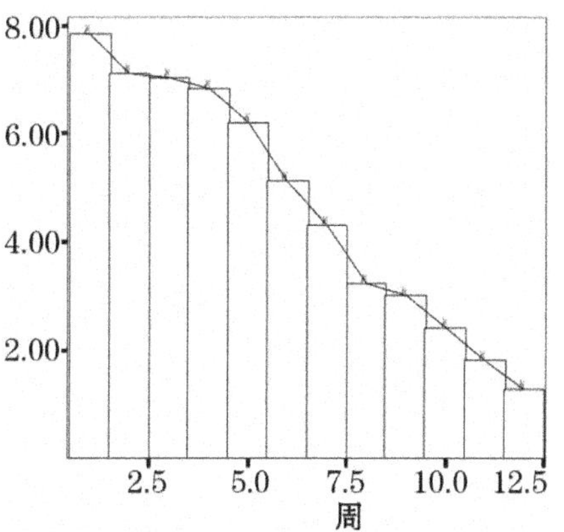

图 5 –57　ZHF 周情绪变化记录

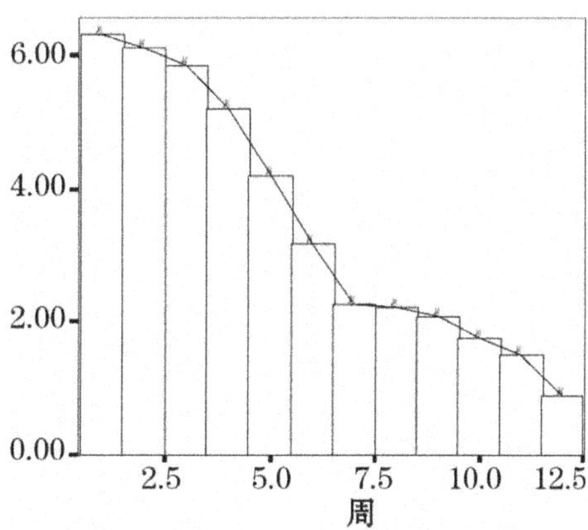

图 5 –58　ZHF 周思想变化记录

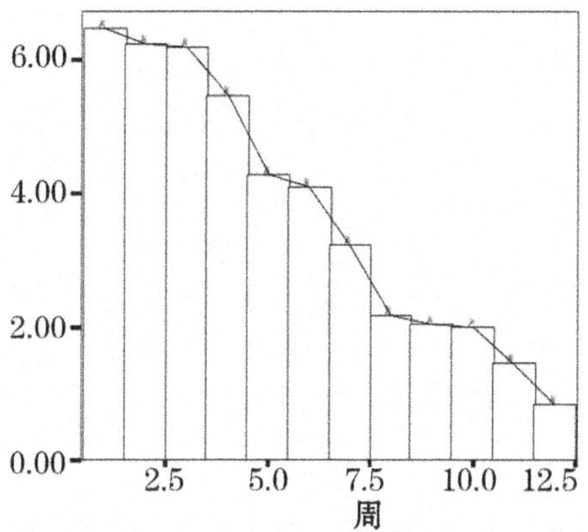

图 5 –59　ZHF 周上网冲动记录

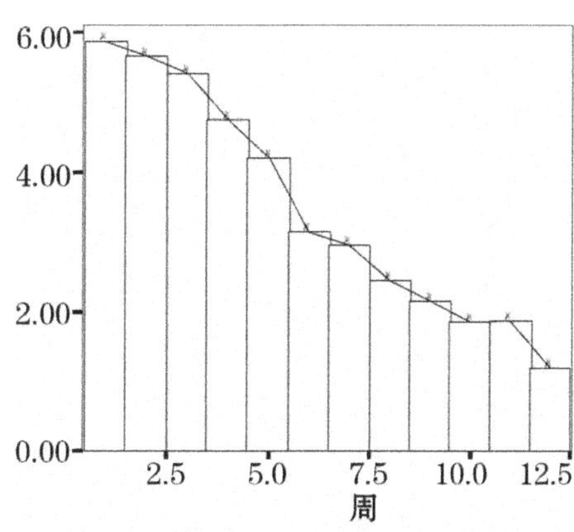

图 5 –60　ZHF 周申请上网记录

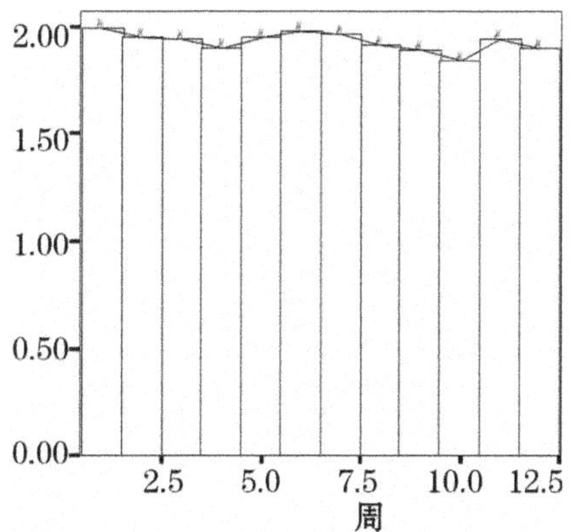

图 5 –61　ZHF 周上网时间累计

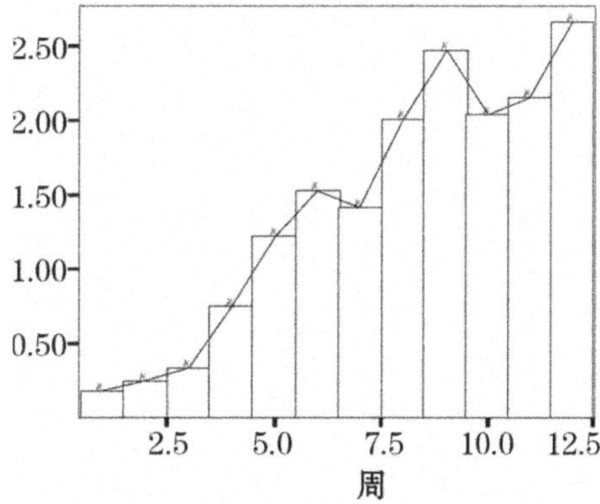

图 5 –62　ZHF 周代币枚数记录

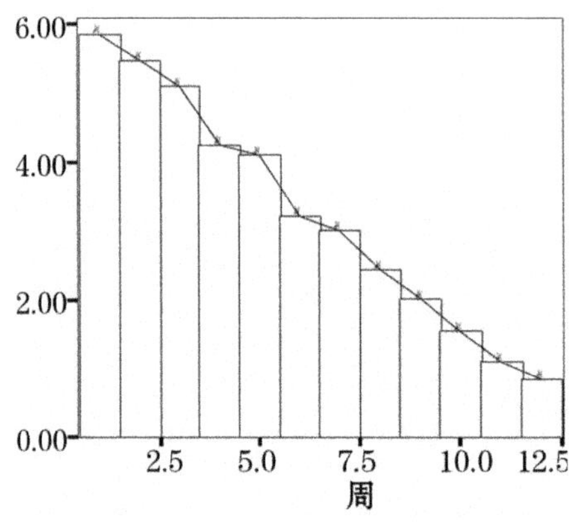

图 5 -63   ZHF 周违反契约记录

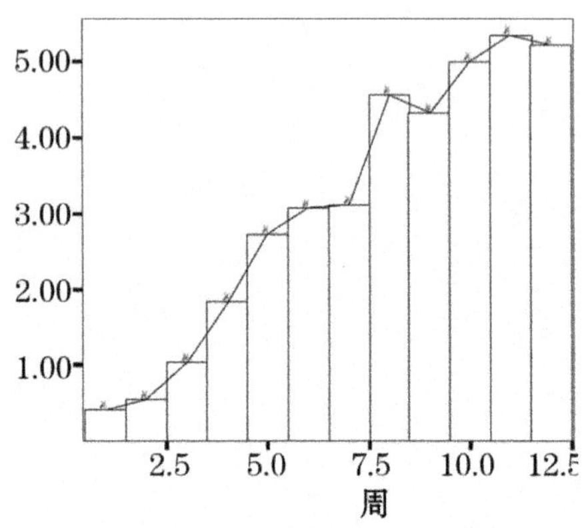

图 5 -64   ZHF 周主动交流记录

ZHF 是个单亲家庭的孩子，幼年时父亲因酗酒成性，经常殴打母亲导致家庭分解。后一直和父亲生活，但总是感到孤独无助。直到上高中因各种原因又和母亲生活在一起，然而和母亲的心理距离却很远。接触网络游戏已有近 5 年，自述成瘾两年多。经常彻夜不归在网吧玩游戏，母亲根本无法联系到他。上网的活动基本上为玩游戏，自称为"骨灰级"玩家，什么都懂。经常为在网上找不到好的搭档而气恼，生活中也有攻击性行为和冲动。在与他的接触和聊天过程中发现，"只和我感觉佩服和喜欢的人才真正交往，其他的人基本上是爱答不理。"就连自己的母亲也从没有什么"好气"。ZHF很有主见和想法，自述没有什么人值得相信。"人生就是一场游戏嘛!"这是他的口头禅。对于他网络游戏成瘾的事实，他从不做任何解释。他认为玩游戏没有什么不好，不过总有一天他会干点别的。在整个体育实验过程中，ZHF 变化很快，几乎感觉是"顿悟"的结果。在跆拳道教练发现他素质很适合的那节课上，他给教练出难题企图给教练一个难堪。没有想到的是，教练的精湛技艺折服了他，并将他狠狠的"收拾"了一顿。那次课是以他的嚎啕大哭而告结束的，之后的体育干预他都很积极，尤其是跆拳道训练课。从这个孩子的变化中我们体会到一些重要的心理变化："人生是游戏""攻击性行为""找佩服的人""太难了""他们太自私了""自己必须要有决定""宣泄、发泄""痛的感觉特刺激"等。从这些"本土词汇"我们感觉到他内心的孤独与无助，对别人的不信任和藐视，但却充满了期待。经过接近 4 个月的体育干预，他的网瘾程度大大减轻，基本可以正常使用网络。

3　反　思

体育干预对于预防和减轻网络成瘾的机制问题，我们在运用锻炼心理学理论透析网络成瘾的 ACE 模型、认知－行为模型和阶段模型等理论的过程中受到启发。网络成瘾归因主要表现在个体的心理问题，涉及到动力因素、人格因素及认知等方面。个体无意识需要通过体育运动在一定程度上可以得到满足。体育运动通过对个体心理系统的调试来影响和改变个体网络使用行为。在研究中发现，被试日常生活内容单一，很难满足青春期他们知情意的发展需要。大多家长缺乏引导的观念和技巧，加之沟通存在很大障碍。因此，面对生活应激源孩子选择了网络游戏。从这点来看，大多家长仅仅站在个人角度评价孩子行为，难以形成信任、合作和支持的良性家庭沟通交往环境。研究设计必须着眼于解决家庭成员的沟通问题，主要矛盾和矛盾的主要方面的准确把握是本次行动的前提和基础。

行动研究中实验部分完成后，所有对照组家长要求加入行动行列，并对心理咨询研究中心提出了"理论和实践操作距离太大，我们需要实际性的变化"等问题。这使我们进入了深刻的反思。对于问题行为的干预，仅仅从一个学科入手寻找理论依据是远远不够的。课题组前期设计时就制定了基本原则。第一，深刻挖掘问题行为的家庭根源；第二，把心理训练目标和体育紧密结合起来；第三，建立健康的体育生活方式和解决眼前实际问题相结合。体育干预项目设计必须依据每个被试的心理特点和爱好特长，逐步培养和提高，不可急于追求结果。被试在行动初期反复行为频频出现，经过课题组与家长的密切合作，这些问题基本得到解决。本研究采用目的抽样，行动直接针对目标人群，样本较小。因此，实验结果没有统计学的推论意义，但可推论到相似特征的个体。针对青少年网络成瘾现状，家长应承担起主要的行动责任。健康和谐的家庭坏境才是孩子健康成长的根本。

在行动的全过程中，被研究者，尤其是体育干预成功的被研究者，他们主要的问题都来自个体内心的不满足感、不理想感。这些感觉主要来源于家庭环境的不和谐、自身生活和学习目标的缺失、应对困难和生活事件时的无助、个体心理特征的差异（爱猎奇、狂想、不自信或过分自信、内向等）、处理不好各种人际关系和学习任务的关系等。然而，这些问题的存在是极其普遍的，在先前的研究中我们已经详细论述过。总结起来，体育干预对于青少年网络成瘾一般问题，尤其是由于亲子沟通障碍引起的网络成瘾问题的干预效果明显。研究中，拓展训练、远足旅行、游泳、网球、篮球、轮滑等是被试最喜爱的，也是最有效的项目。这些项目特征更可能满足青少年心理需求。行动过程中，研究者与被研究者（被试）及家长必须共同行动才能获得较理想的效果。青少年网络成瘾问题并不是"洪水猛兽"。家长切勿病急乱投医，以免给孩子造成更严重的身心损害。面对问题首先应冷静反思，评估家庭关系，引导孩子走出心理困境。

第六章　研究总讨论

1　青少年网络成瘾的归因

历时近两年的实验研究和行动研究，我们认为多数青少年网络成瘾的归因主要是心理问题，涉及到动力因素、人格因素及认知等方面。从认知因素角度来看，网络成瘾形成的心理基础是对上网形成的非适应性认知，非适应性认知又进一步强化了其上网行为，验证了戴维斯的病态网络使用的认知 - 行为模型理论的假设[1]。网络成瘾者存在逻辑记忆和视觉记忆损害，较非网络成瘾者言语流畅性测验成绩差，网络成瘾者的注意集中、持续注意、抗干扰、视觉注意等注意各方面均有损害[2]。在本研究中，大多数被试存在认知上的一些损害，尤其是记忆力减退、视觉注意不集中、对事物看法偏激等问题。从非认知因素来看，网络成瘾者喜欢独处、敏感、倾向于抽象思维、警觉、不服从规范。乐群性、稳定性、恃强性、敢为性、独立性和自律性等与正常人有很大的差异。Kimberly Young 的研究也证实，大多数对互联网有依赖倾向的人，常常已经患有其他的一些心理障碍，特别是忧郁症和焦虑症[3]。感觉寻求是对个体行为具有良好预测能力的一种指标。尤其对于青少年来讲，当其感觉寻求需求无法通过积极冒险行为（高冒险的体育运动或娱乐活动）得到合理满足时，就有可能转向从事各种消极冒险行为（吸烟、酗酒、网络成瘾、偷窃等）[4]。许多高感觉寻求水平学生对网络游戏趋之若

---

[1]　李宁，梁宁建．大学生网络成瘾者非适应性认知研究［J］．心理科学，2007，30（1）：65 - 68.

[2]　罗庆华，蒙华庆，傅一笑，等．网络成瘾者认知功能的病例对照研究［J］．中国心理卫生杂志，2007（4）：237 - 239.

[3]　Patricia Wallace. 互联网心理学［M］．谢影，荀建新，译．北京：中国轻工业出版社，2000：198 - 199.

[4]　张明，陈丽娜．感觉寻求与青少年冒险行为研究的现状与趋势［J］．东北师范大学学报：哲学社会科学版，2003，203（3）：125 - 129.

骛的一个非常重要的原因就在于网络游戏正好可以为他们提供所需要的刺激水平，他们在虚拟的网络环境中比低感觉寻求者保持着更高的唤醒水平，更容易沉迷于网络游戏世界[1]。生活事件、消极应对方式和社会支持直接或间接影响着网络成瘾者的幸福感。生活事件、消极应对方式降低其幸福感，社会支持可提高网络成瘾者的幸福感。网络成瘾青少年与非成瘾青少年在生活事件（对身心健康产生影响的一种心理社会应激源）、网络使用时间、主观幸福感、社会支持、攻击性、无序感、自我和谐等方面存在一定差异。网络游戏参与动机直接或间接反映了青少年的学习动机，参与网络游戏的类型折射出动机的内容倾向[2]。幻想（个体采取想象或虚构的形式来摆脱现实的烦恼与苦难）、发泄（把不愉快的经验宣泄出来，以减轻挫折和压抑）是两种指向情绪的应对方式。严重网络成瘾个体更多使用这两种应对方式。这两种方式是中学生在使用网络时更多卷入网络成瘾所采用的应对方式。中学生使用互联网宣泄不满有利于缓解现实生活中的压力，但另一方面因为某些个体可能缺乏互联网使用中必要的自我调节能力，难于控制互联网使用产生的消极影响，进而卷入网络成瘾。

2　体育干预效果

本研究在前人理论与实证研究的基础上，进行了深入的体育干预理性分析。实验研究之前，在锻炼心理学视角下和耗散结构理论视角下对课题组将要进行的探索性研究系统梳理和论证。提出实验假设：（1）体育干预对青少年网络成瘾的改善有一定的辅助作用；（2）不同体育干预项目类型对不同网络成瘾程度青少年具有不同的影响；（3）不同体育干预项目类型对不同网络成瘾类型青少年具有不同影响。经过 3 个阶段的实验设计和实施，理论假设基本被实验结果证明，体育干预对改善青少年网络成瘾的症状是有良好效果的。

实验一设计中选取的被试为正在接受山西省网络成瘾治疗机构 A 治疗并经过前测配对的 24 名网络成瘾被试。基本资料：24 名青少年是初、高中生。男 21 例，女 3 例，年龄 16 ~ 20 岁，平均年龄 17.1 岁。病程最短者 4

---

① 杨文娇，周治金. 网络成瘾大学生的感觉寻求人格特征研究［J］. 高等教育研究，2005（6）：69 - 73.

② 刘映海，丹豫晋. 锻炼心理学视角下青少年网络成瘾归因及干预研究［J］. 北京体育大学学报，2009（7）；44 - 48.

个月，最长者 5 年。采取的干预项目主要以个体项目为主，中间穿插心理拓展、小规模竞赛等。通过探索性研究，在一定程度上验证了体育干预的总体效果。但体育干预的效果体现了因网络成瘾程度不同的不同特点。从研究结果中发现，轻－中度网络成瘾程度体育干预效果显著，重度网络成瘾体育干预效果未尽如人意。分析其原因大致包括以下几个方面：（1）综合教育学、心理学、锻炼心理学、精神医学等各学界研究者对于网络成瘾归因的分析可知，体育运动缺失、青少年社会交往能力差的问题不可回避。本研究采用体育干预正是针对网络成瘾青少年的缺失问题对症下药，因而可以取得显著的总体干预效果。（2）体育干预的效果未能在重度网络成瘾的被试中很好的体现，其结果与精神科医师的临床研究（陶然等，2010）结果较为一致。认为有些重度网络成瘾者可能伴有严重精神疾病或情绪控制障碍等问题。本研究中，实验组重度网络成瘾个别被试在实验期间确曾发生过情绪失控、难与实验人员合作的情况。在实验期间，要求被试停止服用抗抑郁类和心境稳定类药物可能造成对体育干预效果的影响。而对照组重度被试在维持原有干预模式过程中是否能真正停止服用药物不得而知。从某种意义上可以推断"剪刀差"现象与药物服用可能存在一定关系。（3）体育干预对轻－中度被试的效果显著的结果验证了一些研究结论。本研究被试网络成瘾类型大多为网络游戏成瘾和网络聊天成瘾。结合被试人格特质，为其提供了合理的心理宣泄方式、良好的人际交往环境和自然的会话情境。这样的考虑和设计可能对轻－中度实验被试的体育干预效果产生了积极的作用。

第二个实验设计中选取的被试为正在接受山西省网络成瘾治疗机构 B 治疗的网络成瘾青少年共 12 名。基本资料：12 名被试均为初、高中生。男 8 例，女 4 例，年龄 15～18 岁，平均年龄 16.4 岁。12 名被试按照 IAD 诊断量表得分分为网络成瘾轻－中度和重度 3 个组。病程最短者 5 个月，最长者 4 年。干预后，不同网瘾程度被试网络成瘾量表得分均出现较干预前显著的变化。进行团体体育项目干预的效果突出，其次是个体项目干预。经过因素交互作用分析可知，网络成瘾程度和干预项目在网络成瘾量表得分上存在交互作用。轻度、中度网络成瘾被试效果从数据反映来看好于重度网络成瘾被试，在实践操作过程中也体会到一些差异。原因可能是重度网络成瘾被试心理障碍和问题相对于轻度和中度网络成瘾被试重。SCL－90 精神卫生症状自评量表评分显示，网瘾程度和项目类型在被试抑郁、焦虑、恐怖、偏执、精神病性等因子上存在交互作用。不同程度网络成瘾被试在这些因子都存在显著差异，体育干预的个体项目和团体项目存在效果上的显著差异。仅仅在躯体化一个因子上，个体项目和团体项目未发现显著差异。不同程度网络成瘾被试个体项目干预与团体项目干预的效果也存在显著差异，轻度、中度网络成瘾被试的干预效果好于重度网络成瘾被试。重度网络成瘾被试在经过团体项目干预后也逐渐有了比较明显的改善和提高。这一研究结果充分证明，团体项目体育干预的效果好于个体项目体育干预。原因可能是团体项目体育干预设计具有情境性和兴趣性、加入亲子和同伴沟通、激发被试责任意识、增强团体归属感、强化体验自述环节。个体项目更注重个体情绪宣泄和缓解焦虑，团体归属和理解欠缺。团体项目体育干预与个体项目体育干预效果的显著差异表现在除躯体化的所有因子，这一研究结果与一些心理学团体心理辅导结论较为一致，提示我们对网络成瘾被试进行干预时应着重考虑团体意识和行为对其的影响。

第 3 个实验设计中选取的被试为太原市某中学、某大学两所学校的在校学生共 12 名，各 6 名。基本资料：12 名被试均为在自然生活、学习情境中接受体育干预实验的学生。男 8 例，女 4 例，年龄 13 ～ 22 岁，平均年龄 17.3 岁。12 名被试按照 IAD 诊断量表得分及网络活动特点被分为网络游戏成瘾和非网络游戏成瘾两个组，每组 6 人。病程最短者 5 个月，最长者近 5 年。本研究在锻炼心理学的理论与实证研究成果基础上，采用个体项目和团体项目体育干预对网络游戏成瘾和非网络游戏成瘾被试进行深入研究。个体项目和团体项目的选择兼具考虑到网络成瘾的动机因素和抑制因素。从动机因素考虑，团体项目，尤其是身体对抗项目和户外拓展项目满足了网络游戏成瘾被试的成就感、人家关系和沉浸感等动机需要；从抑制因素考虑，团体项目加入亲子互动和同伴交流情境大大抑制了网络游戏成瘾者症状恶化，发挥了兴趣转移和父母监控的作用。从实验三的结果可以得到验证，经过团体项目干预后网络游戏成瘾与非网络游戏成瘾被试在各因子上都存在组内显著性差异，网瘾类型因素对 SCL - 90 量表得分的主效应不显著。可见，我们在对不同网络成瘾类型被试进行体育干预时可选择相似团体干预项目和内容，这是本实验得到的一个新发现。

3　行动研究反思

网络成瘾归因主要表现在个体的心理问题，涉及到动力因素、人格因素及认知等方面。个体无意识需要通过体育运动在一定程度上可以得到满足。体育运动通过对个体心理系统的调试来影响和改变个体网络使用行为。在研究中发现被试日常生活内容单一，很难满足青春期他们知情意的发展需要。大多数家长缺乏引导的观念和技巧，加之沟通存在很大障碍。因此，面对生活应激源孩子选择了网络游戏。从这点来看，大多数家长仅仅站在个人角度评价孩子行为，难以形成信任、合作和支持的良性家庭沟通交往环境。研究设计必须着眼于解决家庭成员的沟通问题，主要矛盾和矛盾的主要方面的准确把握是本次行动的前提和基础。行动研究中实验部分完成后，所有对照组家长要求加入行动行列。并对心理咨询研究中心提出了"理论和实践操作距离太大，我们需要实际性的变化"等问题。这使我们进入了深刻的反思。对于问题行为的干预，仅仅从一个学科入手寻找理论依据是远远不够的。课题组前期设计时就制定了基本原则。第一，深刻挖掘问题行为的家庭根源；第二，把心理训练目标和体育紧密结合起来；第三，建立健康的体育生活方式和解决眼前实际问题相结合。体育干预项目设计必须依据每个被试的心理特点和爱好特长，逐步培养和提高，不可急于追求结果。被试在行动初期反复行为频频出现，经过课题组与家长的密切合作，这些问题基本得到解决。本研究采用目的抽样，行动直接针对目标人群，样本较小。因此，实验结果没有统计学的推论意义，但可推论到相似特征的个体。针对青少年网络成瘾现状，家长应承担起主要的行动责任。健康和谐的家庭坏境才是孩子健康成长的根本。

4　关于运动成瘾

对网络成瘾青少年进行体育干预的目的是使他们能够采取合理有效的替代行为，缓解和改善不良的问题行为，同时能够引导其建立健康的行为方式和生活方式。然而，据目前最新研究表明，网络成瘾只是行为成瘾的一种类型，还包括其他的行为成瘾，例如，运动成瘾、赌博成瘾、购物成瘾等。因此，在使用一种行为代替一种成瘾行为时不得不面对一个新的困惑和问题，那就是这个行为会不会导致成瘾？运动成瘾是带有强迫性质的、个体持续参与运动的行为。国外（以美国和西欧为主）对运动成瘾进行了从形成机制、特征到应对方法等一系列研究，已经初成理论体系。国外对运动成瘾研究最多的是运动成瘾机制的问题。研究涵盖了生理学、心理学和社会学。如 Adams J 和 Kirkby RJ[①] 经过实验得出，由于运动所产生的生理物质儿茶酚胺、

---

① Adams J, Kirkby R J. Excessive exercise as an addiction: A review. Addiction Research&Theory, 2002, 10（5）: 415－437.

多巴胺等都是造成运动成瘾的原因。超量的运动可以唤醒机体交感神经系统使其释放儿茶酚胺，而儿茶酚胺是一种神经活性物质，可以导致成瘾；Rosa DA、De Mello MT、Negrao AB、De Souza – Formigoni MLO[1] 认为，运动成瘾者和非运动成瘾者在停止运动后的反应存在很大差异，运动成瘾者停止运动后会出现情绪反常。他们认为这就是负强化，是使人运动成瘾的原因之一；Patrick J 和 Bird，Ph. D[2] 收集的资料显示，造成运动成瘾的原因有生理上的和心理上的。在运动中，脑垂体能分泌一种像吗啡一样的物质，这种物质就是使运动产生精神欢快的原因。成瘾行为的形成是人体生理物质和心理意识规律性的改变在行为活动上规律性的表现和反映。如何合理地利用这种规律对人们的身体、心理健康有着极为重要的积极意义。运动成瘾涉及心理学、生理学、医学、体育学、社会学等多个学科，对运动成瘾的研究要得到一个普遍认可的理论体系还需要多学科的合作和社会的广泛支持，同时深入研究也会对各基础学科的交叉和融合起到积极的促进作用。当前，着力研究和解决的问题有：（1）完善一套有效判定运动成瘾行为的心理学工具；（2）运动成瘾相关生理物质的测定技术及运动成瘾动物模型的设计是为各种假说提供直接依据的关键所在；（3）体育学工作者应努力探求合理的运动处方，引导"积极成瘾"的形成和发展，避免和消除"消极成瘾"的形成等[3]。因此，课题组在研究过程中密切关注被研究者的运动流畅体验，及时与被研究者进行沟通了解他们参加体育干预后的心境变化和依赖特点，以避免形成运动依赖甚至运动成瘾。

5　体育干预模式的讨论

研究与实践的结果表明，综合应用一个以上的理论来解决某一实际问题能取得最大的效果，特别是这些理论借助一个综合计划体系来进行有机的整合，效率最高[4]。因为这样的一个综合计划体系可以帮助我们通过研究确定干预的目标人群状况及他们的需求、已有的可供利用的资源、不同阶段干预

① Rosa D A，De Mello M T，Negrao AB，et al. Mood changes after maximal exercise testing in subjects with symptoms of exercise dependence. Perceptual and Motor Skills，2004，99（1）：341 –353.

② Patrick J，Bird Ph D. Why is it that people get psycho – logically "hooked" on exercise？［J］. Keeping Fit，Column，638，1999.

③ 张瑞，郭海申. 运动成瘾的生理学机制研究评述［J］. 延边大学学报，2009，35（1）：91 –94.

④ 博华. 现代健康促进理论与实践［M］. 上海：复旦大学出版社，2003：204.

的项目的作用和过程以及通过计划这一持续的活动不断收集信息来完善干预项目。

PRECEDE－PROCEED 模式的创建者是 Lawrence Green 和 Marshall Kreuter。PRECEDE（Predisposing，Reinforcing，And Enabling Constructs In Educational Diagnosis And Evaluation，教育诊断和评估中的预示、强化和促成因素）是于 20 世纪 70 年代提出的，目的是为健康教育工作者提供一个系统的计划制定程序帮助他们提高健康教育干预的质量。该程序是基于一个临床治疗计划之前必须有临床诊断的做法，设想一个干预计划之前也必须进行教育诊断而构思出来的。PROCEED（Policy Regulatory And Organizational Constructs In Educational And Environment－Tal Development，教育和环境改变中的政策、管理、组织策略）是在 1991 年认识到健康促进的重要性，认识到除了传统的教育手段来改变不健康行为之外还需要健康促进的政策、环境等干预手段的情况下提出来的。与 PRECEDE 有机结合，形成了完整的 PRECEDE－PROCEED 框架。1999 年，作者顺应促进的生态学模型的发展，进一步发掘了 PRECEDE－PROCEED 模式的内涵，使其能更好地适应现代健康促进研究与实践工作的需要。

PRECEDE－PROCEED 模式是基于目标人群和目标社区需要的综合性的计划制定体系；是以评价社区和人群需要的研究和分析开始，倒推满足这些需要的步骤和措施。PRECEDE－PROCEED 模式共有 9 个阶段，前 5 个阶段是评价（诊断）阶段，设计在目标社区和相关组织中开展调查研究以确定总目标和具体目标，并在项目的各具体目标中设定需要优先解决的问题。后 4 个阶段是实施和评估（过程、影响、结局）阶段，重点强调如何通过后 4 个阶段的干预实施和评估来提高前面设定的目标。PRECEDE－PROCEED 模式遵从"健康行为是复杂、多维、受众多因素影响"的观点。虽然该模式不能称之为一个行为改变理论，但它却是一个很好的计划制定模型，可作为指导实践的理论框架。该模式的系统性方法和步骤为研究者提供了一些特定的指南，使资源更经济、有效的得到利用。

PRECEDE－PROCEED 模式的重要理论原则是：第一，绝大多数持久性的健康行为改变在性质上都是自愿的。这一原则体现在该模式指导计划制定的全过程——尽量让人们通过了解新知识、激发动机和学习技能来提高自己的能力（增权）并积极参与社区事务，从而提高他们的生活质量。因此，在我们应用该模式的每一阶段，都应尽量让项目的目标人群参与到项目计划制定、实施和评估的所有活动中；第二，强调环境因素在影响健康和行为方面的重要作用。毋庸置疑，目前都知道个体行为方式对公共卫生及人群健康有巨大影响。承认和理解个体行为会受到外界因素的促进或限制，是健康促进研究的主要特点，也是生态健康促进的核心。应用该模式可以帮助我们通过一系列的诊断步骤，考虑到影响目标人群健康和健康行为的个体和环境因素。

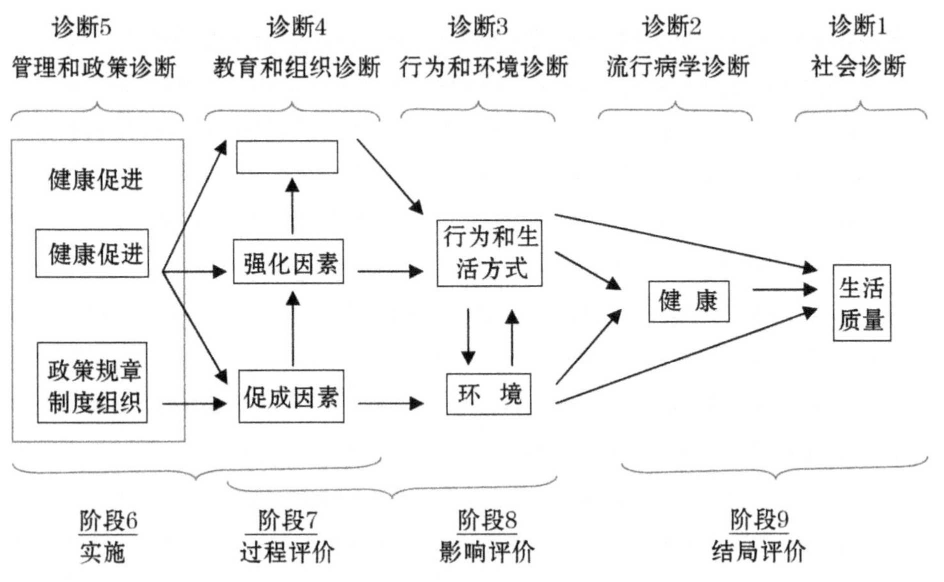

图 6-1　PRECEDE-PROCEED 模式的基本框架图①

PRECEDE-PROCEED 是一个可综合应用多种理论来制定干预计划的模式，该模式作为健康促进计划制定模式既有固定框架，又非常灵活，可以从任何一个阶段开始，在任何一个阶段结束。该模式统的诊断方法可帮助计划制定者批判性的考虑从哪儿开始，如何进行干预。模式不是一个预测行为改变的单一理论，而是一个能帮助人们将理论科学地应用于实践的综合性的计划制定模式。通过运用不同水平的理论来分析拟研究的问题（个体的、行为的、社会环境的）以及将行为的决定因素与干预措施联系起来，使研究者开阔了思路，跳出了传统的及单个行为改变理论的健康促进计划制定方法。基于此，本研究在实际操作过程中深深感到指导模式对于充分发挥体育干预的效果具有重要意义。并试图提出体育干预的 PRECEDE-PROCEED 模式。

---

① 转引自傅华. 现代健康促进理论与实践[M]. 上海：复旦大学出版社，2003：206.

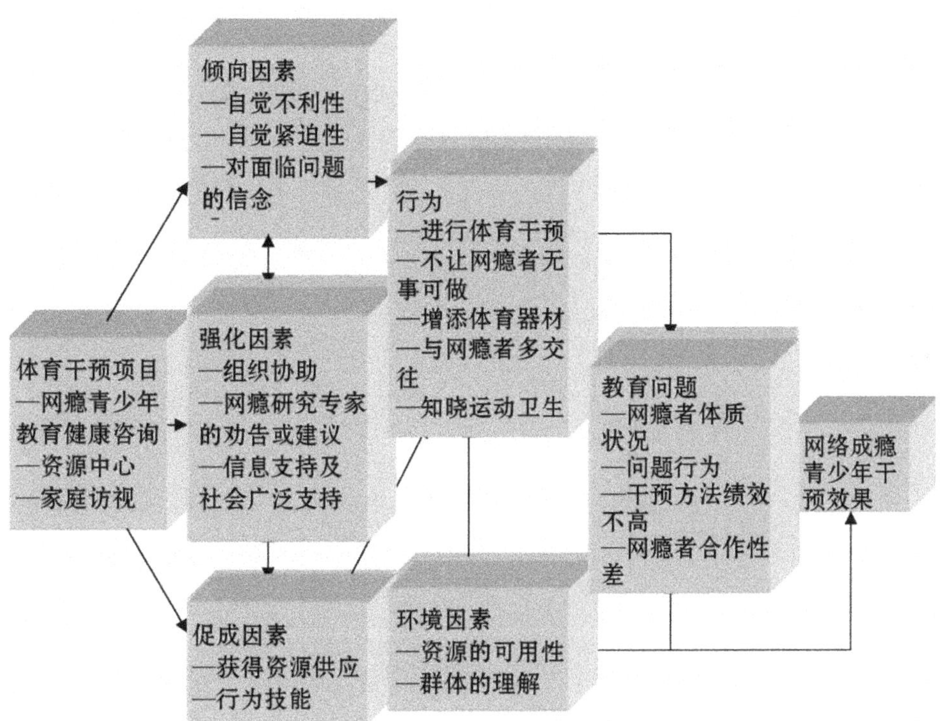

图 6 -2　体育干预的 PRECEDE - PROCEED 模式框架

附　录

附录一　行动研究简介

▶ 1　行动研究的定义和起源

"行动研究"这个词语有两个来源（郑金洲，1997：23）。一是在1933～1945 年间，寇勒（J. Coller）等人在研究改善印第安人与非印第安人之间的关系时提出来的。他们认为，研究的结果应该为实践者服务，研究者应该鼓励实践者参与研究，在行动中解决自身的问题。二是20 世纪40 年代美国社会心理学家勒温与其学生在对不同人种之间的人际关系进行研究时提出的。他们当时与犹太人和黑人合作进行研究，这些实践者以研究者的姿态参与到研究之中，积极地对自己的境遇进行反思，力图改变自己的现状。1946 年，勒温将这种结合了实践者智慧和能力的研究称为"行动研究"。在对"行动研究"的众多定义中，比较明了的当推行动研究的积极倡导者、英国学者艾略特（J. Elliot，1991：69）的定义："行动研究是对社会情境的研究，是以改善社会情境中行动质量的角度来进行研究的一种研究取向。"这种研究被运用于社会科学的各个领域，特别是组织研究、社区研究、医务护理与教育。因此，在《国际教育百科全书》中，"行动研究"被定义为："由社会情境（教育情境）的参与者为提高对所从事的社会或教育实践的理性认识，为加深对实践活动及其依赖的背景的理解所进行的反思研究。"（Husen，1985：35）在行动研究中，被研究者不再是研究的客体和对象，他们成了研究的主体。通过"研究"和"行动"这一双重活动，参与者将研究的发现直接运用于社会实践，进而提高自己改变社会现实的能力。研究的目的是唤醒被研究者，使他们觉得更有力量，而不是觉得更加无力。在行动研究中，研究者扮演的只是一个触媒的角色，帮助参与者确认和定义研究的问题，对分析和解决的问题提供一个思考角度（赖秀芬，郭淑珍，1996）。这种研究强调将研究结果直接用来对待和处理社会问题，而不只是对社会现实进行描述和论证。

行动研究起源于社会心理学、自然科学、组织科学和社会规划等学科，经历了从理性的社会管理到反实证方法，然后再到社会变革的历程。行动研究的先驱勒温在自己的有生之年使用这个方法建立了一系列有关社会系统的理论。他认为，行动研究主要有如下几个特点：实践者的参与、研究过程的民主化、研究发现可以对社会知识及社会变化作出贡献。他将行动研究成一个螺旋状逐步行进的过程，其中包括计划、发现事实、监察、实施、评价等步骤。后来，这些步骤被其他学者明确地解释为计划－行动－观察－反思－计划的循环（施良方，1996：501）。20 世纪 50 年代，由于哥伦比亚大学师范学院前院长寇利等人的倡导，行动研究进入了美国教育研究领域，教师、学生、辅导人员、行政人员、家长以及社区内支持教育的人都参与到了学校教育的研究中。然而，到了 60 年代中期，因实证主义在社会科学领域十分兴盛，技术性的"研究－发展－传播"（RDD）模式逐步占据统治地位，行动研究曾经沉寂一时。70 年代，经艾略特等人的努力，行动研究在西方社会再度崛起，特别是在教育研究领域（Susman &Evered，1978）。进入 90 年代以来，由于人们越来越意识到实证研究已经不能解决社会问题，理论与实践的分离已经成为社会科学领域的一个重大危机，而行动研究可以提供一些可行的变革社会的途径，因此这种主张和方法日益受到人们的重视。

质的研究之所以越来越重视行动研究，是因为它能够比较有效地纠正传统的质的研究中存在的弊端。传统的质的研究方法通常凭研究者个人的兴趣选择研究课题，研究的内容比较脱离社会实际，既不能反映社会现实，又不能满足实际工作者的需求。结果，实际工作者与社会科学研究者之间有一个很大的心理距离。一方面，前者得不到后者的帮助，不能直接从目前已经多如牛毛的科研成果中获益；而另一方面，前者又因为种种原因不可能对自己所处的环境和面临的问题进行系统的研究。而行动研究倡导实践者自己通过研究手段来对实践做出判断，在研究者的帮助下进行系统、严谨的探究工作，然后采取相应的行动来改善自己所处的环境。因此，质的研究认为这是一个解决现存问题的好办法，行动研究尊重多元、重视反思、坚持研究规范、采用高科技手段，是未来社会科学研究发展的一个方向。

2　行动研究的类型

行动研究内部有比较丰富的内容层次和方法类型，我们可以从研究的侧重点、研究的发展历程、参与者的反映以及参与者的不同类型几个角度对行动研究进行分类。首先，按照研究的侧重点，行动研究可以归纳为如下 3 种类型（郑金洲，1997：24）：

（1）行动者用科学的方法对自己的行动所进行的研究。这种类型强调使用测量、统计等科学的方法来验证有关的理论假设，实践者用科学的方法结合自己实践中的问题进行研究。研究可以是小规模的实验研究，也可以是较大规模的验证性调查。

（2）行动研究者为解决自己实践中的问题而进行的研究。这种类型使用的不仅仅是统计数据等科学的研究手段，而且包括参与者个人的资料，如日记、谈话录音、照片等。研究的目的是解决实践中行动者面临的问题，而不是为建立理论。

（3）行动者对自己的实践进行批判性反思。这种类型强调以理论的批判和意识的启蒙来引起和改进行动，实践者在研究中通过自我反思追求自由、自主和解放。

上述 3 种类型分别强调的是行动研究的不同侧面，第一种类型强调的是行动研究的科学性；第二种类型强调的是行动研究对社会实践的改进功能；第 3 种类型强调的是行动研究的批判性。虽然这些类型强调的方面各有侧重，但在实际研究中，研究者有可能同时结合这 3 个方面的特征。

▶ 3 行动研究的特点

有关行动研究的特点，研究界有各种说法，综合起来可以归纳为如下几个方面（阿特莱齐特等人，1997：7 ~ 8；郑金洲，1997：25；Holter & Schwartz Barcott，1993）。首先，行动研究特别强调实际工作者的参与，注重研究的过程与实际工作者的行动过程相结合。不论是独立进行研究还是与研究者合作，实践者自己都必须意识到这种研究的必要性，研究的动力必须来自他们自己。行动研究的实质是解放那些传统意义上被研究的"他人"，让他们接受训练，自己对自己进行研究。通过对自己的社会和历史进行批判性反思，他们能够了解那些深藏在自己文化中的价值观念，并且找到解决问题的答案（Green，1994；Hamilton，1994；Reason，1994）。

如果研究属于上面所说的"合作模式"或"支持模式"，研究者与行动者之间的相互尊重和平等合作非常重要。这种研究是在研究双方相互接受的伦理架构中进行的，研究者与实践者应该在没有阶层或剥削的状态下共同参与研究。参与各方在研究中应该注意建立研究关系，因为参与者在这种关系中可以达到改变自身的效果。行动研究是建立在"实践中的有效改变"这一信念之上的，而实现这一信念惟有在所有参与者共同合作下才有可能。因此，参与各方应该建立一个民主合作的关系（Argyris，1972）。研究民主化可以使过去被当成研究对象的人进入一个与研究者拥有同等权力和责任的位置，克服传统研究的一个弊病，即研究者过于迅速形成的抽象概念不能为实践者所理解，结果导致抽象理论的夭折。从实质上看，行动研究表现的是一种解放的政治。这种政治认为，任何研究都应该帮助那些在某一社会或某一历史时期受到意识形态和经济压迫的个人和群体，从他们的角度、愿望出发进行研究。虽然质的研究也强调研究者与被研究者平等，但是在现实生活中，研究者在权力、知识和社会晋升方面存在明显的优势。不论研究的结果受到被研究者多大的影响，最终结果总是属于研究者的。所以，行动研究特别提出来，研究应该与一种政治主张结合起来，这个政治主张就是推翻一切压迫势力，包括研究者对行动者的压迫（Mascia – Lees et al.，1993：246）。

4　行动研究的具体步骤和方法

虽然行动研究一再强调，研究应该视每一个具体课题的情境而定，没有统一明确的模式和步骤，但是归纳起来，我们仍旧可以找到一个大致的线索。例如，克密斯（S. Kemmis）采纳了行动研究创始人勒温的思想，认为行动研究是一个螺旋式上升的发展过程，每一个螺旋式发展圈包括4个相互联系、相互依赖的环节。

（1）计划：以大量的事实发现和调查研究为前提，从解决问题的需要和设想出发，设想各种有关的知识、理论、方法、技术、条件及其综合，以便使行动研究者加深对问题的认识，掌握解决问题的策略。计划包括研究的总体计划和每一个具体的行动步骤。

（2）行动：按照目的实施计划，行动应该是灵活的、能动的，包含有行动者的认识和决策。行动研究者在研究的过程中应该逐步加深对特定情境的认识，可以邀请其他研究者和参与者参与监督和评议。

（3）考察：对行动的过程、结果、背景和行动者特点进行考察。考察没有特定的程序和技术，鼓励使用各种有效的手段和方法。

（4）反思：对观察到和感受到的与制定和实施计划有关的各种现象进行归纳，描述出本循环的过程和结果，对过程和结果做出判断，对现象与原因做出分析解释，指出计划与结果之间的不一致性，形成基本假设、总体计划和下一步行动的计划。

5　行动研究的结果检验

行动研究在理论和方法上都对传统的研究提出了挑战，而它的创新也给研究的评估带来了一定的难度。例如，传统意义上的"信度"和"效度"等问题已经不可能在这个框架里进行讨论，传统的评价社会研究的方式在这里也已经不能奏效。行动研究不仅抹平了本体论和认识论之间的区别，而且引入了价值观念和权力的向度。此外，行动研究中的研究与行动之间是相互渗透的，两者无法分开来看待。建构知识的过程就是一个行动的过程，而行动的过程也是一个检验知识的过程，行动的结果就代表了知识的检验。知识的建构（反思）与检验（行动）之间的阶段是不可分割的，反思就是在行动中发生的。行动研究的严谨性表现在实践者是否可以敏锐地感觉到自己的实践理论中存在的错误，在情境中进行一种"回顾式交谈"。通过这种交谈，实践者反思的结果可以转化为实践，而实践又反过来激发反思理性和实践知识向前发展。通过行动与反思之间持续的互动，实践理论中的弱点会逐步地被检验出来，而有用的行动策略会被识别并得到发展。于是，实践者的行动品质以及他们的研究过程便得到了检验。

基于上述评价行动研究的特点，行动研究的质量衡量标准可以从如下几个方面进行考虑：（1）研究是否有利于发展和改善目前的社会现实，是否解决了实际的问题或者提供了解决问题的思路；（2）研究是否达到了解放实践者的目的，使他们不再受到传统科学研究权威的压迫，提高了他们自己从事研究的自信和自尊；（3）研究设计和资料收集的方法与实践的要求是否相容；（4）研究是否发展了实践者的专业知识，加深了他们对实践的了解，改进了他们的工作质量和社会地位，使他们的职业受到社会更大的重视；（5）研究是否符合伦理道德方面的要求，研究的方法是否与具体情境下的行动目标以及民主的价值观念相容，伦理原则是否制定成具体的伦理守则，使其更加具体化、情境华，让所有的参与者事先进行讨论，并随时进行修改（阿特莱齐特等人，1997）。

附录二　调查问卷一

以下为需要完成 20 道选择题，请在所要选择项的对应方框内划入"√"符号。

1. 你觉得上网的时间比你预期的要长吗？
□几乎没有　　　□偶尔　　　□有时　　　□经常　　　□总是

2. 你会因为上网忽略自己要做的事情吗？
□几乎没有　　　□偶尔　　　□有时　　　□经常　　　□总是

3. 你更愿意上网而不是和亲密的朋友呆在一起吗？
□几乎没有　　　□偶尔　　　□有时　　　□经常　　　□总是

4. 你经常在网上结交新朋友吗？
□几乎没有　　　□偶尔　　　□有时　　　□经常　　　□总是

5. 生活中朋友、家人会抱怨你上网时间太长吗？
□几乎没有　　　□偶尔　　　□有时　　　□经常　　　□总是

6. 你因为上网影响学习了吗？
□几乎没有　　　□偶尔　　　□有时　　　□经常　　　□总是

7. 你是否会不顾身边需要解决的一些问题而上网查 Email 或看留言？
□几乎没有　　　□偶尔　　　□有时　　　□经常　　　□总是

8. 你因为上网影响到你的日常生活了吗？
□几乎没有　　　□偶尔　　　□有时　　　□经常　　　□总是

9. 你是否担心网上的隐私被人知道？
□几乎没有　　　□偶尔　　　□有时　　　□经常　　　□总是

10. 你会因为心情不好去上网吗？
□几乎没有　　　□偶尔　　　□有时　　　□经常　　　□总是

11. 你在一次上网后会渴望下一次上网吗？
□几乎没有　　　□偶尔　　　□有时　　　□经常　　　□总是

12. 如果无法上网你会觉得生活空虚无聊吗？
□几乎没有　　　□偶尔　　　□有时　　　□经常　　　□总是

13. 你会因为别人打搅你上网发脾气吗？
□几乎没有　　　□偶尔　　　□有时　　　□经常　　　□总是

14. 你会上网到深夜不去睡觉吗？

□几乎没有　　　□偶尔　　　□有时　　　□经常　　　□总是

15. 你在离开网络后会想着网上的事情吗？

□几乎没有　　　□偶尔　　　□有时　　　□经常　　　□总是

16. 你在上网时会对自己说："就再玩一会吗？"

□几乎没有　　　□偶尔　　　□有时　　　□经常　　　□总是

17. 你会想方法减少上网时间而最终失败吗？

□几乎没有　　　□偶尔　　　□有时　　　□经常　　　□总是

18. 你会对人隐瞒你上网多长时间吗？

□几乎没有　　　□偶尔　　　□有时　　　□经常　　　□总是

19. 你宁愿上网而不愿意和朋友们出去玩吗？

□几乎没有　　　□偶尔　　　□有时　　　□经常　　　□总是

20. 你会因为不能上网变得烦躁不安，喜怒无常，而一旦能上网就不会这样吗？

□几乎没有　　　□偶尔　　　□有时　　　□经常　　　□总是

附录三　SCL — 90 问卷

姓名：　　　　　性别：　　　　　年龄：　　　　　评定日期：

注意：以下表格中列出了有些人可能会有的问题，请仔细地阅读每一条，然后根据最近一周以内影响您的实际感觉，在对应的情况下划一个钩。

没有　很轻　中等　偏重　严重

　　　　　　　　　　　　　1　2　3　4　5

1. 头痛

2. 神经过敏，心中不踏实

3. 头痛时有不必要的想法或字句盘旋

4. 头昏或昏倒

5. 对异性的兴趣减退

6. 对旁人责备求全

7. 感到别人能控制您的思想

8. 责怪别人制造麻烦

9. 忘记性大

10. 担心白己的衣饰整齐及仪态的端正

11. 容易烦恼和激动

12. 胸痛

13. 害怕空旷的场所或街道

14. 感到自己的精力下降，活动减慢

15. 想结束白己的生命

16. 听到旁人听不到的声音

17. 发抖

18. 感到大多数人都不可信任

19. 胃口不好

20. 容易哭泣

21. 同异性相处时感到害羞不自在

22. 感到受骗，中了圈套或有人想抓住您

23. 无缘无故地突然感到害怕

24. 自己不能控制地大发脾气

25. 怕单独出门

26. 经常责怪自己

27. 腰痛

28. 感到难以完成任务

29. 感到孤独

30. 感到苦闷

31. 过分担忧

32. 对事物不感兴趣

33. 感到害怕

34. 我的感情容易受到伤害

35. 旁人能知道您的私人想法

36. 感到别人不理解您不同情您

37. 感到人们对您不友好，不喜欢您

38. 做事必须做得很慢以保证做得正确

39. 心跳得很厉害

40. 恶心或胃不舒服

41. 感到比不上他人

42. 肌肉酸痛

43. 感到有人在监视您谈论您

44. 难以入睡

45. 做事必须反复检查

46. 难以做出决定

47. 怕乘电车、公共汽车、地铁或火车

48. 呼吸有困难

49. 一阵阵发冷或发热

50. 因为感到害怕而避开某些东西、场合或活动

51. 脑子变空了

52. 身体发麻或刺痛

53. 喉咙有梗塞感

54. 感到前途没有希望

55. 不能集中注意力

56. 感到身体的某一部分软弱无力

57. 感到紧张或容易紧张

58. 感到手或脚发重

59. 想到死亡的事

60. 吃得太多

61. 当别人看着您或谈论您时感到不白在

62. 有一些不属于您自己的想法

63. 有想打人或伤害他人的冲动

64. 醒得太早

65. 必须反复洗手、点数目或触摸某些东西

66. 睡得不稳不深

67. 有想摔坏或破坏东西的想法

68. 有一些别人没有的想法或念头

69. 感到对别人神经过敏

70. 在商店或电影院等人多的地方感到不自在

71. 感到任何事情都很困难

72. 一阵阵恐惧或惊恐

73. 感到在公共场合吃东西很不舒服

74. 经常与人争论

75. 单独一人时神经很紧张

76. 别人对您的成绩没有做出适当的评价

77. 即使和别人在一起也感到孤独

78. 感到坐立不安心神不定

79. 感到自己没有什么价值

80. 感到熟悉的东西变成陌生或不像是真的

81. 人叫或摔东西

82. 害怕会在公共场所昏倒

83. 感到别人想占您的便宜

84. 为一些有关"性"的想法而很苦恼

85. 您认为应该因为自己的过错而受到惩罚

86. 想要赶快把事情做完

87. 感到白己的身体有严重问题

88. 从未感到和其他人很接近

89. 感到自己有罪

90. 感到白己脑子有毛病

附录四　网络使用行为日记录登记表

情绪变化记录	1 周	2 周	3 周	4 周	5 周	6 周
	7 周	8 周	9 周	10 周	11 周	12 周

思想变化记录	1 周	2 周	3 周	4 周	5 周	6 周
	7 周	8 周	9 周	10 周	11 周	12 周

上网冲动记录	1 周	2 周	3 周	4 周	5 周	6 周
	7 周	8 周	9 周	10 周	11 周	12 周

申请上网记录	1 周	2 周	3 周	4 周	5 周	6 周
	7 周	8 周	9 周	10 周	11 周	12 周

上网时间累计	1 周	2 周	3 周	4 周	5 周	6 周
	7 周	8 周	9 周	10 周	11 周	12 周

代币枚数记录	1 周	2 周	3 周	4 周	5 周	6 周
	7 周	8 周	9 周	10 周	11 周	12 周

违反契约记录	1 周	2 周	3 周	4 周	5 周	6 周
	7 周	8 周	9 周	10 周	11 周	12 周

主动交流记录	1 周	2 周	3 周	4 周	5 周	6 周
	7 周	8 周	9 周	10 周	11 周	12 周

注：请将每日情绪及行为变化以次为单位记录在相应框格内。

成果汇报

本文发表于《北京体育大学学报》2009 年 8 期，并被新华文摘于 2010 年 1 期全文转载，是体育干预的理论研究部分。

锻炼心理学视角下网络成瘾心理归因及干预研究①

刘映海，丹豫晋

摘要：综述了最新网络成瘾心理归因及损害的实证研究。运用锻炼心理学理论透析了网络成瘾的 ACE 模型、认知－行为模型和阶段模型，发现体育锻炼作为一种有效的预防和干预方法符合这 3 种权威模型的解释原则。基于此，提出：（1）网络成瘾归因主要表现在心理问题，涉及到动力因素、人格因素及认知等方面；（2）个体无意识需要通过体育锻炼在一定程度上可以得到满足；（3）当前网络成瘾现象仍有蔓延之势、治疗机构方法各异、效果不佳、学科整合不力。尤其是我国人口数量巨大，预防远远重要于治疗；（4）随着锻炼心理学的长足发展，体育锻炼和干预将服务于社会现实问题的解决等观点。

关键词：网络成瘾；心理归因；体育锻炼；解释模型；锻炼心理学

---

① 基金项目：国家社会科学基金"十一五"规划教育学青年基金课题（编号：CLA070197）
作者简介：刘映海（1973～），男，山西平遥人，讲师，硕士，毕业于山西大学体育学院，主要从事体育教育及问题青少年干预研究。Tel：13593140303 Email：tyliuyh@ 126. com。丹豫晋（1976～），女，山西晋城人，讲师，硕士，毕业于天津体育学院，主要从事儿童体育心理学及教育理论研究。Tel：13754891110 Email：saradanh@ 126. com
作者单位：1. 山西大学体育学院，山西 太原 030006；2. 太原科技大学体育系，山西 太原 0300241. Shanxi University, Taiyuan 030006, China ; 2. Taiyuan University of Science and Technology, Taiyuan 030024, China.

Research on Psychological Attribution to Internet Addiction and Intervention From Exercise Psychological Perspective

Liu Ying – hai[1]   Dan Yu – jin[2]

Abstract ：Over viewing of the latest empirical research on psychological attribution and injury to internet addiction. Dialysis ACE model, cognitive – behavioral model and stage model with the method of exercise psychology, find that physical exercise is in line with the explain principle of the three authority models as an effective prevention and intervention methods. For this reason, put the forward views：（1）Internet addiction is mainly attributed by psychological problems related to motivation, personality and cognitive factors, and so on；（2）Individual unconscious needs can be met a certain extent with physical training；（3）At present, the phenomenon of internet addiction is still spreading, treatment agencies are different , ineffective and disciplines integration is inadequate. In particular the huge population, prevention is far important than treatment：（4）With the rapid development of the exercise psychology, physical training and intervention will service in the community to resolve the practical problems.

Key words ：internet addiction；psychological attribution；physical exercise；explanatory model；exercise psychology

随着互联网的使用和普及，网络正逐渐成为人们的学习和生活方式。然而，网络是一把双刃剑，如果过度或不当使用，不仅使个体身心健康受到影响，而且会导致其与生活现实疏离，甚至于放弃学习与其他正常的社会活动[1]。Goldberg 将由于不当使用网络而导致的这类负面现象称为"网络成瘾症"（Internet addiction disorder 简称 IAD)[2]，也有研究者将其称为"病理性网络使用"（pathological internet use，简称 PIU)[3]。对于网络成瘾机制的探讨，研究者关注的一个主要的方向是网络使用者的心理行为特点，即为什么在相同的条件下，有的用户会沉溺于网络而不能自拔，而有的用户却从网络中受益匪浅？对此，研究者分别从人格特征、自尊水平、网络使用动机、社会性发展、应对方式、非适应性认知等角度进行了深入的探讨[4-7]。Young

通过实证研究证实了网络成瘾的存在，并发现网络成瘾与 16PF 中的多个因子有着密切关系[8]。Kraut 等人发现过度使用网络对性格外向者或有较多社会支持者产生积极影响[9]。近年来，网络成瘾现象也引起国内研究者的关注，主要沿着探索导致网络成瘾的心理归因；因网络成瘾造成的心理问题行为及干预模式两条思路进行。本研究试图将导致网络成瘾的心理归因与体育干预在锻炼心理学的理论探讨基础上提出观点，即：（1）体育锻炼在一定程度上可以缓解和排除心理压力以至于减少或消除成为网络成瘾者的可能；（2）即便已经成为网络成瘾者，科学合理的体育运动也是有效的干预方法之一。综观尽全部的相关网络成瘾心理归因及损伤文献，笔者从认知因素与非认知因素进行归类、整理、分析，并对网络成瘾的 3 种解释模型进行锻炼心理学梳理。

1 网络成瘾的心理归因及损害

1.1 网络成瘾的认知归因及认知损害

李宁等研究者通过《戴维斯在线认知量表》的测验分析了网络成瘾者产生网络成瘾行为的非适应性认知基础，探讨了大学生网络成瘾形成的认知原因。结果表明，网络成瘾大学生与非网络成瘾大学生之间在社会性满足、孤独/消沉、减少冲动的控制、逃避与退缩四方面及总体水平上都存在极其显著的差异，非适应性认知在网络成瘾者身上表现极为突出。因此，大学生网络成瘾形成的心理基础是对上网形成的非适应性认知，非适应性认知又进一步强化了其上网行为，验证了戴维斯的病态网络使用的认知－行为模型理论的假设[10]

有研究发现网络成瘾者认知功能较非网络成瘾者在认知方面有明显损害[11]。按 Crystal 的观点[12]知识、算术、数字符号和木块图形是反映研究对象全智商的指标，在罗庆华等的研究中网络成瘾者的智力有广泛损害[13]。网络成瘾者存在逻辑记忆和视觉记忆损害，较非网络成瘾者言语流畅性测验成绩差，网络成瘾者的注意集中、持续注意、抗干扰、视觉注意等注意各方面均有损害[14]。

1.2　网络成瘾的非认知归因及非认知损害

1.2.1　网络成瘾者人格特质及感觉寻求特征

迄今为止，很多研究者承认上网行为与人格有关系。Kraut 等人发现过多使用互联网会导致孤独和抑郁的增加[15]。匹兹堡大学的研究结果显示，网络成瘾患者具有下列人格特点：喜欢独处、敏感、倾向于抽象思维、警觉、不服从社会规范[16]。李秀敏、阴国恩等进行了更加深入地研究，他们发现高频上网大学生与低频上网大学生的人格存在显著差异。高频上网大学生和低频上网大学生的乐群性、稳定性、恃强性、敢为性、独立性和自律性的差异非常显著。具有不同人格特点的大学生对互联网的内容有不同的偏好，偏好信息类和技术类内容的大学生与稳定性、兴奋性、敏感性和独立性人格特质相关。偏好刺激类内容的大学生与乐群性、稳定性、恃强性、敢为性、幻想性、忧虑性人格特质相关。偏好休闲类内容的大学生与乐群性、稳定性、忧虑性、独立性和紧张性人格特质相关。稳定性对信息类和技术类内容偏好的影响最大，乐群性和忧虑性对休闲类内容的影响最大，敢为性和幻想性对刺激类内容偏好的预测作用最大[17]。由此，我们可以看出人格特征的差异对网络成瘾具有很强的预测性。同时，Kimberly Young 的研究也证实，大多数对互联网有依赖倾向的人，常常已经患有其他的一些心理障碍，特别是忧郁症和焦虑症[18]。

感觉寻求（Sensation Seeking）是 M. Zukerman 在感觉剥夺实验的基础上提出来的一种人格特质概念，是指个体对多变的、新异的、复杂的、强烈的感觉和体验的寻求以及通过采取生理的、社会的、法律的和经济的冒险行为来获得这些体验的愿望[19]。研究发现，感觉寻求是对个体行为具有良好预测能力的一种指标。尤其对于青少年来讲，当其感觉寻求需求无法通过积极冒险行为（高冒险的体育运动或娱乐活动）得到合理满足时，就有可能转向从事各种消极冒险行为（吸烟、酗酒、网络成瘾、偷窃等）[20]。许多高感觉寻求水平的大学生对网络游戏趋之若鹜的一个非常重要的原因就在于网络游戏正好可以为他们提供所需要的刺激水平，他们在虚拟的网络环境中比低感觉寻求者保持着更高的唤醒水平，更容易沉迷于网络游戏世界[21]。

1.2.2　网络成瘾者社会性特征及相关因素交互作用与网络成瘾的关系

严标宾等采用网络行为量表、主观幸福感量表和社交焦虑量表对近千名青少年的网络行为与社会性发展进行了深入的研究[22]认为，青少年网络行为与主观幸福感和社交焦虑相关显著，主观幸福感和社交焦虑在网络成瘾与非成瘾之间差异显著，影响网络成瘾与非成瘾青少年总体主观幸福感的变量也存在差异。在此基础上，得出网络行为对青少年社会性发展有一定程度影响的结论。梁宁建进一步通过结构方程模型探讨了网络成瘾与大学生幸福感之间的关系，结果也表明生活事件、消极应对方式和社会支持直接或间接影响着大学生网络成瘾者的幸福感。生活事件、消极应对方式降低其幸福感，社会支持提高了大学生网络成瘾者的幸福感[23]。

雷雳等人的研究发现，神经质人格与互联网社交、娱乐和信息服务偏好对 PIU 的影响存在显著的交互作用。尽管此研究取得了突破性的成果，但与相关研究在横向比较上仍存在不一致的地方，且总体上还缺乏神经质人格与精神质人格对网络成瘾倾向的作用机制的深入探讨。因此，原献学基于病理性互联网使用的认知行为模型采用路经分析技术提出并验证了两个理论假设：（1）精神质、神经质和掩饰性 3 个人格特质及社会适应能力对网络成瘾倾向的形成均具有显著影响；（2）社会适应能力可能是这些人格特质调节病理性网络使用行为的中介因素[24]。还有学者在此基础上突破现象性的定性分析，从主观幸福感、社会回避与苦恼、无序感、攻击性等方面出发，在定量分析的基础上提供了全面合理的网络成瘾心理机制和干预依据：网络成瘾青少年与非成瘾青少年在社会交往，如社会退缩等方面没有显著差异，在生活事件（对身心健康产生影响的一种心理社会应激源）、网络使用时间、主观幸福感、社会支持、攻击性、无序感、自我和谐等方面都存在显著性差异[25]。

1.2.3　网络游戏参与动机与学习动机的匹配关系

综观相关文献，笔者认为探讨网络游戏的参与动机多从挑战与竞争乐趣（Malone，1980）、自我肯定（Malone，1980；蔡佩，1995；苏芬媛，1996；陈庆峰，2001）、幻想与角色扮演（Malone，1980）、人际关系、逃避归属、获取信息（陶振超，1996）等角度进行和深入。探讨学习动机多从求知乐趣、自我成就感、物质激励、个人前途、外部期望和逃避失败等角度展开。在孟丽丽的研究中将网络游戏的参与动机与学习动机在主成分分析与典型相关分析的基础上进行了匹配。结果显示，社会学习、自我肯定的游戏参与动机与求知成就、个人前途的学习动机存在正相关关系，娱乐猎奇、逃避归属则与外部期望、物质激励存在相关关系。至此，笔者认为，网络游戏参与动机直接或间接反映了青少年的学习动机，参与网络游戏的类型折射出动机的内容倾向。合理评估和引导青少年学生参与网络活动动机有利于建立正确学习动机，使网络游戏真正成为学生获取知识的高效途径和休闲娱乐的健康方式。

1.2.4　网络成瘾与消极应对方式的关系

应对方式是指个体面临压力时为减轻其负面影响而做出的认知与行为的努力过程[26]。值得注意的是，在李宏利等的研究中发现 PIU 分数较高的个体更多使用自己所熟悉的互联网功能或服务来缓解压力，相应较少采用现实生活中其他的应对资源而成为"电子化的物质使用"（substance use）。也就是说，严重的 PIU 可能是类似于物质使用的一种新的心理行为问题。严重的 PIU 个体或网络依赖者更多地使用指向情绪的非适应性应对方式，如发泄、退避、幻想、否认[27]，所以应对方式是预测 PIU 的重要变量。PIU 高分组被试与 PIU 低分组被试在应对方式使用上差异显著，PIU 高分组被试较少采用问题解决这一应对方式，而更多采用幻想与发泄这两种应对方式[28]。根据 Wills 和 Shiffiman[29] 提出的"压力—应对模型"（Stress – Coping Model），生活压力与有限的应对资源可能是个体出于调节情绪的目的而进行物质使用（服用烟草、大麻、酒精等）。一些中学生尤其是严重的 PIU 个体，像药物滥用那样使用互联网来应对现实生活中的问题甚至造成严重的心理行为问题。

幻想（个体采取想象或虚构的形式来摆脱现实的烦恼与苦难）、发泄（把不愉快的经验宣泄出来，以减轻挫折和压抑）是两种指向情绪的应对方式，严重 PIU 个体更多使用这两种应对方式。这两种方式是中学生在使用网络时更多卷入网络成瘾所采用的应对方式。中学生使用互联网宣泄不满有利于缓解现实生活中的压力，但另一方面因为某些个体可能缺乏互联网使用中必要的自我调节能力，难于控制互联网使用产生的消极影响，进而卷入网络成瘾。问题解决应对方式（积极的认知与行为努力，使问题得到解决或消除压力源）是中学生自我调节能力的重要体现，让中学生更少感知到互联网的消极影响，较少卷入网络成瘾，反而受益于互联网使用。

心理学研究已表明网络成瘾对青少年的身心危害是严重的。据中国青少年网络协会 2005 年发布的《青少年网瘾数据报告（2005）》显示，目前中国青少年网络成瘾比例已经高达 13.2%，另有 13% 的青少年存在网瘾倾向[30]。过去采用医学、心理学、社会学和一般教育所采用的手段和方法并未能阻止网瘾蔓延的趋势[31]。其中的主要原因在于"各学科之间缺乏横向交流，不能产生整合效应；家庭、学校、社会、青少年自身没有形成合力，导致了青少年网瘾反复发作；片面套用外国的研究成果，忽视本国的国情，使研究失去有效性"[32]。体育运动，面对现实社会的迫切需要将成为防治网络成瘾的新途径。

2　锻炼心理学视角下网络成瘾的防治

2.1　锻炼心理学的内涵

Rejeski 等人（1988）指出，身体锻炼心理学是运用教育心理学、科学心理学和职业心理学的理论和方法来促进、维持和提高身体健康指标的一门学科，它更强调肌肉力量、耐力、活动范围、心肺忍受性和身体结构的变化的认知、情绪和行为问题。根据 Rejeski 等人（1993）的观点，身体锻炼心理学应包括三方面的涵义：（1）身体锻炼心理学离不开教育心理学、科学心理学和职业心理学等的理论支持；（2）身体锻炼的前因、后果和锻炼期间的心理过程都包含了认知、情绪和行为的成分；（3）身体锻炼行为包括各种与耐力、力量、心肺功能、柔韧性和身体结构有关的活动形式[33]。锻炼心理学研究的主要目的是促进身心健康并形成良好的身心状态。锻炼心理学的研究重点内容是如何通过各种体育锻炼来保持与改善身心健康和形成良好的身心状态或预防人们生病及非良性身心状态[34]。国外运动心理学关于锻炼心理学的研究内容归纳起来主要包括三方面的内容：第一，锻炼前的准备阶段，包括运动动机、态度、体育习惯、体育价值观、体育兴趣以及锻炼的个性、性别差异等，其中动机是最主要的影响因素。第二，锻炼过程中的心理影响，如短期的情绪效应、锻炼的努力程度、锻炼的坚持性、锻炼的影响因素（锻炼方式、项目、强度、频度等）；第三，锻炼后的心理效应，包括锻炼的长期情绪影响、睡眠模式、身体表象和自尊、锻炼的依赖性与成瘾性、锻炼与生活质量和幸福感等。

2.2　锻炼心理学视角下网络成瘾心理归因模型的分析

从上文对网络成瘾的心理归因及损害分析可知，网络成瘾的心理机制比较复杂，有需要、动机等动力因素；有抑郁、孤独、自制力差、高感觉寻求、应对方式消极等人格特质因素。综合这些因素对于网络成瘾的解释，最具代表性的是 Young 的 ACE 模型、Davis 的认知 – 行为模型和 Grohol 的阶段模型。在此，本文依据这 3 种模型探讨体育锻炼对防治网络成瘾的理论价值。

2.2.1　锻炼心理学视角下 Young 的网络成瘾 ACE 模型分析

Young 1999 年提出以可用性（accessibility）、控制性（control）和兴奋

性（excitement）等 3 个因素来说明强迫性互联网使用的形成过程，并将它们看作促进网络成瘾过程的 3 种潜在变量，即所谓的 ACE 模型。其中，可用性指网络信息的可利用性、网上交互范围的大小和色情图片的吸引力；控制性指个人对电子交互方式中可感知的隐私性信息的可控程度；兴奋性为网络信息对个体内部情感的激活程度。该模型的建立对于理解网络成瘾行为的形成、制定相应的治疗计划有一定的积极作用。从图 1 假定某一个体在特定需要、动机等动力因素的作用下，借助网络信息的便利性、较大的交互范围和色情图片等的吸引力来获得。如果是抑郁、孤独或高感觉寻求等人格特质，就更容易获得个体内部情感的强激活程度。在强烈兴奋状态下自制力差、应对方式消极就可能对网络形成依赖，甚至不当使用造成身心危害。照此，需要将不断升级，利用网络逃避现实、减轻心理压力的耐受性急剧加强，所期望获得的兴奋感迅速增强，如果此时失去自我控制能力，将出现明显的戒断反应。最终，在无干预条件下形成恶性循环。

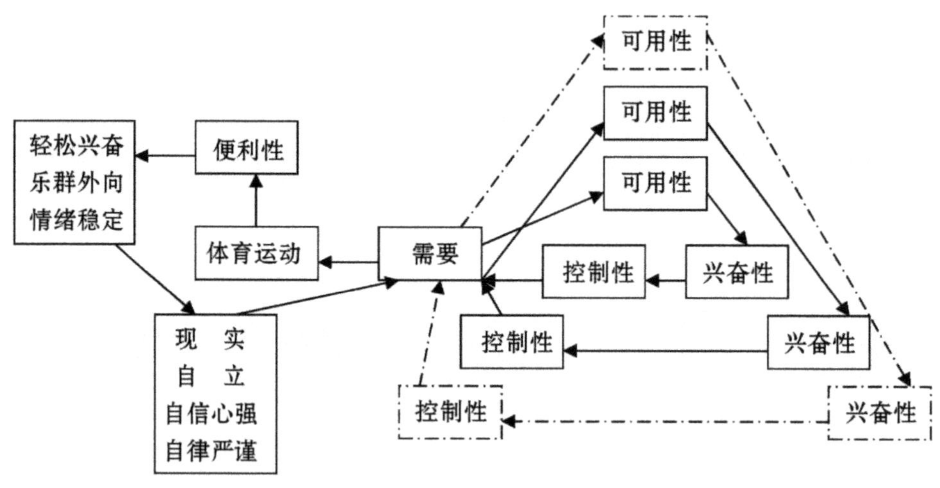

图 1　网络—体育运动的 ACE 模式解构

体育锻炼作为网络替代品在满足个体需要（尤指情感需要、交际需要、自我实现需要等）过程中与人格关系密切。哈腾和法格（Hartung & Farge，1977）报道，与不锻炼的人相比，经常参加锻炼的人有较强的自制力，他们更聪明、认真、富有想象力、为人直率、有较强的自立能力[35]。不仅如此，体育运动还可以产生短期心理健康效应。德国拜罗伊特大学阿本勒（Abele）布瑞姆（Brehm）提出"动力平衡模型"，认为心境状态可分为评价性维度和激活性维度两个纬度。健身和有氧锻炼等非竞赛性锻炼活动对心境具有双向调节功能，既能将负性心境或过高的良性心境状态维持在中间水平上，也就是平衡机制的功能。尤其是一些竞争性并存在胜负结果的竞技类活动在一定条件下有助于提高心境的激活状态[36]。通过体育锻炼，个体感受到"流畅体验""体育锻炼快感""负性心境转移体验"等。杰克森等人认为，流畅状态是一种积极的情绪体验，主要发生在锻炼者完全地投入到运动情境中并能胜任挑战的时刻[37]。Sachs 发现，当"跑步者高潮"（体育锻炼快感）出现时，跑步者会体验到一种良好的身心状态，感觉到自身与情景融为一体，身体轻松，忘却自我，充满活力，超越时空障碍。当锻炼者成功地完成某项锻炼任务，并在某此锻炼中产生这些特殊的情绪体验后，就会诱发积极的情感和再尝试的欲望，并能抵消一部分抑郁、焦虑等情绪的影响进而改善心理状态[38]。一些研究表明，慢跑、游泳等活动能使锻炼者进入自由联想状态，促进思维的反省和脑力的恢复，转移负性情绪。因此，Young 的 ACE 模型不仅从心理学层面解释了网络成瘾的机理，而且增强了体育运动干预治疗和预防网络成瘾的理论价值和现实意义，使网络不再是使用者满足无意识需要的唯一工具。

2.2.2　锻炼心理学视角下 Davis 的认知－行为模型分析

Davis 提出认知－行为模型[39]，试图解释病态网络使用（pathological internet use）的发展和维持。如图 2 所示，该模型中靠近病因链近端的因素，是 PIU 发生的充分条件，靠近远端的因素则是必要条件。Davis 认为 PIU 的认知症状先于情感或行为症状出现，并且导致了后两者。有 PIU 症状的个体在某些特定方面有主要的认知障碍，从而加剧个体网络成瘾的症状。该模型认为病态行为（PIU）受到不良倾向（个体的易患素质）和生活事件（压力源）的影响，它们位于 PIU 病因链远端，是 PIU 形成的必要条件。个体易患素质指当个体具有抑郁、社会焦虑和物质依赖等素质，则更容易发展出病态网络使用的行为[40,41]。压力源（紧张性刺激）指不断发展的互联网技术。前面论及网络成瘾归因的认知因素时提到非适应性认知在网络成瘾者身上表现极为突出，大学生网络成瘾形成的心理基础是对上网形成的非适应性认知，非适应性认知又进一步强化了其上网行为。

体育锻炼对认知活动影响的研究虽然起步较晚，但目前已有大量研究证明了体育锻炼与认知活动之间存在适度正相关[42]。研究者认为，长期的体育锻炼在认知表现上比短期的体育锻炼有更大的效应；有规律的锻炼可以通过提高知觉和运动系统的总体速度来提高精神运动的速度；体育锻炼可以诱

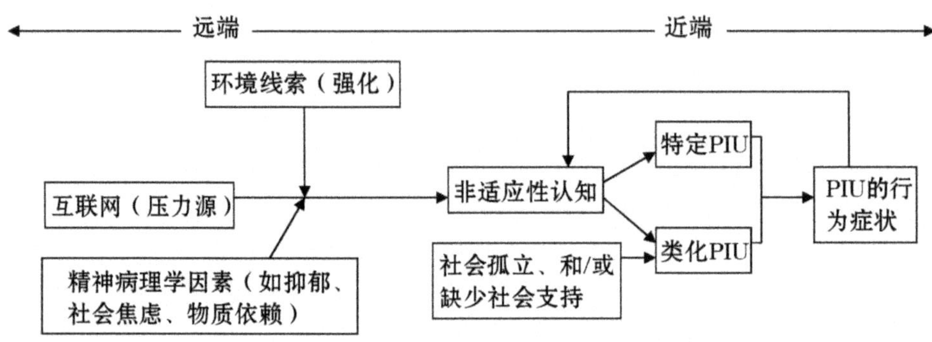

图2　病态网络使用（PIU）的认知－行为模型

发积极的思维和情感，这些积极的思维和情感对抑郁、焦虑、困惑等消极情绪具有抵抗作用。尤其对于复杂的认知任务，体育锻炼表现出明显的积极影响（Weingarten，1973）。顾廷（Gutin）的研究也发现认知任务的复杂性和体育锻炼的持久性将对结果产生显著的影响。当进行的锻炼是需要思考的协调动作时，当这些动作包含的结构与功能对从事某些操作有必要时，体育锻炼就有益于认知活动。网络成瘾的认知－行为模型提示我们，正在生长发育、心理品质尚未健全的青少年难以建立正确的网络认知，更难以把握和及时控制自己的不当使用行为。体育锻炼不论是作为兴趣爱好，还是作为一种必需的健康生活方式，还是作为一种宣泄无意识需要的合理途径都有助于网络成瘾的防治。而且，这样的行动越早越好，有研究发现体育锻炼与认知发展的密切关系在儿童身上有直接的体现。当然，并不是孤立、片面的体育活动就能有效促进个体的认知发展，这一领域还有待于锻炼心理学科的进一步研究。

2.2.3　锻炼心理学视角下 Grohol 的阶段模型分析

Grohol 提出阶段模型[43]，认为所谓网络成瘾只是一种阶段性的行为。网络用户大致要经历3个阶段，第一阶段，网络新手被互联网迷住，或者有经验的网络用户被新的应用软件迷住；第二阶段，用户开始避开导致自己上瘾的网络活动；第三阶段：用户的网络活动和其他活动达成了平衡。Grohol认为所有的人最后都会到达第3阶段，但不同的个体需要花不同的时间。那些被认为是网络成瘾的用户，只是在第一阶段困住，需要帮助才能跨越。目前，笔者调研考察了多家网络成瘾治疗机构，发现大多采用强制性方法进行网络隔离治疗，甚至有的机构欲将网络成瘾纳入精神病范畴给予住院治疗。这些措施虽然融合了心理学、生理学、教育学等学科的方法，但在实践上夸大了网络成瘾的危害和人群的数量，无益于客观认识网络成瘾现象和有效防治这一社会问题，这一点从 Grohol 的阶段模型已得到启示。目前对于网络成瘾认识的真正盲区在于网络成瘾倾向的用户者究竟如何界定和预防？然而，我们从 Grohol 的阶段模型的解释中得到启示，该模型为网络成瘾倾向者、网络成瘾障碍者甚至网络成瘾严重者进行体育锻炼干预提供了防治的可能性和可操作性。在第一阶段，网络新手被互联网迷住，或者有经验的网络用户被新的应用软件迷住。干预可以针对使网络新手和有经验网络使用者迷住的内外因，进行综合分析后采取干扰这些用户成瘾的趣味体育项目。例如，户外运动、心理拓展项目等。在第二阶段，如果用户开始避开导致自己上瘾的网络活动，那么体育干预的及时加入则是在用户有意识规避状态下进行的，更有可能取得良好的效果。第三阶段，用户的网络活动和其他活动达成了平衡。体育锻炼的作用可能会凸现在健康的体育生活方式形成方面，或者说可以预防再次被网络"迷住"。

2.3 网络成瘾的体育干预实证分析

据国内研究者苏家文等发现，体育生的网络成瘾现象低于其他专业大学生，成瘾比例以及成瘾者所表现出来的症状在程度上均小于普通大学生。因此，提出网络与体育活动都具有娱乐性、交往性等多种相同或相似的功能，并建议网络使用者利用丰富多彩的体育活动和竞赛来充实业余生活，这对减少上网时间及网络成瘾综合症的养成有积极意义[44]。这一研究从实证的角度证明了体育锻炼对于减少网络成瘾的比例及症状的作用。盖华聪等采用单盲实验法进行了对照研究，验证了加强体育与健身教育对预防和戒除大学生网络成瘾具有有效性和持续性的假设[45]。朱莉、周学荣等运用调查法和实验法对一名中度网络成瘾的青少年进行了体育干预研究，结果发现其成瘾症状减轻、成瘾行为以及总体心理健康水平都得到明显改善[46]。虽然如此，我们仍不能武断地认为，体育锻炼能有效防治网络成瘾，更不能认为体育锻炼是防治网络成瘾的唯一手段和方法。体育干预只在网络成瘾的心理归因及损伤治疗中才能起到作用，而且体育干预的项目选择、时间频率要求、方法选择、个体兴趣及相关指标测定都需要进行个别化、实证性的深入研究。

▶ 3 结 论

（1）网络成瘾归因主要表现在心理问题，涉及到动力因素、人格因素及认知等方面。锻炼心理学研究成果对于网络成瘾的防治具有现实意义。

（2）个体无意识需要通过体育锻炼在一定程度上是可以得到满足的，许多健康的心理品质在体育锻炼过程中可以培养和提高。那么面对网络虚拟世界的诱惑，正确的认知、自制力、积极应对方式、自信心及角色责任意识就会起到平衡作用。

（3）网络成瘾现象仍有蔓延之势，治疗机构方法各异，效果不佳。且网络成瘾研究成果尚待深入，学科整合不力。尤其是我国人口数量巨大，预防工作就远远重要于治疗。因此，体育运动及干预作为简便易行、持续有效、娱乐健康的网络成瘾防治手段应深入研究。

（4）锻炼心理学运用教育心理学、科学心理学和职业心理学的理论和方法，通过各种体育锻炼来保持、改善身心健康，形成良好的身心状态或预防人们生病及非良性身心状态。随着这一学科的长足发展，体育锻炼和干预也将服务于社会现实问题的解决。

参考文献

［1］LaRose R, Eastin M S, Gregg J Reformulating the Internet paradox Social cognitive explanations of Internet use and depression Journal of Online Behavior 2001, 1（2）: http//www. behavior net/JOB/vln1/paradox. html.

［2］Goldberg I Internet addiction disorder http//www. cog brown edu/brochure/ brown / brochure/people/Duchon/humor/internet addiction html1995.

［3］Davis R A. A cognitive behavioral model of pathological Internet use（PIU）. Computers in Human Behavior, 2001, 17（2）: 187 – 195.

［4］Young K S, Hogers C. The relationship between depression and internet addiction Cyber Psychology& Behavior, 1998（1）: 25 – 28.

［5］Morahan – Martin J, Schum acher P. Incidence and correlates of pathological internet use among college students Computer in human behavior, 2000（16）: 13 – 29.

［6］Caplan S E. Problem atic Internet use and Psychosocial well – being development of atheory – haled cognitive – behavioral measurement instrument Computers in Human Behavior, 2002, 18: 552 – 575.

［7］Yang C K, Choe B M, Baity M, Lee JH, Cho J S. SCL – 90 – R and 16Pfprefiles of senior high school students with excessive Internet use Canadian Journal of Psychiatry , 2005, 50（7）: 407 – 414.

［8］Young K S, Rodgers R C. Internet addiction Personality traits associated with its development The 69h annual meeting of the Eastern Psychological Association, Boston, 1998.

［9］Kraut R, Patterson M, Lundmark Fetal Internet paradox A social technology that reduces social involvement and psychological well – being American Psychologist 1998, 53（9）：1017 – 1031.

［10］李宁，梁宁建．大学生网络成瘾者非适应性认知研究［J］．心理科学，2007，30（1）：65 – 68.

［11］罗庆华，蒙华庆，傅一笑，等．网络成瘾者认知功能的病例对照研究［J］．中国心理卫生杂志，2007（4）：237 – 239.

［12］Crystal R B, James M G, Iannone V N, etal·Short form of the WAIS – III for use with patients with Schizophrenia. Schizophr Res, 2000, 46（2 – 3）：209 – 215.

［13］林绚晖，阎巩固．大学生上网行为及网络患病探讨［J］．中国心理卫生杂志，2001，15（4）：281.

［14］罗庆华，蒙华庆，傅一笑，等．网络成瘾者认知功能的病例对照研究［J］．中国心理卫生杂志，2007（4）：237 – 239.

［15］Kraut R. Internet paradox：Asocial technology that reduces social and involvement and psychological well being? American Psychologist, Sep；Vol 53（9）：1017 – 1031.

［16］颜世富．信息时代与心理调节［M］．上海：上海人民出版社，2001：238 – 239.

［17］李秀敏，阴国恩．大学生上网行为与人格特质相关性研究［J］．心理发展与教育，2004（1）：34 – 37.

［18］Patricia Wallace 著．谢影，苟建新翻译．互联网心理学［M］．北京：中国轻工业出版社，2000，198 – 199.

［19］Zarevski P, Marusicl, Zolotic Setal. Contribution of Arnett's inventory of sensation seeking and Zuckerman's sensation seeking scale to the differentiation of athletes engaged in high and low risk sports. Personality and Individual Differences, 1998, 25：763 – 768.

［20］张明，陈丽娜．感觉寻求与青少年冒险行为研究的现状与趋势［J］．东北师范大学学报：哲学社会科学版，2003，203（3）：125 – 129.

［21］杨文娇，周治金．网络成瘾大学生的感觉寻求人格特征研究［J］．高等教育研究，2005（6）：69 – 73.

［22］严标宾，郑雪．青少年网络行为与社会性发展的关系研究［J］．应用心理学，2006（2）：168 – 175.

［23］梁宁建，吴明证．大学生网络成瘾与幸福感关系研究［J］．应用心理学，2006（2）：294 – 296.

［24］原献学，李建升．大学生人格特质、社会适应能力与网络成瘾倾向的关系［J］．应用心理学，2006（3）：253 – 257.

［25］崔丽娟，赵鑫．网络成瘾对青少年的社会性发展影响研究［J］．心理科学，2006（1）：34 – 136.

［26］Huang X, Yu H, Zheng Y. etal. The pilot study on the coping styles in middle school student. Psychology science（in Chinese），2000, 23（1）：1 – 5.

［27］Hall S，Parsons J. Internet Addiction：College Students Case Study Using Best Practices in Cognitive Behavior The rapy. Journal of Mental Health Counseling，2000，23（4）：312－327.

［28］李宏利，雷雳．中学生的互联网使用与其应对方式的关系［J］．心理学报，2005（1）：87－91.

［29］Wills A，Sandy M，Yeager A. Time Perspective and Early － Onset Substance Use：A Model Based on Stress Coping Theory. Psychology of Addictive Behaviors，2001，15（2）：118－125.

［30］中国青少年网络协会．中国青少年网瘾数据报告（2005）［N］．中国青年报，2005，11（23）.

［31］盖华聪．体育教育对青少年网络成瘾干预的可行性分析［J］．鲁东大学学报，2007（1）：116－119.

［32］咎玉林．青少年网络成瘾研究综述［J］．中国青年研究，2005（7）：36－37.

［33］季浏．体育锻炼与心理健康［M］．上海：华东师范大学出版社，2006.

［34］姒刚彦．当代锻炼心理学研究［J］．体育科学，2000，20（1）：62－64.

［35］Hartung，G. H.，Farge，E. J："Personality and physiological traits in middle － aged runners and joggers"，Journal of Gerontology，1977.

［36］季浏．体育锻炼与心理健康［M］．上海：华东师范大学出版社，2006.

［37］Jackson，S. A.，Marsh，H. W.："Development and Validation of a Scale"，J. of Sport Exercise Psychol，1996.

［38］Sachs，M. L.："On the trail of the runner's high：a descriptive and experimental investigation of characteristics of and elusive phenomenon"，Unpublished doctoral dissertation. Florida State University. 1980.

［39］李宏利，雷雳，王争艳，等．互联网对人的心理影响［J］．心理学动态，2001，9（4）：376－381.

［40］Kraut R，Parrerson M，Lundmark V，et al. Internet paradox：A social technology that reduces social involvement and psychological well － being? American Psychologist，1998，53（9）：1017－1031.

［41］Young KS，Rodgers R. The relationship between depression using the BDI and pathological Internet use. The 105th Annual Convention of the American Psychological Association，Chicago，1997.

［42］Etiner，J. L.，Salazar，W.，Landers，D. M.，Petruzzello，S. J.，Han，M. Knowell，P.：The influence of physical fitness and exercise upon cognitive functioning：Ameta － analysis"，Journal of Sport and Exercise Psychology，1997.

［43］Grohol J. Internet addiction guide. http：//psychcentral. com/netaddiction/，1999.

［44］苏家文．高校体育生网络成瘾状况及对心理健康的影响［J］．军事体育进修学院学报，2006（4）：126－128.

［45］盖华聪．体育教育对大学生网络成瘾干预的实验研究［J］．鲁东大学学报，2007（4）：371－374．

［46］朱莉，周学荣．青少年学生网络成瘾行为的体育干预个案研究［J］．军事体育进修学院学报，2007（2）：108－110．

本文发表于《体育与科学》2010 年 4 期，是体育干预的实证研究部分。

网络成瘾青少年体育干预之行动研究[①]

刘映海[1]　　丹豫晋[2]　　苏连勇[3]

（1. 山西大学体育学院 太原 030006；2. 太原科技大学体育系 太原 030024；
3. 天津体育学院体育系 天津 300381）

摘要：近日非法网戒机构致使"网瘾"少年殒命，"网络成瘾"话题争议四起，造成众多家长心理恐慌和极大压力。而相关课题的理论研究和实践研究滞后，有效干预途径尚在探索。面对实际问题，采用行动研究对网络成瘾青少年进行体育干预实验。结果：（1）体育干预对于青少年网络成瘾一般问题，尤其是由于亲子沟通障碍引起的网络成瘾问题的干预效果明显；（2）行动中，拓展训练、远途旅行、游泳、网球、篮球、轮滑等是最有效的干预项目；（3）青少年网络成瘾问题并不是"洪水猛兽"，家长切勿病急乱投医。

关键词：网络成瘾；青少年；体育干预；行动研究

① 基金项目：国家社会科学基金"十一五"规划教育学青年基金课题（编号：CLA070197）
刘映海（1973～），男，山西人，讲师，硕士，主要研究方向为青少年体育教学与研究，E－mail：tyliuyh@126. com；丹豫晋（1976～），女，山西人，讲师，硕士，主要研究方向为青少年问题行为干预及体育社会学研究，E－mail：saradanh@126. com；苏连勇（1954～），男，天津人，教授，博士，硕士生导师，主要研究方向为体育社会问题与控制。
作者单位：1. 山西大学 体育学院，山西 太原 030006；2. 太原科技大学 体育系，山西 太原 030024；3. 天津体育学院 体育系，天津 300381
1. Shanxi University, Taiyuan 030006, China；2. Shanxi University of Science& Technology, Taiyuan 030024, China；3. Tianjin University of Sport, Tianjin 300381, China.

Action Research on Sports intervention of Internet Addiction Youth

Liu Ying – hai   Dan Yu – jin   Su Lian – yong

（1. Shanxi University Taiyuan 030006；2. Taiyuan University of Science &Technology Taiyuan 030024；3. Tianjin University of sport Tianjin 300381）

Abstract：Recently，Illegal Organization cause "Net Addiction" Juvenile perish，"Internet addiction" topic convoluted controversy，causing panic and great psychological pressure among many parents. And the theoretical research and practical research of related topics lags behind，effective interventions is still explored. Facing of the real problems，use action research on sports intervention experiments on internet addiction youth. Results：（1）Sports interventions has demonstrable effect on Internet addiction youth in general，particularly on those who are internet addictions because of barriers to parent – child communication problems；（2）Outward Bound，long – haul travel，swimming，tennis，basketball，Skating are the most useful items to them；   （3）Internet Addiction is not a "scourge"，parents should not Irrational.

Keywords：internet addiction；youth；sports intervention；action research

1 行动的意义

网络成瘾是个体由于过度使用互联网而导致明显的社会、心理功能损害的一种现象[1]。在网络成瘾群体中青少年已成为高危人群，据中国青少年网络协会 2005 年发布的《中国青少年网瘾数据报告（2005）》显示，目前中国青少年网络成瘾比例已高达 13.2%，另有 13% 的青少年存在网瘾倾向[2]。近来，关于"网络成瘾"的诊断与治疗争议频起，尤以 8 月份今日说法栏目播出的《一个网瘾少年的离去》为争议之高峰。前一阶段，将"网络成瘾"纳入精神病范畴，掀起轩然大波。而后国家教育部明令禁止对网瘾者实施电击疗法，今又有南宁某一非法"网瘾"治疗机构借"体育"之名滥施体罚导致少年殒命。事实上，笔者以咨询名义曾拜访过多家"网络成瘾"诊疗机构，所用方法大多触目惊心。其中不乏歪曲体育，极尽体罚暴力之能事。近日，新闻调查栏目又揭发了山东某网戒机构非法对网瘾者使用明令禁止的 DX – IIA 型电休克治疗仪。因此，笔者想介绍一些有效的体育干预方法给相似本文案例的家长和网瘾青少年。目的在于减轻家庭成员心理压力，尽量减少病急乱投医的现象，帮助家长和网瘾青少年树立冷静、正确和积极的问题应付观念。

2 行动方法及步骤设计

2.1 行动方法

2.1.1 接近目标人群的方式

本次行动与太原某心理咨询研究室合作，通过举办家长交流会接触到网瘾青少年。与家长、网瘾青少年多次沟通，主要目的是增进家长和网瘾青少年对本人的了解，使其产生信任感，以便本课题组客观了解和掌握网络成瘾青少年的基本信息。接下来，本课题组将网络成瘾最新的研究成果、干预方案和效果告知家长，并阐述了本实验行动的可操作性和实用价值，并获得多数家长的认可。然后，本课题组进入目标人群（网瘾青少年）生活圈，进行为期半个月的观察、访谈。

2.1.2 收集资料的方法

2.1.2.1 访谈法

通过对家长、心理咨询师、被研究者（以下均指参加体育干预实验的网瘾青少年）的访谈，更进一步研究体育干预的效果是否体现在被研究者的网络使用改善方面，家长和心理咨询师有哪些反馈意见和建议等，从而为下一阶段的研究计划提供依据。主要方式是在下次活动结束后对家长、心理咨询师及被研究者进行访谈，以"倾听"为主，采用开放式问题。

2.1.2.2 观察法

主要分为参与性观察和非参与性观察两种方式。实验前，主要采用非参与性观察对被研究者进行资料收集；实验过程中主要采用参与性观察，原因是体育干预项目多为集体、亲子互动等项目，要求研究者必须参加。

2.1.3 实物分析法

本研究运用实物分析法进一步检验了体育干预的效果。实物资料主要有教育日记、访谈记录、照片、录像影音等。

2.1.4　实验法

采用单因素组间设计，自变量：体育干预[3]（拓展训练、专项练习、远足旅行训练）；因变量：网络成瘾发展程度。采用台湾大学陈淑惠教授编制发展的中文成瘾量表[4]。控制因素：实验组和对照组被试均保持原有生活学习方式，得到家长同意不调换心理干预中心、不参加任何他校短期培训、不服用有关药物，同时能够在非特殊情况下坚持参加每次实验。实验安排：拓展训练、专项练习每周六、日进行，远足旅行训练每半月一次。具体实施分为发现并培养运动兴趣和能力、养成运动习惯、提高运动水平3个阶段。培养兴趣主要以简单竞技性拓展训练项目、游泳、网球、羽毛球等专项训练的交叉进行为主。每周六、日分项目进行，时间控制在上下午各两小时。养成运动习惯在培养了一定的运动兴趣和技能的基础上进行，方法主要包括：（1）叮嘱被试每周在实验外时间坚持三次家庭练习或自我练习；（2）周六、日实验中加入带有问题解决特征的体能训练和户外拓展训练。提高运动自主性阶段主要通过远足旅行，中等强度以上训练项目为主，目的是改善被试心理弱势特征，尽量达到心理－体育融合矫治目标。实验总共历时4个月。与此同时，对照组被试维持原有干预模式，不参加体育干预。

2.1.5　研究结果成文方式

本研究结果成文采用情境型与类属型相结合的方式。采用这种结合方式的好处在于：首先，可以比较生动、详细地描述被研究者行为产生时的情景；第二，可以表现被研究者及研究者的情感反应和思想变化过程；第三，可以解释行为变化之间的衔接关系；第四，可以将本人的自我反思及时地揉入对研究结果和过程的报告中；第五，可以比较有重点地呈现研究结果，逻辑关系比较清楚，层次比较分明；第六，符合一般学术研究将事物进行分类的思维模式。

2.1.6　讨论推论问题

本研究采用目的抽样个案研究法，研究结果很难在量的研究意义上进行推论。但本研究结果可以推广至相似网络成瘾特征的个体。

具体行动是对本研究设计的操作化和具体化，也是研究过程的重要环节。第一阶段的行动是预设的，但要求具有灵活性，随着情境的变化而变化。根据上阶段行动的反馈信息进行反思和及时调整，提出下阶段行动的计划，循环往复。鉴于具体问题，行动研究法主要集中体现在体育干预的效果检验及被试行为变化的叙述。

2.2 行动研究阶段与反思

2.2.1 实验前准备（2008 年 6 月 5 日 ~ 2008 年 7 月 10 日）

实验前的准备工作包括与心理咨询研究室与家长进行多次联系以征得同意和支持。而后举办了一次网络成瘾被试家长的交流会，初步了解各位被试的基本情况后进行了为期半个月的预实验。

反思：1 个月的访谈、沟通和观察使我明白网络成瘾的情况是很复杂的。对于被试来讲，青春期的特殊心理特征和变化，心智的不成熟，目标感的缺失使他们无法面对和分析眼前事物存在的意义，更无法理智地应对生活和学习中遇到的"挫折"。生活节奏加快，但生活方式单一，内容贫乏，形式程序化。被试大多感到自己像一台机器，生活单调没有意思，难受憋屈，没有发泄和倾诉的地方，更没有什么人能够理解。家长的行为方式让他们感到费解。"有时感觉他们为我们付出了很多，可有时又觉得他们简直太无情、太滑稽了，和他们没有什么可说的，我们已经都这么大了。"对于家长而言，事业和家庭的双重压力使他们几乎无暇顾及孩子到底在想什么，只关心孩子在做什么？有没有犯错误，做得好不好？极端的时候甚至表现出猫抓老鼠的督察特征，累的他们喘不过气来。疏忽了孩子已经长大，有他们自己的感受和观点，他们也需要大人给予的尊重和理解。想和孩子沟通沟通，可是每次都是以失败结束，无法交流。再加上网络管理的漏洞和教育方式的不当，导致了被试深陷网络，影响了正常的生活和学习。在综合这些问题后，课题组把关键和难点问题确定在亲子沟通问题，并确定了下一阶段的干预方案：（1）被试从内心来讲是需要家长的理解和尊重的，家长也想找到合理、顺畅的沟通方式和手段。那么，行动必须帮助他们重建沟通理念，寻找自然轻松、有效的沟通方式和情境；（2）从深层次考虑，必须建立良好、稳定的体育健康生活方式，尽量使行动中安排的活动在今后的生活中坚持下去；（3）所有行动安排必须贯穿心理培养目标，尤其是应对方式的积极引导。在预实验中，课题组所设定的体育干预项目得到了家长和被试的喜欢。在活动中，被试表现出极大的兴趣，积极主动。尤其是以家庭为单位的竞技性体育游戏和拓展训练，他们发挥了自己的聪明才智，为家庭奋力赢得荣誉。在专项练习中发现了被试的爱好，针对特长和发展特点进行了个别化设计，充分利用激励机制、强化，力求巩固和提高运动技术水平。

2.2.2 实验阶段（2008 年 7 月 10 日～2008 年 11 月 10 日）

在实验阶段，课题组对 3 名被试进行了为期 4 个月的体育干预。主要项目包括拓展训练、专项练习、远足旅行训练等。在此期间，本研究着力强调活动的运动强度、技术水平和运动频次，目的在于：（1）尽可能培养被试体育生活方式；（2）区分心理学团体辅导与体育干预。

反思：在体育干预的初期，遇到孩子不合作和轻微叛逆的现象。在亲子互动项目中偶尔也有孩子抵触家长，造成尴尬局面。研究者感到被试与家长之间的沟通确实存在问题，直接采用亲子沟通项目可能会欠妥当。因此，研究者首先访谈了 3 位亲子沟通成功的中学生，从中发现孩子与家长沟通的重要因素有性别、信任、教养方式、鼓励、自由、民主等。当孩子长到十五六岁的时候，他们多数会选择和自己性别相同的家长沟通。孩子和家长在年幼时形成的沟通模式和特点将深刻影响之后的沟通效果，甚至决定了之后的沟通意向。在孩子与家长的沟通过程中，孩子都表现出相当敏感和多疑的特点。如果发现家长任何一点不令他们满意的行为和言语表达，孩子就会停止亲子沟通，甚至导致以后沟通的不顺利。进行归因分析后发现，沟通不畅家长和孩子之间并不一定存在很难解决的问题，大多只是一些小事、小分歧，或是家长对孩子的态度不好，没有给予孩子更多的心理支持和关爱。就孩子而言，大多还是希望和家长有良好的沟通，只是不知道如何才能改变现状，更不知道用什么方法来实现良好的沟通。根据分析结果，课题组将这些影响亲子沟通的因素回访被试。访谈中我们得知他们之间的沟通障碍也存在这样的问题。"我爸妈就根本不信任我，一见面就是训斥，本来还挺开心，一看见他们就郁闷！""我为什么生活在这样的家庭，人家别人为什么就那么开心？""每天就知道赚钱，见面就是吵架，他们根本不管我的感受。为什么不离婚？""真不想长大，小的时候什么也不懂，心里也不烦。""我又没有什么问题，非把我弄来当病人一样治疗，还骗我。"从被试的这些话中我们可以觉察到在被试中可能存在家长误导本次行动研究的问题，所以造成被试对体育干预的误解，认为是在做治疗。因此，课题组对被试首先进行了活动意义沟通，告知他们本次行动是为了教给他们一种新的生活方式一体育的健康生活方式。之后，被试逐渐变得合作和主动起来。

在行动过程中，课题组发现有的被试有很好的运动天赋，喜欢时尚的运动，例如，网球、轮滑和攀岩等。还有的被试喜欢竞技性强的项目，如篮球、足球和一些竞争性体育游戏、户外拓展。因此，在尊重被试意愿的基础上进行了个别化的处理和设计。1 个月后，被试基本上已经稳定了项目和时间安排，课题组决定邀请家长参与研究过程。主要目的是：（1）家长更熟悉被试的生活特点和性格特点，参与研究可以增强课题组方案执行的针对性和实效性；（2）家长参与行动可以使家长逐渐形成学习孩子心理发展变化的习惯，改变自己的教养观念；（3）研究者和家长面对共同的问题进行平等民主的学习和探索，深刻理解行动的意义，更加符合行动研究的真实性和情境性。而后的两个月，课题组行动进行的比较顺利，被试也发生了较大的变化，有了很大的体育干预积极性和主动性。在这时，课题组邀请被试也走进了研究队伍，让被试（被研究者）意识到在改变现状的过程中，自己是最积极、最活跃的因素，正确积极生活方式的建立最终只能依靠自我认知的改变和行为的改变。家长和孩子之间毕竟是两代人，时代的进步造成了不可避免的观念差异。但是这种差异绝对不是不可逾越的，更不应该消极的回避应付。只有建立正确的归因，采取积极的行动才能解决面临的实际问题。在最后 1 个月的行动中，被试经常主动提出自己的行动意向，在课题组的指导下独立设计体育干预方案，并能很好坚持。在非固定干预时间主动保持体育运动，有时还邀请"最知心"家长参加。家长反映被试学习成绩有一定提高，做作业时间比过去长了许多，家庭气氛不像以前那么死气沉沉。虽然被试还是很想上网，有时甚至在强作控制，但最后总能按约定时间下网。家长感到这样就挺满足了，慢慢的就会好的。在体育干预实验即将结束的时候，家长和孩子提出是否能和课题组老师经常保持联系，临时组织一些活动交流一下。听到家长和孩子的请求，课题组人员感到非常感动。考虑到中断体育干预被试可能会有反复现象，于是决定和被试及家长保持密切联系，每 1 个月组织一次交流互动活动。在 3 个月内不进行体育干预，目的是跟踪研究被试行为变化，考察体育干预的后期效果。同时对前一阶段体育干预时间和内容进行反思。在体育干预进行的 4 个月中，课题组每半月对被试家长及心理老师进行回访，从回访记录材料中抽取"本土语言"和主要特征动态描述 3 名被试前后认知和行为变化。为达到研究伦理学要求，本研究以被试姓名首字母（DLL、WP、ZJ）代替。

表 1　DLL 体育干预期间网瘾程度变化

	7/10 ~ 8/10	8/11 ~ 9/10	9/11 ~ 10/10	10/11 ~ 10/10
情绪	易暴躁，和家长常发生冲突，实验中经常不合作	当众人面指责妈妈精神病，参加体育干预显得勉强	在亲子互动项目中偶有生气，但在网球练习中表现很兴奋	情绪比较平和，活动中基本上看不到不愉快的事情发生
认知	网瘾和酗酒没有什么区别，将来会改变的	目前状况不太好，可是没有办法，自己确实难控制	有时网络游戏也有不如网球的地方，网球打完后感觉特轻松，和玩完游戏不一样	自己希望尽量能用打网球来逐渐减少上网打游戏，请求课题组老师给他找个网球专业教练培训他
耐受性	每周上网 60 小时，有时半夜偷偷溜到网吧	和家长约定只在家上网，但还是有一次偷跑出去	玩游戏时间少多了，爸爸送他一只品牌网球拍	每周平均上网 20 小时，基本可以在规定时间下网
强迫性	不让上网还有什么意思，只要有可能就一定要上	家长采用代币手段稍有缓解，但急躁、撕东西	自我控制有时会失败，偶尔也超时玩游戏	不上网难受的时候，会犹豫，能控制以运动代替上网
退瘾反应	把家里东西都砸了，妈妈被他误伤	情绪低落，看着电脑流眼泪，经常叫喊	在规定时间内，有时会想，不过有时也想去做户外运动，感觉自己还不错	基本保持良好状态，但不能在不上网的时候与家长谈及上网，否则会生气
生理不适	背有点驼，做了视网膜脱落手术	有时失眠，没有食欲	驼背现象有很大改观，失眠也少多了	饮食、睡眠均已正常
心理变化	什么事情都无所谓，学习成绩一落千丈，对家人冷若冰霜	没精打采，自己陈述为抑郁，家长很担心	有一次在学校和同学打网球，感觉很自信，回家后和家长讲了这件事	有一次问父亲网瘾真的是病吗？经常和同学短信聊天

　　DLL 是行动中网络成瘾程度最严重的一个孩子，用陈淑惠中文成瘾量表测得其得分为 75 分。据他的家长讲，他几乎是在一周内就完全沉溺在网络游戏之中了。初中二年级以前一直在班里成绩中上，自网络成瘾以来，成绩一落千丈，几次考试都是倒数几名。初三年级功课很紧张，但他却只顾拼杀在网络游戏场上。好几次家长零晨两三点在网吧四处寻找他，有时逃学，欺骗家长。家长回忆说："孩子小的时候其实是很乖巧的，从不撒谎。出去玩总是每隔半小时就回来一下，告诉我们他在那里，在干什么。现在不知为什么，这个网络游戏这么可怕，简直让他像着了魔一样，是不是中邪了？"经过 4 个月的体育干预行动，他的认知、情绪、行为有了很大的变化。虽然在行动早期因家长的不慎导致他对体育干预反感，认为是在给他治病，但经过课题组老师与他沟通，逐渐减消了抵触心理。行动中值得一提的是其家长始终坚持共同行动，学习青少年心理特征并用心去理解被试。被试对课题组老师说他很感动家长为他能这样做。在最后 1 个月里，被试作为积极改变者参与行动研究。行动者和研究者的共同努力促成了被试的变化，虽然被试在体育干预完成时还有一些网络依赖表现，但被试个人很自信，承诺一定要补上落下的功课，好好练网球，尽快正确面对网络。通过这个案例我们感到，被试从内心里并不认为网络游戏是他生活的唯一，只是网络游戏太刺激了，现实生活中根本找不到这种感受。每次过度玩过之后也很后悔，提醒自己再玩一段时间就不玩了，在中考前狠狠冲刺一下。

表 2　WP 体育干预期间网瘾程度变化

	7/10 ~ 8/10	8/11 ~ 9/10	9/11 ~ 10/10	10/11 ~ 10/10
情绪	易激怒，和家长不正面接触，实验初期不合作	对私人话题保持沉默，有时很理智，有时很冲动，有时听而不闻，百无聊赖	在同伴互动项目中表现突出，心情开朗兴奋，偶尔与家长做非肢体接触活动	情绪比较平和，稳定，活动中主动性强，与家长进行程序性沟通

续　表

	7/10～8/10	8/11～9/10	9/11～10/10	10/11～10/10
认知	要努力独立生活，尤其是妈妈对于他来讲，想起来就觉得恶心，玩游戏也是赚钱，省点也够花	并不是离不开网络，只是网络游戏既可以赚钱又好玩，目前不想改变，但将来一定能放手	父母有他们的难处也能理解，可以一起生活但不一定要说话，各管各的，互不干涉挺好	喜欢的事情有很多，最喜欢 NBA，我的头型就是模仿我偶像的，像个毛绒球
耐受性	每周上网 50 小时以上，半夜醒了接着玩	连续 3 天不上网，没有发生不良情绪	玩游戏累了，就找同伴去打打篮球，也特有意思	每天晚上在附近公园玩轮滑，准备组织一个组合
强迫性	上网玩游戏打发时间，弄了这个头型学校让停课，反正上了大学也没工作	如果不能玩网络游戏，我也能活下去，不过有可能我还是首选玩游戏	有时玩游戏不顺心的时候也想出去走走，去野外生存一天	玩网络游戏的时间比以前少多了，筹备轮滑组合很忙
退瘾反应	家长把网线掐断后一连 3 天睡觉，情绪稍有波动但不存在问题表现	告诉老师自己很想得开，不过分依赖什么，一切都要随变化而定	要迅速找到一个自己满意的活动，干什么都可以挣钱，当教练也挺好	想好好的学一下轮滑，既时尚又自由，还可以带队挣钱
生理变化	厌食，每天吃碗面和锅巴，消瘦，长了很多青春痘	有时失眠，或者经常做玩游戏的梦，比真的玩还过瘾	失眠现象少多了，有时想去没有人的山谷里玩	饮食、睡眠比较正常
心理变化	自己命不好，有这样不可理喻的家长，很悲观，没前途	有时为了通风开开自己房间的门，偶尔也在家里大声唱歌	自己的问题有的也得解决，毕竟将来会不一样的过，我肯定要搏一搏	妈妈第一次道歉，一家人进行了一次长达两小时的沟通，虽然最终不欢而散

从整个与被试 WP 沟通的过程中，研究者认为他是一个很典型的案例。从网瘾量表测得 68 分的高分，但是被试象很多网瘾孩子一样，虽然上网行为对生活、学习、交往等方面造成了严重的负面影响，但其无度上网是有深刻家庭原因的。在青少年期，很多孩子其实有了比较正确、积极的是非观念，被试就是这样的一个孩子。15 岁，一年前成绩一直都很好，保持全年级前十名。在迷上网络游戏之前家长尤其是妈妈为了更督促他进步，采用施压手段经常唠叨、训斥，他也能够置之不理，保持学习状态。但终于有一天，班上同学嘲笑他挨打后不敢还手，并以刀子暗示他应该还击。于是，他拿起刀子捅了同学一刀酿成大错，妈妈于是开始了"轰炸式"喋喋不休的训斥。为了逃避"灾难"，他选择了沉默，选择了网络游戏，而且一发而不可收拾，直至退学。被试的心理变化是内因，如果遭遇不良的偶发外因就可能造成始料未及的严重后果，这一点不能不引起深思。因此，亲子必须同时走进体育干预行动中，相互之间的沟通障碍才有可能排除。仅仅依靠任何一方的改变都是不现实的，也是徒劳无功的。虽然整个行动过程比较艰难，效果也并不是很理想，毕竟出现一次双方慎重考虑之后的长谈。

表 3　ZJ 体育干预期间网瘾程度变化

	7/10 ~ 8/10	8/11 ~ 9/10	9/11 ~ 10/10	10/11 ~ 10/10
情绪	常感到情绪低落，有时用刀子划门，谈到自己认可或敏感问题时低头不语	偶尔吸烟，高兴时想召集同伴聚集吸烟，但很矛盾，情绪比较稳定	和实验期间认识的异校朋友相处很融洽，每次见面进行拥抱	自述来做干预心情特好，回家后会想一阵子，微笑经常可以出现在他的脸上
认知	认为自己有瘾，但是如果老师和家长不让我上，我也能克制，知道不好，不过还是很想，影响别的事	想让自己多点别的爱好，不知道该怎么做，学习并不一定是唯一的出路	提出转学的要求，承诺之后肯定好好学习	得知转学的真正原因后，向课题组老师倾诉了内心的苦闷，决心尝试努力学习

	7/10 ~ 8/10	8/11 ~ 9/10	9/11 ~ 10/10	10/11 ~ 10/10
耐受性	每天上网5、6小时，由于各种原因不能更多上网，否则想上更长时间	晚自习基本不逃了，每天上网保持在2~3小时	家长反映进步很快，每天晚上按时回家后学习几十分钟	和父亲约定每周上两次，表现基本达到家长满意
强迫性	不玩游戏就拒绝交流，中午顾不上吃饭就到网吧	家长找到网吧，提醒后和朋友主动离开并回家	自我评价做的努力还挺令他满意，认为自己还不错	每周末两天上两次，每次时间3小时以内，较好控制
退瘾反应	课堂上发呆，手机聊qq，被老师抓到好几次，在家里独处一室不理睬家长	显得很无聊，并不会产生严重的问题	增进了与同学的交往，学习成绩有所提高，上网玩游戏的念头一闪而过	喜欢做拓展训练，觉得很有意思，能想通好多问题，理解意识有所提高
生理不适	偏胖，上网时不正常吃饭，只食用可乐和油炸零食，近视程度加深，头疼	饮食、睡眠正常，基本没有不良情况	坚持锻炼，体型已基本正常，其他各项保持较好状态	各项问题基本消失，家长很满意
心理变化	认为应向成功的人学，可没法学，觉得自己应该不是凡人，可也很迷茫	成功需要付出比常人多的代价，怀疑自己能否承受得了	特别喜欢大汗淋漓过后的感觉，觉得特轻松，好像能不想好多事情	想好好学习拓展活动，培养更多兴趣

　　ZJ 是一个很腼腆的男孩子，17 岁，初二年级。从小和妈妈一起生活，爸爸经常在外做生意，少则几天不在家，多则一两个月不在家。妈妈性格温良，对被试悉心照料，一直到初中阶段都很令家长满意。上中学后突然几乎在 1 个月的时间里变得内向，不怎么说话。妈妈很苦恼，儿子越来越疏远她，爸爸很不解，这么拼命挣钱不就是为了他吗？他为什么变成这样，好像不是家里的人。而后，被试开始迷恋网络游戏，但其网瘾量表得分只有 51

分。针对家长和被试陈述的个人资料信息以及课题组对被试的了解和沟通情况，制定了家长参与方案。经过体育干预行动后，被试逐渐改变了以前消极、被动的情绪和认知。在行动过程中，父亲为了孩子，不间断地陪伴了4个月的活动，父子间培养了很深的情感。父亲从中明白了孩子的突然变化其实是因为自己的疏忽，没有觉察到孩子已经长成"小伙子"，他开始渴求爸爸的关爱，想和爸爸谈谈属于男子汉的话题，然而妈妈是不可能代替这一角色的。被试在行动结束时成绩已有很大提高，家长给他找了辅导老师，希望能够尽快把落下的功课补上。

在和被试沟通的过程中，课题组发现在中学生阶段，半数以上的孩子尤其是男孩子都会挤时间去玩网络游戏。但只有极个别的孩子才会无任何约束力和控制力，家长往往夸大了孩子的网络成瘾症状。

3 讨 论

（1）在研究中发现被试日常生活内容单一，不能满足青春期孩子知情意的发展需要。大多家长缺乏引导的观念和技巧，加之沟通存在很大障碍，因此，孩子选择了网络游戏。从这点来看，大多家长仅仅站在个人角度评价孩子行为，难以形成信任、合作和支持的良性家庭系统。课题组项目正是针对研究初期家庭主要问题设计的，主要矛盾和矛盾的主要方面的准确把握正是本行动较为成功的前提和基础。

（2）行动研究中实验部分完成后，所有对照组家长要求加入行动行列，并对心理咨询研究中心提出了"理论和实践操作距离太大，我们需要实际性的变化"等问题。这使我们进入了深刻的反思，对于问题行为的干预，仅仅从一个学科入手寻找理论依据是远远不够的。课题组前期设计时就制定了准则：深刻探索问题行为的根源；把心理训练目标和体育紧密结合起来；建立健康的体育生活方式和解决眼前实际问题相结合。

（3）体育干预项目设计必须依据每个被试的心理特点和爱好特长，逐步培养和提高，不可急于追求结果。被试在行动初期反复行为频频出现，经过课题组与家长的合作，这些问题都能解决。

（4）本研究采用目的抽样，行动直接针对目标人群，样本较小。因此实验结果没有统计学的推论意义，但可推论到相似特征的个体。

（5）针对青少年网络成瘾现状，家长应承担起主要的行动责任。健康和谐的家庭坏境才是孩子健康成长的根本。

4　结　论

（1）体育干预对于青少年网络成瘾一般问题，尤其是由于亲子沟通障碍引起的网络成瘾问题的干预效果明显。

（2）本研究中，拓展训练、远途旅行、游泳、网球、篮球、轮滑等是被试最喜爱的，也是最有效的项目，这些项目特征与青少年心理需求比较吻合。

（3）行动过程中，研究者与被研究者（被试）及家长必须共同行动才能获得较理想的结果。

（4）青少年网络成瘾问题并不是"洪水猛兽"，家长切勿病急乱投医，以免给孩子造成更严重身心损害，而应冷静反思，评估家庭关系以寻找准确原因。

参考文献

［1］Young KS. Internet addiction：the emergence of a new clinical disorder. Cyber Psychology and Behaviol，1996，1（3）：237－244.

［2］中国青少年网络协会．中国青少年网瘾数据报告（2005）［N］．中国青年报，2005，11（23）.

［3］刘映海，丹豫晋．锻炼心理学视角下网络成瘾心理归因及干预研究［J］．北京体育大学学报，2009（8）：57－61.

［4］刘映海，丹豫晋．锻炼心理学视角下网络成瘾心理归因及干预研究［J］．新华文摘，2010（1）：126－129.

［5］陈淑惠．中文网络成瘾量表的编制与心理计量特性研究［J］．台湾中华心理学刊，2001，45（3）：279.

后　记

　　书已结稿，言犹未尽。4 年间经历和感悟的事、情、意还有很多未能在书稿中一一阐述，甚为遗憾，做后记以续之。

　　进入网瘾研究领域，既有知识背景的缘由，更与机缘有关。2007 年，一个亲戚在我面前哭诉上高中的孩子因无节制上网而休学的事，令全家痛不欲生。我自告奋勇："带来我试试!"与孩子沟通之后，发现他并没有亲戚说得那么桀骜不驯。那时正逢我经营的跆拳道俱乐部如火如荼，便将其安排在道馆内协助教练。安排停当后的第二天，我发现他竟然没有去网吧，而是在狠命地徒手打沙袋，直至两手鲜血淋淋。我并没有阻止，只是安排教练为其包扎伤口后教授击打方法。3 个月后，他狠狠地放下一句话："我要上大学!"未曾想，他居然在一年半后如愿以偿。时至今日，他仍然不时在舍友面前炫耀游戏技术，调侃他们"这么大了还打游戏"，弄得舍友都觉得没意思而不玩游戏了。"无心插柳柳成荫"，偶然的体育训练能使沉迷于网络游戏的孩子回归正常的学习生活，这一"头脑风暴"促使我一头扎进网络成瘾的研究领域。

　　网瘾问题近年来备受关注。面对网络，老师、家长们的如临大敌和学生的如醉如痴形成了鲜明的对比，而社会上也有"唯恐天下不乱"者试图将网瘾认定成为精神病，更有一些"居心不良"者直接采用电击、殴打等方法暴力戒除。一些媒体大肆宣传因网瘾犯罪更是推波助澜，将网瘾问题扩大化、严重化。学校、老师和家长给网瘾学生贴上精神病、"准罪犯"的标签，使这些孩子无地自容、自暴自弃。

　　正如 Grohol 在阶段模型中提到的那样，几乎所有网络用户最终都能够自己避开上瘾行为而达到平衡状态，只是不同的个体需要不同的时间。而那些被认为是网络成瘾的用户只是在第一阶段被困住，需要他人帮助才能跨越。

　　说到此并不意味着面对网瘾问题可以无动于衷，静待其变，直至沉迷而导致生理、心理病变。相反，是为了提醒大家在面对网络问题时无需恐惧，更不必封锁。因为封锁网络也就意味着封锁未来，毕竟将来谁都离不开网络。面对网瘾，我们关注的重点应该是如何帮助他们通过行动走出困境。

研究中，对我触动最大的是与一位母亲的交流，过程中饱含了她对17岁女儿成长的焦虑。字里行间，我既能体会到母亲眼中的女儿很优秀，又能听到强烈的指责和批评。女儿甚至放弃学习迷恋网络交友与其对抗。我问这位因女儿上网成瘾而快要疯掉的母亲一个问题："在周末，你的女儿外出玩，你最希望她去哪里玩？"思考了长达半小时后，她说："网吧"，我问："为什么？"她说："只能那里是最安全的，我知道她在做什么，也随时能找到她"。正是这样的一个问题，让我知道了问题的症结所在。一个网瘾的学生则更直接地告诉我："我不去网吧，去哪？哪里是我的家？哪里有我的朋友？哪里有爱？哪里有尊重？哪里有尊严？只有网络里有。"正是这样的沟通，让我找到的解决的方法。

沉迷于网络的学生，所缺乏的不是书本，而是情境；所缺少的不是认知，而是宣泄；所需要的不是封闭，而是沟通；所渴望的不是指导，而是理解；所追求的不是指责，而是鼓励；所希望的不是批评，而是认可。网络空间恰恰为他们提供了情境（精彩的故事）、宣泄（打斗是畅快）、沟通（团队合作的交流）、理解（同病相怜）、鼓励（再来一次的机会）和认可（英雄的感觉）。唯一欠缺的就是缺少了一种真实的感觉，虚拟的终究要失去，这其实是每一个成瘾者都知道的事实，但对沟通、认可的渴求使他们依然沉醉网络而无法自拨。

体育恰恰也可以提供一种情境、一种认可、一个宣泄途径、一个沟通渠道、一个有尊严的理解，而且这种感受是真实的。在体育的情境中，你将会体会到热血运动的舒适感、碰撞的刺激感、一次精彩进球的高峰体验、为团队做出努力的成就感、失败的沮丧感，所有一切都那么真实、自然，没有做作、无须矫情、不用刻意。

顿悟否？动悟也！——这便是运动的魄力！

致 谢

当最后一次完成校稿时，不知不觉间，已经泪流满面。4 年岁月里经历的艰辛与喜悦一幕幕浮现在眼前，回味良久！恍惚间又觉得那么不真实，自己都怀疑是什么样的力量支撑着自己走过了如此漫长而曲折的征途。

感谢你们，课题组团队的每个成员。虽然书稿是以我的名义发表，但却是大家的努力结果。感谢我的爱人，这是我的研究成果，也是你的心血结晶。谢谢你和我同甘共苦，齐心协力；感谢朗永杰、闫建霞、杨青，书稿中的每个字都浸透着你们的汗水。

感谢你们，支持课题研究的兄弟们。乔增光、刘文军、冯晓江、王江红、高明、韦耀明，在研究需要帮助的时候，总是尽心尽力，从无推脱；在研究出现难题的时候，总能从旁观者的角度提供别样的思路。我非常享受你们喋喋不休的抱怨和与我面红耳赤的争论。

感谢你们，山西斯巴克体育文化咨询有限公司、心悦心理咨询室的各位好友。是你们的支持与帮助，使教学实验中最难的样本来源问题得以顺利解决。感谢刘俊杰总经理、张渝飞副总经理，其实在课题研究中，你们承担的压力与风险犹胜于我们，但你们不仅从来不提，而且力保后勤。结识你们，真是荣幸之极。

感谢您，我的导师石岩教授，总是在我迷茫与困惑的时候给我以点拨，在我想要放弃或退缩的时候给我以鼓励。

最应该感谢的是参加实验的孩子们，这里虽然不方便提及你们的名字，但叔叔、阿姨们心里却记得你们的每一个变化。正是你们的信任和努力，才使我们更有信心和决心，与你们一同进步。愿你们能在运动中收获更多的快乐！

感谢我的外公范石峰先生，虽然海峡的阻隔让我们只有短短的几次见面，但您告诉我的"知难行易、行而知之"却是我一生的财富。

当思绪从感谢回归现实时，抬头望去，天已渐亮。窗外漫天飞雪，一缕晨光映照在飘逸的雪花上，五颜六色，颇为清亮。耳畔忽然响起嘹亮的运动员进行曲，并夹杂着一、二、三、四的口号声，学生的晨练开始了。

刘映海

辛卯年岁末于山西大学

www.ingramcontent.com/pod-product-compliance
Lightning Source LLC
LaVergne TN
LVHW051100180726
843512LV00020B/1542